U0111047

大展好書　好書大展
品嘗好書　冠群可期

大展好書　好書大展
品嘗好書　冠群可期

鑑賞系列

14

和田玉

（和田玉鑑賞與投資）

●李彥君　主編

鑑賞與收藏

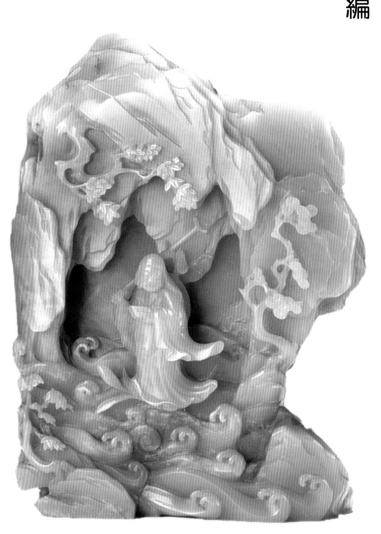

品冠文化出版社

國家圖書館出版品預行編目資料

和田玉鑑賞與收藏 ／ 李彥君　主編
——初版，——臺北市，品冠文化，2015〔民104 . 12〕
面；26公分 ——（鑑賞系列；14）
ISBN 978－986－5734－36－7（平裝）
1. 玉器　2. 中國
794 . 4　　　　　　　　　　　　　　　104018156

【版權所有‧翻印必究】

和田玉鑑賞與收藏

主 編 者／李 彥 君
責任編輯／張 李 松
發 行 人／蔡 孟 甫
出 版 者／品冠文化出版社
社　　址／台北市北投區（石牌）致遠一路2段12巷1號
電　　話／（02）28233123‧28236031‧28236033
傳　　眞／（02）28272069
郵政劃撥／19346241
網　　址／www.dah-jaan.com.tw
E－mail／service@dah-jaan.com.tw
承 印 者／凌祥彩色印刷有限公司
裝　　訂／眾友企業公司
排 版 者／弘益電腦排版有限公司
授 權 者／安徽美術出版社
初版1刷／2015年（民104年）12月

定 價／720元

●本書若有破損、缺頁請寄回本社更換●

目　錄

和田玉
——中國玉中精英

　　中國不僅以「瓷器之國」聞名世界，而且是享譽全球的「玉器之國」。誕生於石器時代的中國玉器經過數千年的發展，發出璀璨奪目的光芒，折射出中國古代人民卓越的智慧和偉大的創新精神，形成了世界上獨一無二的玉文化。

　　中國古玉的選材多種多樣、琳琅滿目，而產自崑崙之巔的和田玉無疑是其中的奇葩，是中華文明的主要載體之一，已經成為博大精深的中國玉文化的名片。

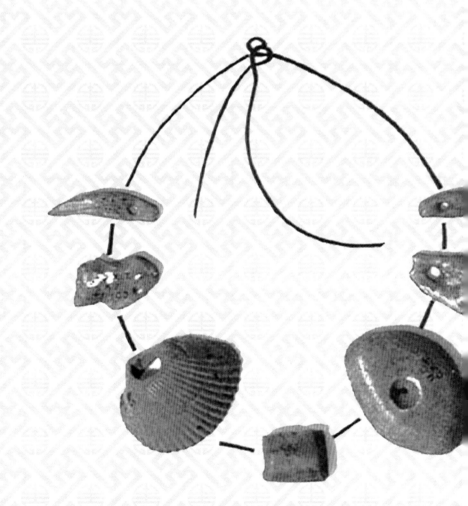

石之美者為玉

　　中國玉器的誕生絕對不是偶然的。早在數百萬年前，人們就開始製造並使用石製工具了，這是人猿揖別的主要標誌。如同其他原始藝術一樣，從衣不遮體到骨角飾物的濫觴，從懵懂無知到曈曨美感的產生，從簡陋笨重的打製石器到精巧別致的磨製石器，從粗製濫造的砸擊法、碰砧法到鑽孔法、琢磨法的革新，正是這些客觀條件和主觀因素的變化發展，才孕育了博大精深的中國玉器文化。

孕育於亂石之中

　　中國被稱為「玉的國度」。無論是令日本人引以為豪的古代治玉技術，還是神秘的印第安玉器，甚或紐西蘭毛利族玉器、阿拉伯玉器、歐洲古玉，都無法同中國古代玉器相提並論——因為它們或是曇花一現，或源流無緒，或玉質粗劣，或碾琢草率，或種類單調，或用途狹隘。

　　中國玉器璀璨奪目，光耀千古，其誕生絕對不是偶然的。

　　早在170萬年前，生活在神州大地上的元謀人就用石器翻開了人類歷史新的一頁——石器是人猿揖別的主要標誌。在生產力極端低下的年代裡，人們日復一日、年復一年地選擇石料，用形形色色的石頭製作各種各樣的勞動工具，使用這些粗陋的工具去狩獵，去開墾，去爭奪地盤，樂此不疲。

　　藍田人來了，北京人來了，山頂洞人來了……也不知道經過了多少歲月，飽經了多少滄桑，從漫長的舊石器時代進入了新石器時代，從製作簡陋的打製石器到精雕細琢的磨製石器，無數勤勞的先民們在製作石頭工具的過程中，發現這些作為材料的石頭性質竟然不盡相同。有些石頭既堅韌耐用，又色澤美觀，製成的器具比一般的石頭更令人賞心悅目，即使代替獸骨、貝殼用來裝飾自己也毫不遜色。這些所謂的「石之美者」令先民們刮目相看，逐漸成為製作高檔用具和裝飾品的主要材料——中國玉器從亂石中誕生了！

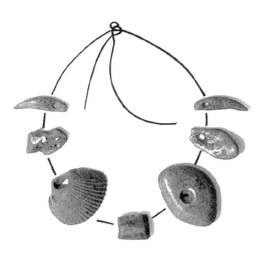

山頂洞遺址發現的裝飾物

中國現存最早的飾品大概要屬距今約50萬年的周口店山頂洞人遺址發掘的貝殼項鍊了，它是人類對美之追求的第一步。

說起來簡單，事實上人們對玉器的認識和使用是一個漫長的過程，是客觀物質和人的主觀意識相結合的產物，它幾乎和人類的歷史一樣悠久。年復一年，日復一日，為了生活，人們必須製作工具，不停地選擇石料，認識各種石頭的物理性能。上百萬年過去了，代代相傳，世世相因，終於有一天，人們發現有一些石器既堅韌耐磨又色澤美觀，比一般石器更令人賞心悅目，即所謂「石之美者」。

其實，史前藝術的本質就是藝術從萌芽期向成熟期的過渡，它既包含有一定意義的實用價值，也包含著使人產生美感的因素。在漫長的石器時代，從懵懂無知到矇矓美感的產生，從簡陋笨重的打製石器到精巧別致的磨製石器，從衣不遮體到骨角飾物的濫觴，從粗製濫造的砸擊法、碰砧法到鑽孔法、琢磨法的革新，正是這些客觀條件和主觀因素的變化發展，才孕育了中國古代玉器。

迷失於神人之間

精美的玉器誕生於亂石之中，自誕生之日起就開始逐漸表現出與眾不同的本質，從最初的勞動工具和裝飾品，進而成為古老的先民們標誌自己身份或與神靈溝通的用具，玉器逐漸脫離了原來的用途。

在生產力極端低下的石器時代，人們的認知能力有限，對晝夜變化、寒暑交替、風雨雷電，乃至自己的生老病死等一切自然現象和生理現象都無法解釋，認為這些都是由看不見、摸不著的神靈主宰著。冥冥之中，原始崇拜的觀念產生了。

先民們認為，美麗的玉石是大自然的精華，是一種產生於亂石之中的靈物，因此具有通神的功能。

古老的《山海經》中記載：「丹水出焉，西流於稷澤，其中多白玉，是有玉膏，其原沸沸湯湯，黃帝是食是饗。」「黃帝乃取嶧山之玉榮，而投之鍾山之陽，瑾瑜之玉為良……天地鬼神，是食是饗。」這裡說和田玉是供黃帝、天地鬼神以食以饗的。到禮制完善的西周時期，玉器作為重要的禮器，其功能更有明確的劃分。《周禮》中記載：「以蒼璧禮天，以黃琮禮地，以青圭禮東方，以赤璋禮南方，以白琥禮西方，以玄璜禮北方。」玉器完全成為與神靈溝通的媒

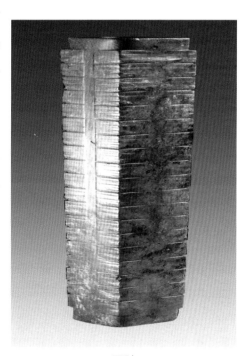

玉琮

良渚文化，高 49.5 公分。現藏於大英博物館。

玉琮為中國古代重要禮器之一。此器呈深碧色，通體以減地法琢磨出凹凸規則的橫棱紋。兩凸一凹為一節，共十九節。

不過，賦予玉器更多的神秘色彩，早在石器時代就出現了。玉即是神，玉是神的物化，玉是神的載體，玉是神之享物。新石器時代就已經出現的玉璧，有人認為脫胎於紡輪，但還有人認為脫胎於女陰，屬於生殖崇拜的產物；玉琮，脫胎於男陰，也是生殖崇拜的產物。

自己從何處來？這一問題曾苦苦困擾著原始的先民們。在無法解釋的情況下，他們幻想自己的祖先是某種動物，某種植物，甚或是某種自然現象，將其圖騰化且給予崇拜祭祀，並將此圖騰作為本部落或本民族的族徽，以便與鄰近的部落或民族區別開來。在萬物有靈思想的影響下，古老的先民們認為任何事物都是由無形中的神祇主宰著，這些神可以是動物，可以是植物，也可以是存在於虛無中的某種形象。人們將這些神祇形象化，製作成偶像加以崇拜。

這種原始的圖騰、偶像在各地的新石器文化遺址發現的玉器中可覓到蹤跡，如紅山文化的玉龍與玉豬龍，可能就是該部落或部落聯盟崇拜的圖騰形象，應該是豬與蛇兩種形象融合而成的，是自然崇拜的產物。

史前玉器的本質

中國既是產玉大國，又是琢玉大國，中國玉器在世界琢玉工藝史上佔有絕對優勢，因而在世界文化寶庫中獨樹一幟，閃耀著迷人的光彩。不過，中國古玉的材質究竟是什麼？具體概念是什麼？自古以來，人們就爭論不休。

玉龍

紅山文化，高26公分。現藏於內蒙古翁牛特旗博物館。

係岫岩玉，玉質呈碧綠色。龍體蜷曲，吻向前伸，嘴緊閉，雙眼凸起，頭脊長鬣上捲，尾向內彎曲。

東漢時期著名學者許慎在《說文解字》中對玉的解釋為：「石之美，有五德：潤澤以溫，仁之方也；鰓理自外，可以知中，義之方也；其聲舒揚，專以遠聞，智之方也；不撓而折，勇之方也；銳廉而不忮，潔之方也。」這裡，許慎認為質感溫潤而有光澤、表裡如一、聲音悅耳、剛正不屈、質地純潔的美石就是玉——石之美者為玉。

那麼，究竟哪些是「石之美者」呢？在已發現的中國石器時代文化遺址中，距今70萬～20萬年前的北京人就已經從花崗岩山坡上找到水晶以打製工具；距今1.8萬餘年前的山頂洞人以白

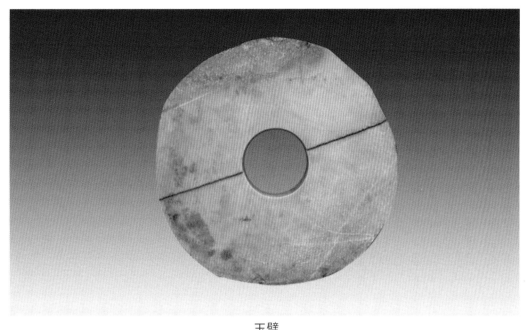

玉璧

龍山─齊家系，外徑21.3−22.5公分，孔徑5.4−6公分。現藏於臺北故宮博物院。
玉呈不透明的土黃至褐色。琢作圓璧形，厚薄不勻，圓周不正，表面拋光不佳。

色石灰岩磨治、鑽孔做成珠子串起來佩於少女頭上或胸前，已是完全脫離生產而美化生活的裝飾品；迄今發現的最早的透閃石玉器，出土於遼寧海城市小孤山仙人洞舊石器晚期遺址之中，距今1萬年前，是三件岫岩閃玉砍斫器。

此外，查海文化、紅山文化、良渚文化、龍山文化、大汶口文化、齊家文化等遺址中都發現了大量的玉器，材質包括獨山玉、岫岩玉、瑪瑙、綠松石、孔雀石、青金石、水晶、和田玉等，這些都屬於中國古玉的範圍，完全符合廣義上玉器的概念，即所謂的「石之美者」。

《辭海》中對玉的解釋承襲了古代對於玉的理解，簡單地定義為「溫潤而有光澤的美石」。

其實，現在被大多數人所接受的中國玉器的概念，是廣義上的古玉，將中國古代實際使用過的眾多的玉材全部包含在內，這樣更能準確描述中國玉文化的燦爛與輝煌。

與之相對的，還有狹義上的中國玉器，這是近代以來新出現的說法，僅包括軟玉與硬玉兩種。

軟玉也叫「真玉」、「中國玉」，其成分為閃石類礦物，主要包括透閃石和陽起石，其代表品種就是和田玉，齊家文化時期開始出現，商代開始大量使用；硬玉即翡翠，由含鉻和鋁的矽酸鹽礦物組成，主要產於緬甸，清乾隆年間開始大量使用。

和田玉是真玉的代表，商代以後的玉器大多數是用和田玉製成，和田玉在中國玉文化發展歷史中佔有舉足輕重的地位。

天下美玉出和田

　　和田玉產自莽莽崑崙之巔，開採和田玉的歷史非常悠久——新石器時代就已經開始了。但真正廣泛使用和田玉製作玉器始於商代，此後，和田玉一直是中國古代玉器的主要材質，與政治、經濟、文化緊密關聯，為中國燦爛的玉文化做出了傑出的貢獻。

誕生於雪山之巔

　　和田玉屬於軟玉，又叫中國玉，俗稱「真玉」。和田玉蘊量最富，色澤最豔，品質最優，價格最昂，是中國古代玉器原料的重要來源，歷代皇室都愛用和田玉碾器，至今和田玉仍受到人們的追捧。

　　崑崙山又稱崑崙虛、崑崙丘或玉山，是中國西部山系的主幹，「世界屋脊」帕米爾高原向東的分支，橫亙於新疆、西藏之間，伸延至青海境內，平均海拔為5500～6000公尺，十多座海拔超過6000公尺的山峰終年白雪皚皚，為厚達幾十公尺的千年冰川所覆蓋。在古代，莽莽崑崙被稱為「萬山之祖」，被認為是中華「龍祖之脈」。而舉世聞名的和田玉，其原產地就在這人跡罕至的崑崙山腹地。

　　和田玉開採的歷史非常久遠。早在新石器時代，和田地區的先民們就發現了和田玉的絕世之美，製成了生產工具和裝飾品。最先發現和認識到和田玉之美的，應該是生活於崑崙山北坡山麓河流地帶的古羌人，即《穆天子傳》裡所描寫的以「西王母」為首領的古羌母系群體。古文獻《瑞應圖》載：「黃帝時，西王母乘白鹿獻白環之休符，舜時復來獻。」《竹書紀年》載：「帝舜有虞氏九年，西王母來朝……獻白環，玉玦。」但這些僅見於文獻，無實物發現。而《穆天子傳》中有一段膾炙人口的典故：周穆王十七年（西元前998年），穆王駕車西遊至崑崙山北麓，進入西王母的領地，西王母在瑤池上盛情款待了周穆王。穆王與西王母上山改玉，下河撈玉，待穆王駕車返回中原時已「載玉萬只」。這說明在西周時期已經大量使用和田玉，和考古發現是相符的。

　　清代以前的資料，對古代採集和田玉

崑崙山腹地

的地點記載比較籠統，沒有具體的礦山。進入清代，有了詳細的記載，具體的採玉礦山不少於六處，主要有新疆和田地區及附近的葉城縣密爾岱玉礦、和田縣阿拉瑪斯玉礦、且末縣塔特勒克蘇玉礦、且末縣塔什賽因玉礦、塔什庫爾幹縣大同玉礦、皮山縣康西瓦玉礦等。至今，這些地方仍可見古代的採玉坑和採玉人留下的遺跡。如著名的「戚家坑」，是和田縣南部海拔4000～5000公尺的阿拉瑪斯玉礦當中一條玉石礦脈的採場，至今仍是和田玉的重要產地。密爾岱山玉礦在葉爾羌河上游經年積雪的高山上，從清代起就是和田玉的重要產地。

　　1949年成立以後，黨和政府對和田玉的產地非常重視。地質工作者經過長期研究得知，在茫茫的崑崙山上，和田玉成礦帶連續長達1100多公里，雪山之巔分佈著原生礦床及礦點，不少河流中還產出子玉。人們首先發現和利用河流中下游的沖積和田玉，繼而沿河上溯採集發現了原生玉礦。隨著現代地質工作的開展，原有和田玉礦山恢復了開採，新的礦床也陸續被發現。現已知原生的和田玉礦床及礦點有18處。集中分佈在三個礦帶：

　　鐵克里克塔格古陸緣地塊，以鐵克里克塔格為主體，包括其西的西崑崙山北坡的前緣山脈，可分為三個礦化地段：大同地段、密爾岱地段、庫浪那古地段。

　　公格爾—柳什塔格中間地塊，位於西崑崙山的高山軸部。塞圖拉地段位於皮山縣桑株塔格之南，賽圖拉到康西瓦之間的喀拉喀什河北岸，包括賽圖拉玉礦、康西瓦玉礦及其附近的礦點、礦化點；鐵日克地段位於皮山縣桑株塔格南坡喀拉喀什河兩岸，包括鐵日克玉礦、卡拉大坂玉礦及附近的礦化點；阿格居改地段位於和田縣黑山南汗尼亞依拉克河上游雪線附近，為數千年來拾玉的主要地區之一，產出極著名的羊脂白玉、墨玉；奧米沙地段位於和田縣喀什塔什奧米沙村南，出產的玉石品質不好；哈奴約提地段位於策勒縣奴爾鄉哈奴約提河，古代曾開採過和田玉，被稱為「塔克」，是「山」的意思；阿拉瑪斯地段位於於田縣柳什村東南，克里雅河支流的源頭，包括阿拉瑪斯玉礦床、冰斗河玉礦、賽底庫拉木玉礦床等幾處礦床及礦點；依格浪古地段，位於於田縣皮希蓋河中游，因玉石品質差而停止開採。

　　阿爾金古陸緣地塊，所發現的和田玉礦床在且末縣境內，自江格薩依上源以西長60公里、寬15公里的範圍內，和田玉礦點較多。塔特勒克蘇地段位於哈達里克河到塔特勒克蘇之間長25公里的地帶，包括哈達里克奇台和田玉礦床和塔特勒克蘇和田玉礦床；塔什賽因地段位於且末縣東南尤勒河到江格薩依源頭一帶，包括塔什賽因玉礦床、江格薩依上游礦點，產出的玉以青玉為主。

喀拉喀什河

和田玉的品種中，產自於河中的子玉是最優良的琢玉原料，是古代和田玉器的主要來源，也是最早使用的原料。經過外力破碎磨損而成為鵝卵石狀，和原生礦的山玉有很大的區別。還要指明的是，和田玉的原生礦多是人們沿著河流採集子玉時發現的。

和田河在塔里木盆地南部，是崑崙山北坡最大的河流，發源於崑崙山和喀喇崑崙山，北流入塔里木盆地，穿過塔克拉瑪幹大沙漠，匯入塔里木河，有兩個源頭：喀拉喀什河發源於喀喇崑崙山北麓，玉龍喀什河發源於崑崙山北麓，都由高山降水和高山冰雪融水補給，而這兩條源頭，就是舉世聞名的玉河——和田玉的主要產地。

喀拉喀什河，古稱墨玉河，墨玉縣的名稱即由此而來。不過，在這條河流中並沒有發現墨玉，真正的墨玉產地在玉龍喀什河的上游黑山附近，即古代的喀朗圭塔克。而這條河中，主要出產和田碧玉，碧玉呈暗綠色，外表風化後漆黑油亮，好像墨玉，因此古人將其誤認為是墨玉，墨玉河的名稱大概由此而來。不過，也有人仍將其稱為碧玉或綠玉。在某些古籍中記載，玉河共有三條：白玉河、墨玉河和綠玉河。現在考證得知，墨玉河和綠玉河其實是一條河流，即現在的喀拉喀什河。

喀拉喀什河不僅出產碧玉，也出產白玉。在其上游的茫茫雪山之巔，不僅發現了原生碧玉礦床，也有幾處原生白玉礦床，河流的中下游也可以拾到白玉子料。另外，這條河流還出產黃金和金剛石，真是一條淌金流玉的寶河。

玉龍喀什河，即聞名遐邇的白玉河，自古以來就是和田玉的主要產地，不僅盛產白玉，青玉和墨玉也產於此。東岸洛浦縣吉牙鄉的古馬特，過去叫胡麻地，是著名的挖玉地點，其歷史非常悠久。究竟從什麼時候開始在這裡挖玉，已經無法考證。到清代，這裡人頭湧動，到處是採玉的人。乾隆年間，這裡是開採羊脂白玉的重要地方，所產白玉貢給朝廷。此外，還出產青白玉和青玉。晚清詞人、洛浦縣主薄楊丕灼的《玉河八景詞》形象描繪了當時採玉的情景。其中《完璞呈華》寫道：「月出澹雲遮，渺渺平沙。眼前完璞見青華，道是似螢螢又細，碧血猶差。終日聽鳴鴉，夜夜燈花。水泉聲裡有人家，舉畚朝朝趨社鼓，一路煙霞。」「夜夜燈花」，描繪了當時挖玉的場面十分熱鬧，「似螢」、「碧血猶差」，描繪所挖得之玉多為青白玉和青玉，挖出的數量也甚多。清代以後，這裡礦源枯竭，停止採玉。

產於玉龍喀什河的羊脂玉子料

玉龍喀什河的拾玉活動多在中游。

上游黑山地區乃找玉人必去之地，但這裡地勢險惡，環境惡劣。

黑山，古代人稱為「喀朗圭塔克」，崑崙山主峰之一，海拔達7562公尺，群峰崢嶸，地勢險峻，雪線以上終年為冰川覆蓋。產玉地點為阿格居改山谷汗尼亞依拉克河，海拔5000公尺左右，是玉龍喀什河的源頭之一。在冰山底部的河流中，經常可以發現和田玉礫。墨玉和史書中唐代高僧玄奘所謂的黳玉，也多產於此地。

1980年，兩位牧民在源頭曾發現過一塊方形玉石，重達1180公斤，潔白潤澤，被定為一級品（當時最好的白玉一公斤價格為50元），後被上海玉雕廠以5萬元買走，當時被視為天價而成為轟動一時的特大新聞，若是放到現在，其價值之高可想而知。

黑山是玉龍喀什河子玉的主要來源地，長久以來吸引著無數愛玉之人來此探寶。只可惜和田玉礦床處在冰山之上，四周為冰川覆蓋，人們可望而不可即。但這些絕世美玉，仍吸引了很多不畏艱險的探寶者，他們在雪山找玉，在高山河谷中探寶。

白玉河的源頭最低處海拔為5600多公尺，整個山頂都被厚厚的冰層覆蓋，冰水從幾公尺厚的冰蓋下嘩嘩地流淌著，那些珍貴的和田玉就在這些冰層下面。冰川的冰舌前緣，因冰川下移至雪線附近逐漸融化，常常發現自上源攜帶的和田玉礫。

冰川的舌部高達數十公尺至百餘公尺，在夏季的晴日裡不斷裂解崩落，伴隨著雷鳴般的巨聲，漂礫與冰塊滾瀉而下，落入河中，故在冰河之下也可以找到美玉。每年的七八月份，山洪暴發，洪水把大量的山石帶到白玉河下游，年復一年，

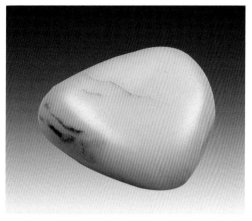

產於玉龍喀什河的青白玉子料

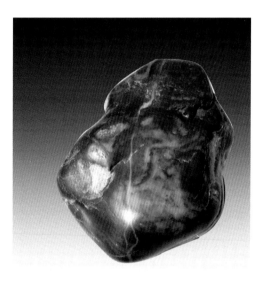

產於玉龍喀什河的墨玉子料

產於玉龍喀什河的碧玉子料

玉龍喀什河

這條河源於莽莽崑崙山，自古便是著名的「白玉河」，盛產白玉、青玉和墨玉的子料。

無止無休。

古老神秘的玉石之路

舉世聞名的「絲綢之路」是東西方文化交流的大動脈，西漢時期由張騫率部開通。其實在此之前，就有一條更為古老的「玉石之路」連接著今天的新疆與中原地區。也許正因為其古老，反而被人們淡忘了。

玉石之路的歷史非常悠久。據考證，早在石器時代，崑崙山腳下的先民們是最早使用和田玉的人。距今3800年前，在今羅布泊地區孔雀河北岸的古墓溝生活著一群古羅布泊居民。從他們的墓葬中，出土了軟玉質玉珠，為死者頸腕部裝飾品。這可能是現存最早的和田玉器，並將其向西傳至西亞，向東已傳至仰紹文化地區。就目前考古發現來說，以甘肅地區為中心的齊家文化就開始使用和田玉製作琮、璧、環、瑗、圈、璜等，這是和田玉進入中原文化圈的最早實物證明。所採用的玉料，產自崑崙山或阿爾金山。

齊家文化分佈地區靠近和田玉產區，而且受到良渚文化的影響，這可以說是西北地方和中原地區進行文化交流的最早記錄之一。和田玉究竟是如何傳入中原文化圈的？楊伯達先生指出：「和田玉在原始社會向東已沿著羅布莊、羅布淖爾和庫車等南北兩路經河西走廊入關中地區，此後又向東南推進到殷都。」

夏代標誌著中國文明時代的開始，王朝的建立是和田玉大規模東輸的最重要的動力。隨著夏王朝的建立，和田玉開始作為貢玉真正進入中原地區，二里頭文化遺址中發現的和田白玉柄形飾器就是用和田白玉製成的。也正是從那時起，和田玉開始登上中國古代藝術的舞臺。人們開始認識到，和田玉與中原內地的玉料相比，具有品種多、產量大、品質好的特點。古人根據長期的治玉經驗，經過對多種玉料的對比和篩選，最終選定了和田玉為玉料中的佳品，從而奠定了和田玉作為數千年來中國古代玉料主要來源的統治地位。

和田白玉究竟是如何進入夏朝都邑的，我們只能做出大概的猜測。夏族居住於今甘肅、陝西、河南西北部、山西南部和東北部一帶，與和田白玉的產地崑崙山並非遙不可及，可能是當時的某個部落的足跡已踏上崑崙，從白玉河採來玉璞返回住地，又貢獻給住在二里頭的夏王。無論如何，可以肯定的是，這標誌著在已有4000餘年歷史的史前玉石之路的基礎上，又出現了一條嶄新的、在玉文化史和玉材運輸史上具有劃時代的意義的、溝通中西文化交流的大動脈，這條大動脈

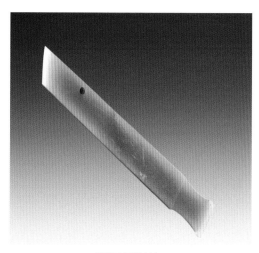

青玉柄形飾

二里頭文化，長16.2公分，寬2.2
公分。現藏於中國社會科學院考古研
究所。

玉色白泛青，晶瑩潤澤，器呈柄
形刀狀。

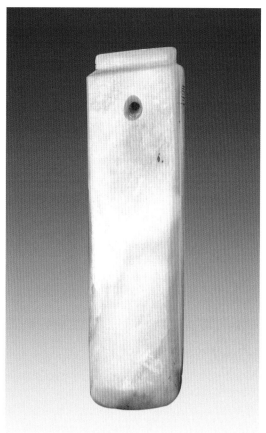

婦好墓出土玉鏟

商代，長15.1公分。現藏於中國社會
科學院考古研究所。

呈扁條狀，下端為平刃，表面拋光較
細，風格古拙粗獷。玉鏟是比較小的側鋒
玉斧，是用來切割、鑿削的生產工具。

即可稱作「華夏玉石之路」。

關於「玉石之路」的具體路線，玉
石鑑定界的泰斗楊伯達先生曾設想：從
和田地區向東，南路經民豐、樓蘭至敦
煌地區；北路經喀什、庫車、吐魯番至
敦煌地區。敦煌向東，與後來的絲綢之
路大體一致，即經河西走廊，越關中平
原，出潼關，過豫西、晉南進入中原地
區。楊先生提出的南路和北路，實際上就是塔里木盆地的南北邊緣與崑崙山、天山
交界的山前綠洲地帶。另外，沿崑崙山北麓向東，越阿爾金山進入柴達木盆地，過
青海湖穿湟水谷地到達甘肅中部，這在古代也是一條重要的交通路線。

不過，至今在關中地區幾乎沒有發現夏代及以前的和田玉製品，而在分佈於內
蒙古中南部、陝北和晉西北的新華文化遺址，以及分佈於晉南的汾河下游和澮河流
域的陶寺文化遺址中，發現了和田玉的蹤跡。專家推測，玉石之路不僅存在於絲綢
之路沿線，還有一條山西向北進入內蒙然後向西的草原之路。究竟這條路線是否存
在，還有待進一步考證。

和田玉雖然在夏代已經真正進入了以河南為中心的中原地區，但所發現的夏代
和田玉器數量很少。真正開始大量使用和田玉製作玉器，應該是在商代。

1976年，考古工作者對位於安陽殷墟的婦好墓進行了發掘，出土了755件玉
器，其中有的是用和田玉雕琢而成的。可以肯定的是，有三件是用和田白玉子料雕

成。另有三件殘器，可能也是和田玉。婦好是商王武丁之妻，說明和田玉已經進入殷商王室貴族的生活，這標誌著內地以和田玉為主體的玉器時代的開始。

商代以後，西周時期，和田玉已經成為主要的王室用玉。《穆天子傳》中記載周穆王遠赴崑崙，從西王母處「載玉萬只」而歸，充分說明周王室對和田玉的需求量之大。從現在的考古發掘中也可以看出，和田玉從西周時期開始佔據主導地位，進入燦爛輝煌的和田玉文化時期，並貫穿了整個中國歷史。

獨一無二的玉中瑰寶

眞玉──和田玉

從玉的廣義概念來說，只要是「石之美者」皆是玉，其品種豐富多彩，自古就有「千樣瑪瑙萬樣玉」的說法。

的確如此，新石器時代是中國玉器製作的高峰，其選材更是不盡相同：

紅山文化的玉材主要是岫岩玉，主要礦物成分為蛇紋石，主要產自遼寧岫岩縣。另有一部分軟玉，主要礦物成分為粗細不均的結晶狀透閃石，主要產於遼寧寬甸、細玉溝或醫巫閭山，與和田玉有很大差別。另外，還有綠松石、青金石、瑪瑙、玉髓和煤玉等。

良渚文化玉器的選材範圍很廣，主要乙太湖地區宜溧山、天目山和寧鎮山一帶出產的軟玉為主，也可能有來自遼寧寬甸或細玉溝的軟玉，成分主要是透閃石和陽起石，質地細密晶潤，表面平滑細膩，器物表面呈現寶石光澤。另有一部分和岫岩

玉琮

良渚文化，高 5.7 公分。現藏於三藩市亞洲藝術博物館。

玉料呈深褐黃色，局部有黃白沁斑。琮呈外方內圓的柱形，中心有圓孔。玉琮是古代祭器的一種，有「以黃琮禮地」之說。

勾雲形佩

紅山文化，高 14.2 公分，寬 19.1 公分。現藏於臺北故宮博物院。

玉呈清潤的青綠色。器身由許多勾角組合而成。器身琢瓦溝紋，瓦溝的凸脊明顯，以加強立體感。

玉接近，礦物成分以蛇紋石為主，可能來自鎮江。此外，還有瑪瑙、玉髓等材質，可能來自安徽六和。

龍山文化分佈區域較廣，材質複雜多樣。軟玉的主要成分是透閃石，有人認為是「就地取材」，來自山東海陽，河南洛陽、孟津，陝西神木、延安、藍田，山西汾水等地；也有人認為軟玉來自遼寧寬甸、細玉溝、醫巫閭山。其他材料還有瑪瑙、玉髓、綠松石、蛇紋石等，多為就地取材。

凌家灘是中國史前玉文化發展與製作中心之一，玉器質地的種類極多，主要有蛇紋石、石英、瑪瑙、玉髓、綠松石、煤精等，少部分閃石類也來自於本地。

仰韶文化是分佈在黃河中游的新石器時代中期的一種文化，所製作的玉器大多採用附近出產的獨山玉，亦見火山玻璃、燧石、大理石、石英質玉等。

石家河文化屬湖北龍山文化，分佈在長江中游地區，玉器主要發現於石家河文化晚期，玉器的材料主要是獨山玉，有部分閃石類玉石，但和和田玉有很大差別。

總之，除齊家文化使用了和田玉外，新石器文化時期的大部分玉器都是選用蛇紋石等其他材料。不過，和田玉被稱為「真玉」，反而在新石器時代沒有被廣泛使用。

和田玉是品質最優良的軟玉品種。在國際上，「軟玉」一詞也是地質行業常用的礦物學名稱。外國人說中國玉，常常就是指和田玉，如前蘇聯地質學家費爾斯曼院士將軟玉統稱為和田玉或中國玉。

1856—1860年第二次鴉片戰爭期間，英法聯軍侵入北京，火燒圓明園，乘機掠奪了大批珠寶玉器運往歐洲。

玉圭

龍山文化，尺寸不詳。現藏於臺北故宮博物院。

玉料經沁蝕成灰白色，泛黃並帶赭色斑。

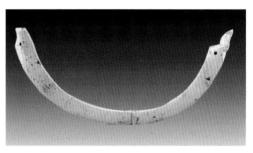

龍鳳玉璜

凌家灘文化，尺寸不詳。現藏於安徽文物考古研究所。

璜是新石器時代各文化普遍存在的裝飾用玉。此件玉璜一端琢成鳳首，一端琢成豬龍形首，反映了史前先民對龍鳳的崇拜。玉璜中部可分開，兩側各有小孔，可穿繩連綴起來。

素璧

齊家文化，最大徑13.5公分，內徑7.2公分，厚0.75公分。現藏於臺北故宮博物院。

白玉，帶黑、褐色斑。圓璧，外緣規整，璧面光滑無紋飾。

1863年，著名的法國礦物學家A・德莫爾對掠來的玉器進行了系統的礦物學、岩石學鑑定和分析，發現傳統的「中國玉」有兩種：一種是和田玉，是由極細小的纖維狀角閃石所組成的「角閃石玉」或「透閃石玉」；一種是翡翠，是由極細粒的鹼性輝石所組成的「輝石玉」。按摩氏相對硬度的差異，和田玉硬度略低於翡翠，稱「軟玉」；翡翠則稱「硬玉」。

從夏代開始，被稱為「真玉」的和田玉開始進入中國王室宮廷玉器之林，西周以後一直在中國玉文化歷史中佔據主導地位，而其獨特的特性歷來受到人們的崇拜與讚賞。漢代許慎在《說文解字》中說：「石之美，有五德：潤澤以溫，仁之方也；鰓理自外，可以知中，義之方也；其聲舒揚，專以遠聞，智之方也；不撓而折，勇之方也；銳廉而不忮，潔之方也。」此即所謂玉的「五德」，即指玉的五個特性——色澤、紋理、質地、硬度、韌性：堅韌的質地，溫潤細膩，莊重沉穩，觀之不透，與人共鳴交流，具有極強的親和力，給人以寧靜致遠的遐想空間；瑩潤的光澤，深厚肥膩，從不張揚誇張，觀若凝脂；豐富的色彩，多色具備；緻密而透明的組織，堅而不脆，柔韌頑強，百折不撓；舒揚致遠的聲音，幽長深遠，若金磬之餘聲，絕而復起，徐徐方盡。而具有此五德者，唯和田玉爾。

和田玉被稱為「真玉」，並不是空穴來風。1994年出版的《中華和田玉》中寫道：「它的成因、品種在世界軟玉中居獨特地位，具有典型意義。世界軟玉品種單一，且多為碧玉，而和田玉品種多，有世界罕見的白玉，玉質居世界軟玉之冠。世界軟玉礦床大多為蛇紋石岩型，與超基性岩有關，而和田玉礦床為非蛇紋石岩型，其成因不是區域變質而形成，而是典型的接觸交代形成，這些在世界上都是非常獨特的。」

白玉鏤雕蟠龍戲珠紋帶環
明代，外徑11公分。現藏於大英博物館。
　　玉呈青白色，局部有淺褐色皮斑痕。器呈圓環形，通體鏤雕一團龍與一執球的小孩。雕琢圓潤華美，頗具宮廷風格。

為了把和田玉與其他玉相區別，古人把和田玉稱為真玉，其他玉稱為「非真玉」。古人如何辨別真玉，李淳風曾說：「其色溫潤，常如肥物所染，敲之其聲清引，其金磬之餘響，絕而復起，殘聲遠沉，徐徐方盡，此真玉也。」《拾遺記》中載：「石崇富比王家，當世珍寶奇異，皆殊方異國所得。其愛婢翔風妙別玉聲，悉知其處。言西北方玉聲沉重，而性溫潤。東南方玉聲清潔，而性清涼。其言聲清潔者，明東南方產，非真玉也。」

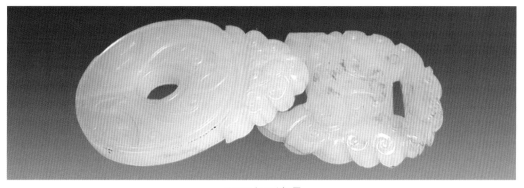

和田白玉連環

清代，長11.2公分，寬5.2公分。現藏於臺北故宮博物院。

雙環相連，一環作獸面形，另一環作璧形，側出三角形下有套環相連。璧形環正面飾雙龍紋；獸面形環，雙面同紋。

獨一無二的成分

軟玉，英文寫作Nephrite，它源於希臘語，有「腎臟」之意，由此也可以看出和田玉對人類的重要性。和田玉是軟玉的代表品種，屬於角閃石族中的一員，主要成分是透閃石、陽起石，是鎂、鐵、鈣、鈉、鋁等共同構成的矽酸鹽或鋁矽酸鹽，與翡翠所在的輝石族礦物形態、組成相近。

透閃石是和田玉的主要組成成分，是由白雲石和石英混合沉積後形成的變質岩，是一種含水和氟的鈣鎂矽酸鹽，其成分中常含有4%以下的鐵，通常呈現出白色，含鐵等元素少的話，色澤較近於油脂的凝脂美，純者色白，俗稱羊脂玉，細膩溫潤。在熱液蝕變過程中，當鐵含量超過4%時即過渡為陽起石，鐵含量越高，顏色越深，通常呈現出綠色、深綠色到黑色。也因含有少量氧化金屬離子如錳、鎂、鋁等而呈現青、綠、黑、黃等色或雜色。

這就是和田玉有不同色彩的奧秘。

透過化學分析，通常情況下，和田玉硬度為6—6.5，比重為2.95—3.10。其成分為：二氧化矽占57.60%，氧化鋁占0.25%，三氧化二鐵占0.66%，氧化錳占0.16%，氧化鎂占25.61%，氧化鈣占2.68%，其他雜質占2.74%。

礦物折光率：透閃石為 $Np=1.599—1.619$，$Nm=1.612—1.630$，$Ng=1.622—1.640$，重折率為0.021—0.023；陽起石為 $Np=1.619—1.688$，$Nm=1.630—1.697$，$Ng=1.640—1.705$，重折率為0.021—0.027。

顯微鏡下觀察，軟玉同硬玉一樣也呈纖維狀結構，晶體呈輻射狀或柱狀排列。這種由透閃石、陽起石組成的纖維狀結構，是軟玉具有溫潤細膩和堅韌的性質的主要原因。

細膩溫潤的質地

和大多數玉石一樣，和田玉屬於礦物集合體，其質地的細膩與否對其品質影響

很大。

　　多數玉石的組成晶粒結構緊密，但晶粒的形狀和結合方式對質地也有很大影響。玉石晶粒通常為粒狀、片狀、針狀、塊狀或纖維狀，晶粒相互之間或有序排列，或無序排列，形式多樣。這些晶粒既可以是同種礦物晶粒，又可以是不同種礦物晶粒，情況複雜，形成了質地的不同特徵。如和田玉是由很小的纖維狀微晶體組成，微晶發育越小，軟玉的品質越好，反之則軟玉品質較差。

　　和田玉具有細膩溫潤的質地，這是其他玉石所不及的。和田玉的礦物組成和結構特點，決定了其質地的優良：一是由於其細微性極細，所以質地非常細膩，正如古人所謂的「縝密而栗」。二是溫潤滋澤，即具有油脂光澤，給人以滋潤柔和之感，正如古人所謂的「溫潤而澤」。三是有適中的透明度，呈微透明，即「水頭好」，琢成的玉件顯得水靈，有生氣。四是雜質極少，有的達到無瑕的程度，而且裡外一致，是古人所謂的「瑕不掩瑜，瑜不掩瑕」，或「鰓理自外，可以知中」。

　　和田玉是由粒徑小於0.01毫米的纖維狀透閃石、陽起石晶體交織在一起形成的集合體，內部一般呈氈狀、簇狀和捆狀交織結構，質地十分細膩，用手觸摸有潤滑感。這種結構在玉料上看不清楚，但在玉雕成品中就能清楚地顯示出來，就好像在微透明的地子上均勻分佈的不透明的花朵。這是因為透閃石纖維交織疏密不同的關係。

　　質地也是和田玉品質的綜合表現，包括形狀、滋潤程度、裂紋、雜質等等。在質地的細膩滋潤方面，工藝界有很多表示缺陷、反映品質的專業用語。如說「陰」，即玉有陰暗的感覺；「油」，即非凝脂的油性感覺；「嫩」，即透明度大但不靈；「瓷」，即如瓷一樣，缺乏鮮活感。有了這些表現，品質就不好。

　　和田玉還有獨特的解理現象。

　　解理是礦物晶體受力後常沿一定方向的平面破裂現象，是反映物品晶體構造的重要特徵之一，也是鑑定礦物的重要依據。裂開的面叫解理面。

　　解理可分為四級：完全解理、中等解理、不完全解理和無解理。屬於微晶集合體的和田玉雖然看不到斷口有明顯的解理面，但當用放大鏡觀察時，仍有晶粒解理破碎的現象。如果解理面發育在方向上趨於一致時，還可以看到層狀或鱗片狀的情況。

軟玉不「軟」

　　根據1863年法國著名地質礦物學家德莫爾對中國清代玉器（主要是乾隆時期玉

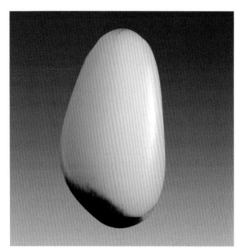

和田白玉

器)的分析，真正意義上的中國玉器的材質只有兩種，即角閃石類玉器和輝石類玉器。角閃石類玉器的代表即和田玉，硬度為摩氏6—6.5，相對輝石類玉器的翡翠硬度要低，因此被稱為「軟玉」；輝石類玉器即翡翠，硬度為摩氏6.75—7，比和田玉的硬度高，因此被稱為「硬玉」。

翡翠以矽酸鈉和矽酸鋁為主，有隱約的水晶狀結構，質地堅硬，密度較高，具有玻璃光澤，清澈晶瑩。翠綠色、蘋果綠、雪花白、淡紫色都是翡翠的典型色澤。不過，翡翠主要產於緬甸，18世紀後才被中國玉匠大量採用。與歷史悠久的和田玉相比，無論是時間還是數量都不能與之相提並論。中國玉器絕大部分為和田玉製品。

除和田玉外，甘肅的酒泉玉、陝西的藍田玉、河南的獨山玉和密縣玉、遼寧的岫岩玉等，也是中國玉器的常用原料。不過，它們的品質與和田玉相比，都要甘拜下風。

酒泉玉產於甘肅酒泉附近的山中，因山稱祁連山，故也稱祁連玉。玉色暗綠，有較多的黑色斑點，地質學家鑑定其主要礦物成分是蛇紋石，與岫岩玉相同，硬度一般介於3.5—5.0之間，遠遠不如和田玉。

藍田玉歷史悠久，為古代名玉，其成分通常為蛇紋石大理岩，硬度通常為3.0—4.0，還沒岫岩玉的硬度高，更不能跟和田玉相比了。

獨山玉產於河南南陽的獨山，也稱「南陽玉」，也有簡稱為「獨玉」的，為中國歷史上「四大名玉」之一。化學成分屬鈣鋁矽酸鹽岩，還含有微量的銅、鉻、鎳、鈦、釩、錳等，屬於鈣長石類玉石。質地細膩，堅硬緻密，硬度為6.0—6.5，與和田玉基本相同，但不如和田玉溫潤。

密縣玉產於河南密縣，又稱「河南玉」，是一種含有鐵釘雲母的石英岩，質地細膩，均勻似玉，硬度較低。

岫岩玉因產於遼寧省鞍山市岫岩滿族自治縣而得名，為中國歷史上的「四大名玉」之一。其成分主要是蛇紋石，硬度一般介於3.5—5.0之間。

由此看出，和田玉是中國古代玉器中硬度最高的品種。

這裡說的硬度為摩氏硬度，1812年由德國礦物學家摩斯首先提出，就是應用劃痕法將棱錐形金剛鑽針刻畫所試礦物的表面而發生劃痕，提出測定礦物相對硬

玉石的解理現象

獨山玉原石

岫岩玉原石

剛玉原石

度的10種標準礦物。由小到大分為10級：滑石1，石膏2，方解石3，螢石4，磷灰石5，正長石6，石英7，黃玉8，剛玉9，金剛石10。

為了方便閱讀，讓人們有更加直觀的認識，現將常見且有代表性的物品硬度舉例如下：

硬　度	代表物	備　註
1	滑石、石墨	滑石為已知最軟的礦物，常見應用有滑石粉。
1.5	皮膚、天然砒霜	——
2	石膏	用途廣泛的工業材料
2—3	冰塊	——
2.5	指甲、琥珀、象牙	——
2.5—3	黃金、銀、鋁	黃金、銀常見於飾品，鋁則常見於工業應用
3	方解石、銅、珍珠	方解石可作雕刻材料，也是許多工業的重要原料
3.5	貝殼	——
4	螢石	又稱氟石，可作雕刻材料
4—4.5	鉑金	稀有金屬，亦是貴金屬中最硬的
4—5	鐵	——
5	磷灰石	磷是生物細胞質的重要組成元素
5.5	玻璃、不銹鋼	——
6	正長石、丹泉石（坦桑石）、純鈦	正長石可作為陶瓷、玻璃、珐琅，以及鉀肥的原料
6—7	牙齒（冠齒外層）	主要成分為羥基磷灰石
6—6.5	和田玉	——
6.5	黃鐵礦	硫酸原料來源，提煉黃金、藥用等

硬　度	代表物	備　註
7	石英、紫水晶	為常見的耐火材料與玻璃的主要原料，裝飾品
7.5	電氣石	又叫碧璽，一種寶石
8	黃玉	一種寶石，偶然相遇的彩鑽
8.5	金綠柱石	一種寶石
9	剛玉、鉻、鎢鋼	剛玉主要指紅寶石、藍寶石，人造寶石「藍寶石水晶」的硬度亦同剛玉等級
9.5	莫桑寶石	人造寶石，明亮的程度為鑽石的 2.5 倍
10	鑽石	地球最硬的天然寶石

堅而韌的玉中之英

和田玉不僅是玉石當中硬度最高的，而且也是韌度最大的。

品質優良的玉石，必須要有韌度。韌度對製作玉器極為重要。玉料的韌度大，則不易破碎，而且耐磨，對於玉器的藝術造型和精雕細刻有極大好處。

韌度是抗打擊度。有的硬度很大，如金剛石硬度為 10，水晶硬度為 7，但是抗打擊度較低，一打即碎。和田玉的硬度雖不及金剛石和水晶高，但是抗打擊度很高。

據測定，和田玉的抗壓強度高達 6542 公斤／平方公分，也就是說，如要壓碎和田玉，必須在每平方公分上施加約 6.5 噸的壓力，而壓碎鋼鐵，只需要每平方公分施加 4—5 噸的壓力就可以了。

韌度還包括研磨硬度。和田玉屬透閃石玉，韌度大是其特色。據世界

水晶雙耳十角杯

清代，高 6.5 公分，口徑 9.8 公分。現藏於北京故宮博物院。

杯呈十棱形，杯兩側各有一耳，耳下部鏤空成捲草紋裝飾；杯底鐫「乾隆年製」款識。

翡翠原石

上寶玉石的韌度資料顯示，黑金剛石為 10，透閃石玉為 9，翡翠、紅寶石、藍寶石為 8，金剛石、水晶、海藍寶石為 7—7.5，橄欖石為 6，祖母綠為 5.5，黃晶、月光

石為5，貓眼石為3，螢石為2。如以透閃石玉韌度為1000，其他玉石或礦物相對韌度為：翡翠500，蛇紋石（如岫玉）250，石英岩10—20，石英5，剛玉2—3，雲母2。可見，透閃石玉的韌度在玉石中是最大的，這是和田玉最重要的特色，是其他玉石不能比擬的。

華夏文明的主要載體

在漫長的歷史進程中，中華民族形成了獨特的世界觀，形成了根深蒂固的全民尊玉、愛玉的心理，玉的神化和靈物概念、特殊權力觀點都植根於此，而玉文化本身則作為中華文明的一個重要組成部分，在中國幾千年的文明史中有著無法估量的深遠影響。著名學者李約瑟在《中國科學技術史》中更是說到：「對玉的愛好，可以說是中國的文化特色之一，啟迪著雕刻家、詩人、畫家的無限靈感。」

彰顯身份與地位

玉器稀有、美麗而神秘，在中國歷史上曾長期被統治階級所壟斷，是顯示身份、地位和權力的標誌。

新石器文化晚期，在國家形成的漫長過程中，時刻充滿暴力。從特定角度來說，暴力是文明社會的助產婆。氏族、部落之間野蠻的掠奪，大規模的俘獲、屠殺，對暴力和武功的炫耀和迷信，正是那個時代最真實的特徵。

新石器時期的玉器大多發現於墓葬之中。而這些出土玉器的墳墓，全部是大、中型墓，有的大墓一次就出土數百件玉器。很難想像，當時生產力極其低下，普通人的衣食住行都難以保障，而為實用或美感耗費如此大的精力，製作這些當時屬於高層次的物品，顯然這些墓葬的主人生前絕對是部落中的特權人物。

而諸多小型的墓葬，多數沒有殉葬品，即使有，也只是一些陶、石製品，極少見有玉製品。這說明當時私有制和社會分工的現

新石器時期墓穴中的玉塊、玉鐲

象已十分普遍，一些上層人物不僅生前可以大量佔有別人的勞動，擁有大量私人財富，而且在死後也可享有生前的殊榮。

殘酷的戰爭，極大地刺激了軍事民主制的發展，社會上不可避免地出現了軍事領袖等特權人物。在當時青銅器尚未普及的情況下，應運而生的玉製武器、工具——石器中的精華，因其稀有性而成為這些人權力的象徵，以此號令天下，莫敢不從。在良渚文化墓葬中發現的玉鉞，有的製作極為精細，刃部附近刻畫出極為精細的良渚神徽和鳥形圖案，木柄上鑲嵌有數十顆小玉粒，造型別致而神聖莊重，這應該是某一氏族、部落或部落聯盟軍事領袖特殊軍事權力的標誌，對外擁有征伐殺戮、對內擁有統率部落成員的特權，代表著最高的世俗權力，是中國王權形成前的特殊一頁。

除此之外，還有琮、璧等重要的禮器隨玉鉞一同出土，說明當時世俗權力和宗教權力的一體化，一些部落酋長既是軍事上的統帥，同時又是神的代言人和神意的執行者。玉器的功用逐漸從由巫覡掌握的祭祀專用的神器向由軍事首領掌握的禮器過渡。

用玉器來顯示等級，其實在河姆渡文化時期就已經出現了，在良渚文化時期不過將其更加系統化。這種情況的出現，說明當時社會分化現象嚴重，統治集團開始形成，掌握著氏族、部落的政治、軍事、宗教、家族等各方面的特權。

從考古發掘中發現，齊家文化製作的和田玉器的形制具有良渚文化的某些特徵，兩者之間存在承繼關係。

玉鉞

良渚文化，高16.5公分。現藏於台北故宮博物院。
玉呈赭黃色，大部分沁作灰白，褐色部分硬度較大。

玉 璽

新石器時代，尺寸不詳。現藏於台北故宮博物院。
玉呈半透明的綠色，有濃淡不一的褐色雜斑。

　　學者推測，地處太湖流域和江浙地區的良渚先民受到洪澇或其他自然災害的威脅而流散，其中一部分人遠赴西北地方，將其文化傳統帶到了齊家文化地域，所發現的具有良渚文化遺風的齊家文化玉器就是明證。

　　夏朝建立以後，中國從此進入王玉時代。隨著禮儀的完善，玉器更加突出了其彰顯身份和地位的功用。

　　西周時期是一個禮儀化的時代，尤其是對玉器的使用有嚴格的規定。當時的玉禮器不僅用來祭祀或作為信物，同時還為等級制度服務。《周禮‧春官‧大宗伯》中記載：「以玉作六瑞，以等邦國：王執鎮圭，公執桓圭，侯執信圭，伯執躬圭，子執穀璧，男執蒲璧。」對當時用以顯示等級的「六瑞」的使用制度作出了嚴格的規定，而且，對各種玉器的名稱、形制和規格也有明確規定。

　　西周以後，雖然佩飾玉逐漸成了玉器發展的主流，但某些特定玉器的使用制度仍有嚴格的規定，否則就是僭越，嚴重的要犯殺頭之罪。

　　如《後漢書‧禮儀志》載，只有皇帝才有資格使用金縷玉衣；諸侯王、列侯、皇帝的寵姬、皇帝的女兒只能用銀縷玉衣；前一代皇帝的姬妾和皇帝的姐妹用銅縷玉衣。唐代對玉帶板的使用也作出了嚴格的規定。

與神靈溝通的媒介

石器時代，世界上任何一個民族都經歷了原始崇拜時期，這和當時的生產力水準低下有關。生產力水準低下，認知有限，「萬物有靈」的觀念普遍為人們所接受。

萬物有靈，巫覡盛行。當時巫覡的主要職責，就是負責與神靈溝通。美麗而神秘的玉器，自然充當了人神之間相互溝通的媒介。原始人對神靈頂禮膜拜祈求保佑，須奉獻肉物，以供食饗，還要美言祈禱，傳達神旨，承擔此重任的人就是巫覡。巫覡的肉身不能升天，但他的「靈魂」可以升天事神，再將神的旨意帶回人間，向群體傳達。

原始崇拜時期流行的巫術是原始宗教的前奏，用玉製成的偶像曾被作為人神溝通的工具，在舊石器晚期就已經出現了。新石器晚期，原始宗教形成了，玉器以其獨特的審美價值和意識價值深深融入到宗教活動中，涉及到宗教意識的構成與表述，宗教活動的場所、用品、禮儀規範的實施等各個方面。如紅山文化的玉龍、勾雲形玉器等，就應該出自於圖騰崇拜，是人神溝通的媒介。而在良渚玉文化及受其影響較深的史前文化中，玉神器毫無例外均是以琮、璧為代表──琮、璧是巫覡事神的最重要的神器，都是供神靈「以食以饗」的享物，同時又是巫覡靈魂升天的入門券。良渚文化反山遺址出土的玉器說明巫覡事神時還要戴儺面，坐騎由小覡扮演的道具獸，有時手還得抱琮舞鉞。鉞代表軍權，標誌覡亦攝軍權，或是執軍權者已奪巫權，自抱琮事神，又執鉞以顯其王者身份。良渚文化時期所製作的神人獸面紋玉器，更是神人溝通的主要器具。

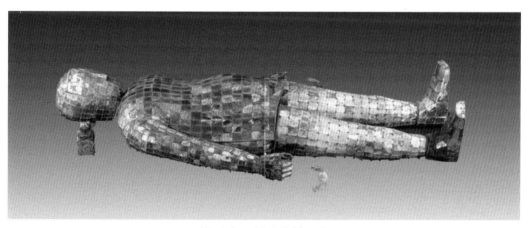

滿城出土劉勝金縷玉衣

西漢，長188公分。現藏於河北省博物館。

玉衣是用金絲將岫岩玉片編綴而成。上衣呈綠色，玉質瑩潤。下身為灰白和淡黃色。整體主要分為頭罩、上衣、手套、褲筒和鞋等五部分，共用不同形狀的玉片2498片，金絲約1100克。

神人獸面紋玉飾
西元前2000年左右，寬5.8公分。現藏於大英博物館。

玉器在人類從野蠻走向文明的過程中起了不容低估的作用。

原始宗教的形成是社會進步的產物，玉器的製作業發生了巨大的變化。從早期小型的裝飾物和偶像，逐漸演變為大型的象徵性武器、工具和具有原始信仰性質的禮器，成為等級權力的象徵物和祭祀工具，標誌著等級觀念和宗教觀念與玉器緊密地關聯起來，人們在玉器的造型和紋飾上耗費巨大的精力，以此表達其豐富的精神內涵。這些玉器大多發現於新石器時代的祭壇和首領的墓葬中，放置在顯眼的位置，這標誌著當時社會生產領域已出現了享有特殊權力的階層，標誌著世俗權力的極度膨脹，標誌著巫覡力量的崛起。這些巨大的變化都是與當時的社會政治、經濟、軍事的發展狀況緊密相連、密不可分的。

良渚文化遺址中出土的玉琮、玉璧等大型禮器代表了中國史前巫術發展的最高水準，說明在國家出現之前就形成了嚴格的祭祀和禮儀制度。宗教加深了玉器的神秘性，而玉器美麗、稀有和耐久的特徵也被不斷用來表現宗教神聖的禮儀和教規。

君子比德於玉

和田玉之所以歷久不衰，甚至歷久彌篤，除了其自身具備其他玉種不具備的物質屬性和優勢外，還有一個深刻原因，這就是附加於和田玉之上的文化及精神價值。

在殷商時期，玉的道德化、宗教化、政治化過程業已初步完成，和田玉成為道

德、習俗、神靈、權力和財富的象徵物。

春秋時期，以孔子為代表的儒家學派對玉竭力推崇，將玉作為德行操守的象徵，將其特性作為君子處事為人的準則。《禮記·玉藻》中說：「古之君子必佩玉……君子無故，玉不去身，君子比德於玉。」

自春秋末期起，隨著社會制度的變革，統治階級為了維護社會安定，鞏固其國家權力而崇尚玉器，玉器日益受到重視。《禮記·聘義》中借孔子之言，由對玉的自然屬性的深入分析，抽繹其外表和本質特徵與儒家道德觀緊密結合，總結出仁、智、義、禮、樂、忠、信、天、地、德、道十一德，奠定了儒家用玉的理論基礎，成為君子為人處世、潔身自愛的標準，標誌著玉器人格化的正式確立。「孔子曰：『非珉之多故賤之也，玉之寡故貴之也。夫昔者，君子比德於玉焉：溫潤而澤，仁也；縝密以栗，智也；廉而不劌，義也；垂之如隊，禮也；叩之其聲清越以長，其終詘然，樂也；瑕不掩瑜，瑜不掩瑕，忠也；孚尹旁達，信也；氣如白虹，天也；精神見於山川，地也；圭璋特達，德也；天下莫不貴者，道也。詩云：言念君子，溫其如玉，故君子貴之也。」

東漢許慎在《說文解字》中提出玉有五德，實際上指的是玉的色澤、紋理、質地、硬度、韌性五個特性，也是就和田玉而言。

有關玉德的儒家學說，均以和田玉為依據，並始終以和田玉為尊、為正宗，和田玉因此成為君子德行操守的化身和社會道德的象徵物，從此影響了中國文化數千年。

禮儀用玉與人際交往

夏商時期基本上延續了新石器晚期的用玉製度，但自己的先祖被當作首要祭祀的對象，祖先崇拜盛行。而到了西周時期，又進一步發展為祭祀天、地、日、月等自然神。周王自稱「天子」，即從此開始，這是崇拜上天的最好例證。而且，玉器

蟠虺紋瑰

春秋，直徑 3.82 公分，厚 0.44 公分。現藏於台北故宮博物館。

青白玉，玉色勻淨，表面塗朱砂。兩面飾蟠虺紋，兩件一對。

碧玉龍形佩

戰國，最長 15.6 公分，厚約 0.6 公分。現藏於台北故宮博物院。

碧綠玉，局部帶灰黑或土黃斑。已雕出龍形佩的大致輪廓，器表有切璞時留下的直條切痕。

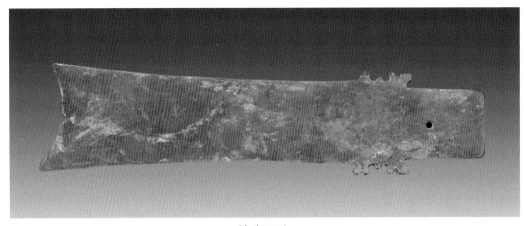

塗朱玉璋

二里頭文化。尺寸不詳。現藏於中國社會科學院考古研究所。

此件玉璋形體甚大，表面塗有朱砂，有著濃厚的宗教意味。

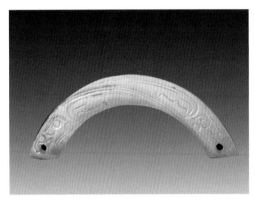

玉雕夔龍紋璜

西周，長7.5公分。天津瀚雅拍賣有限公司2009年拍賣，成交價3.08萬元。

璜爲古代禮器的「六瑞」之一，此器物通體陰線刻畫夔龍，玉質溫潤，刀法流暢，富有古樸之感。

的祭祀功能也在此時確定下來。

用玉製作「六器」以祭祀天地四方，這在《周禮・春官・大宗伯》中有明確的記載：「以玉作六器，以禮天地四方：以蒼璧禮天，以黃琮禮地，以青圭禮東方，以赤璋禮南方，以白琥禮西方，以玄璜禮北方。」

西周時期製作的玉禮器不僅用來祭祀，還被作為信物用於婚聘、軍事調動等。《周禮・冬宮・考工記》載：「穀圭七寸，天子以聘女……大璋九寸，諸侯以聘女。綠圭璋八寸，璧琮八寸，以兆聘。牙璋中璋七寸，厚寸，以起軍旅，以治兵守。」

春秋戰國是中國歷史上思想大解放的時期。「百家爭鳴」局面的形成，「以人為本」思想的確立，對西周時期制定的用玉制度產生了很大衝擊。這時的玉器逐漸擺脫了西周嚴格的宗法禮制的束縛，在種類、造型和紋飾上竭力彰顯美學價值和藝術造詣，裝飾性增強了，禮儀性方面的意義淡薄了，被賦予道德內涵的佩飾明顯占了主導地位，成為玉器發展的主流。

美好事物的象徵

玉器被中國人使用，其最早的作用就是裝飾。在距今7000—6800年的河姆渡文化遺址中，出土了大量的璜、玦、管、珠、墜等，充分證明玉在新石器時期就被

大量製作成裝飾物。殷商時期，玉飾物的品種之繁、數量之多達到了令人瞠目的地步。而在內蒙古赤峰市敖漢旗寶國吐鄉興隆窪村的興隆窪文化遺址中發現的兩塊精美的玉玦，出土時放在墓主人耳旁，是我國現今發現的最早的玉器之一，是典型的裝飾品。

玉器從出現之日起，就與美緊密聯繫在一起。在漫長的歲月中，人們用玉，也將玉的含義擴展到涉及語言、社會生活中的各個層面。《辭海》中以玉為部首的字有五百多個，包含「玉」字的詞彙、成語、句子也已超過一千條，這些字及詞彙等與玉有直接關係，包含著各種不同的意義。《北齊書》裡的「大丈夫寧為玉碎，不為瓦全」一句，道盡了中國人對信念的執著。

在紀錄中華民族燦爛文化的文學作品中，從《詩經》、楚辭、漢賦、唐詩、宋詞、元曲、明清小說，到近現代文學、戲曲、電影、電視等，以玉比人、以玉喻事的題材數不勝數，燦若星河。在現實生活中，玉成為一切美好事物的象徵。比喻人的品格為「玉潔冰清」，形容人的相貌為「玉容」、「玉貌」，讚賞人的身材和風度為「玉樹臨風」，讚美天帝為「玉皇」、「玉帝」，稱居住之所為「玉宇瓊樓」，好聽的聲音為「玉聲」。甚至用玉來讚美笛、簫、笙、琴等聲音清亮的樂器，經常冠以「玉」來修飾而稱之為玉笛、玉簫、玉笙、玉琴等。

河姆渡遺址出土的玉璜、玉玦
河姆渡文化。現藏於浙江省博物館。

和田玉的分類

　　具有7000多年開發利用史，享譽世界的和田玉，自古至今有著許許多多的分類。這些分類因方法不同或是「各取所需」，因此分類也不一致。按其產狀，可分為山料、山流水和子料；按其顏色，可分為白、青、黃、黑、碧（綠）5種顏色，還有一些中間過渡色。和田玉由於含鐵量很低，基本為前四種顏色，但可以進一步劃分，如白玉中有羊脂玉、白玉、青白玉等。

產狀分類

山料

　　山料又稱山玉、碴子玉，古代叫「寶蓋玉」，或叫寶玉，指產於山上的原生玉礦。山料的特點是塊度大小不一，呈棱角狀，表面粗糙，斷口參差不齊，玉石內部品質難以把握，質地通常不如子玉。與子玉相比，山料質地多數較粗，陰、陽面明顯，內部結構顯示的不同玉性比較明確。

　　按照和田玉的等級來說，子料最為貴重，山流水次之，山料又次之。

　　不過，山料是各種玉料的母源，同時也是玉石的主要來源，不同的玉石品種都有山料，如白玉山料、青白玉山料、青玉山料等等，品種最為齊全。

　　過去，玉雕行業中對於山料都以礦坑分種類，如戚家坑、楊家坑、卡羌坑等等。戚家坑：清末民初時天津人戚春甫、戚光濤兄弟在新疆且末地區開採軟玉時所建礦坑，產出的玉料色白而質潤；楊家坑：位於新疆且末地區，所產玉料有栗子色外皮，內部色白而質潤；卡羌坑：位於新疆且末山上，所採玉料有白口、青口、黃口之分，質堅性均，常帶有鹽粒閃星。

山料

山流水

　　山流水由採玉和琢玉藝人命名，是一個很富有詩意的名稱，指原生玉礦石經風化崩落，並經洪水沖刷搬運至河流中上游的玉石，礦床屬殘積、坡積、洪積型或冰川堆積型。這類玉材距原生礦近，雖受自然剝蝕及泥石流、雨水

和冰川的沖蝕搬運，但自然加工的程度有限，尚未完全變成子玉，許多玉料商人平時戲稱它是「子玉的媽媽」。

山流水塊度較大，常見片狀，表面較光滑，且常帶有沙灘般的水波紋面，質地比較細膩、緊密。無尖銳的棱角，玉石的棱角稍有磨圓，地質學稱為「次棱角狀」。較白，也有其他色澤。

山流水中有一部分又稱為「戈壁料」，是玉石在戈壁灘上經過千百萬年的風吹雨打風化形成的。有些是原生礦床產出的山料，由於地殼變動、雪崩或其他大自然引力現象將其搬運到戈壁灘後，長期受風沙衝擊後形成的；有些是已經形成子料，後受自然外力運動等被搬運到戈壁灘中，經受風沙的磨礪、水流的沖擊而成。

戈壁灘玉由於受到風沙、水流的長期磨蝕、沖擊，失去棱角，表面凹凸不平卻油亮光潤，常常帶有砂石衝擊後留下的波紋面，表面有大小不等的沙孔。質地較為緊密、細膩、堅硬，顏色有白、青白、灰白、墨黑等。

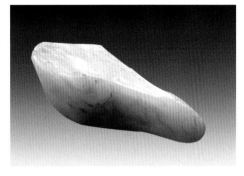

山流水

子料

子 料

子料又名子玉、子兒玉，是指原生玉礦經剝蝕被流水沖刷搬運到河流中並被「磨圓」的玉石，它分佈於現代或古代河床及河流沖積扇和階地中，玉石露於地表或埋於地下，主要產於崑崙山水量較大的幾條河流，如玉龍喀什河、喀拉喀什河、葉爾羌河和克里雅河以及這些河流附近的古代河床、河床階地中。

據考古發現證明，從商代開始直到元代，中國古代和田玉器的主要材料就是子料。元代開始開採山料，到清代以後山料的產量就已經大大超過了子料。

子玉是和田玉料中品質最好的玉種。從外形來說，子料屬於沖、洪積型，出自河流的中下游。千萬年來由於風化剝蝕、水流沖擊，一般塊度較小，「如盤、如斗、如拳、如栗」，分量一般在幾公斤左右，最小者僅如小指一般。上百斤的則屬罕見。表面光滑，無棱角，外形呈鵝卵狀。

從質地來說，子玉經河水長距離和長期的搬運、沖刷、磨蝕，「大浪淘沙」保留了玉石中最為緻密堅硬的部分，所以子玉一般品質較好，質地細膩緊密，光澤滋潤、柔和，微透明，是和田玉中的上品。

從顏色上來說，子玉以白色為最佳，也有帶青、帶灰的，但品質要差一些。

有外皮的子玉，稱為玉璞。玉璞的外皮稱皮色，指子玉外表帶有黃褐色或其他色澤的一層很薄的皮，係氧化所致。

皮色有色皮、糖皮、石皮之分。其中石皮指白玉的石質圍岩外層，去掉圍岩後才能得玉。

顏色分類

白玉

白玉的顏色以白色為主，質地純淨、細膩，光澤滋潤，為和田玉中的優質品種。不過，其顏色並不是單純的白色，顏色由白到青白，多種多樣。單就白色來說，按照傳統的叫法，就有色肚白、梨花白、月白等。但無論哪種白玉，都是以子

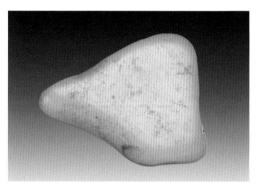

有色皮的玉璞

玉為最好，越白越好。光滑如卵的純白子玉叫「光白子」，品質特別好。有的白子玉經氧化表面帶有一定顏色：秋梨色叫「秋梨子」，虎皮色叫「虎皮子」，棗色叫「棗皮子」，都是和田玉中的名貴品種。需要說明的是，白玉不僅存在於子玉中，

各色子料

山料、山流水中也都有白玉。

白玉按顏色還可分為羊脂玉和青白玉。

羊脂玉

顧名思義，就是好似羊脂（俗稱羊油）一樣的玉石，那麼首先肯定是「白如截脂」，而不像白色瓷器那樣的質地。其質地細膩光潤，晶瑩潔白，少瑕疵，上佳的羊脂白玉近於無瑕，透閃石含量達到90%，好似剛剛割開的肥羊肉脂肪，光澤如凝煉的油脂。這是白玉中最好的品種，產出十分稀少，極其名貴。

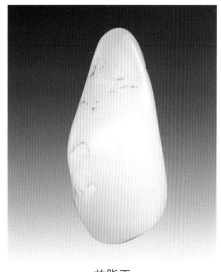
羊脂玉

不過，多數羊脂玉白中會帶有一點別的顏色，不能說帶一點淡淡的其他色調就不是羊脂白玉了。實際上絕大部分羊脂玉都帶有輕重不同的綹裂或少許的雜質，故而玉器行內稱裂或綹。一般裂綹和較明顯的雜點處都會在做工時加以修飾，而存在的小裂綹，在不影響玉器的美觀和它的牢固度的情況下，均屬於正常範圍。其硬度、韌性和耐磨性是玉石中最高的。質地緻密，化學性質極其穩定，入土數千年，也不會全沁染，但也不是不沁。出土的文物並不像原來那麼白了，這不是一種缺陷，而是出土古玉的特徵。

現代寶玉石學對羊脂玉的解釋是：表示優質白玉，其顏色呈脂白色或比較白，可稍泛淡青色、乳黃色等，質地細膩滋潤，油脂性好，可有少量石花等雜質。

青白玉子料

青白玉

青白玉質地與白玉無顯著差別，顏色以白色為基調，在白玉中隱隱閃綠、閃青、閃灰等，常見有蔥白、粉青、灰白等，屬於白玉與青玉之間的過渡品種，和田玉中較為常見，經濟價值略次於白玉。

青玉

和田青玉是和田玉所有品種中產量最大的。其成分和白玉基本相同，只是鐵元素含量稍多而呈現青色。從礦物學角度分析，含透閃石89%、陽起石6%。

青玉的顏色種類很多，顏色從淡青色到深青色不同。現在看來，其主色主要存

在於深淺上的差異，有淡青、深青、碧青、灰青、深灰青等等之分。傳統叫法也是根據深淺不同而劃分，只是更形象化，如蝦子青、鼻涕青、楊柳青、蟹殼青、竹葉青等等。不過，其共有的特點是顏色均勻，質地細膩，呈現出油脂狀光澤。

青玉儲量豐富，是歷代治玉採集或開採的主要品種。與白玉相比，雖然其價值不如白玉，但其塊度較大，質地細膩溫潤，油性好。還有的質地緻密，具有非常好的韌性，是製作薄胎器皿的重要原料。

青玉開採的歷史悠久，殷墟婦好墓中就發現了和田青玉製品。此後，從西周到戰國青玉一直是使用最多的品種。直到漢代，白玉開始受到重視，但青玉也並沒有被潮流淹沒，始終在歷史舞臺上與白玉並行，受到人們的喜愛與推崇。

如河北滿城西漢中山靖王劉勝墓出土的金縷玉衣，主要用和田青玉製成。到了清代，上至最高皇權的「皇帝之寶」，下至文房、飾件，青玉製品應有盡有。故宮所藏《大禹治水》、《秋山行旅》等大型國寶級玉雕，也均用和田青玉製成。北京故宮博物院藏有一套青玉磬12塊，每塊長90公分，寬60公分，厚4公分，深青綠色，泛油脂光澤，用和田青玉製成，是我國古代用和田玉製作的樂器中的精品。

「大禹治水」玉山

清代乾隆時期，高224公分，寬96公分，重5噸。現藏於北京故宮博物院。

玉料產自新疆和田密勒塔山，為緻密堅硬的青玉。雕成此山為時6年。玉上雕刻夏禹治水的故事，在高山急流、古木蒼松的環境裡，開山者們在山崖峭壁上開山引流。

碧 玉

和田碧玉因含陽起石和其他雜質較多，顏色呈青綠、暗綠、墨綠色、綠黑

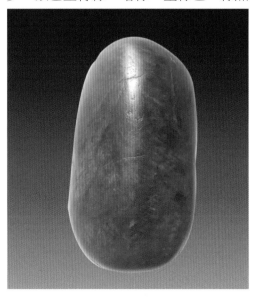

碧玉子料

色等。分為兩種：一種產於酸性侵入岩體的接觸帶，較純淨細膩；另一種產於超基性岩體的接觸帶，雜質多，常含有黑色礦物包體。碧玉即使接近黑色，其薄片在強光下仍是深綠色。某些碧玉與青玉不易區分，一般色調偏深綠色的定為碧玉，色調偏青灰色的定為青玉。

和田碧玉質地細膩，呈半透明或不透明狀，有油脂光澤。因含鈣、鐵、錳、鉻等，內部往往有細小的黑點。不過，有的品種呈翠綠色，幾乎沒有黑點，和翡翠接近，是其中的名貴品種。

墨 玉

墨玉是和田玉中的一個名貴品種，因透閃石中夾雜石墨、磁鐵礦而呈現黑色。其質地堅致溫潤，其漆黑如墨，色重質膩，紋理細緻，光潔典雅。內部為灰白或灰墨色，夾雜有黑色斑紋，外表為淡黑色到黑色。黑色斑紋多為雲霧狀、條帶狀等，玉器行業多稱其為烏雲片、淡墨光、金貂鬚、美人鬢等。

在整塊料中，墨的程度強弱不同，深淡分佈不均，多見於與青玉、白玉過渡，一般有全墨、聚墨、點墨之分。全墨，即「黑如純漆」者，黑色斑濃重密集，乃是上品，十分少見；聚黑，指青玉或白玉中墨較聚集，可用作俏色；點墨則分散成點，影響工藝。

墨玉大多是小塊的，其黑色皆因含較多的細微石墨鱗片所致。

「蠟玉」是古籍記載中墨玉的一種，即青玉或白玉中較多細小的石墨鱗片呈比較均勻的星點狀分佈的墨玉。

墨玉青花的致色因素是因為有一定量的石墨包裹，墨色多為雲霧狀或條帶狀，在整塊玉中深淺分佈不均，多見青玉、白玉的過渡。黑白相間或有墨暈斑點者，俗

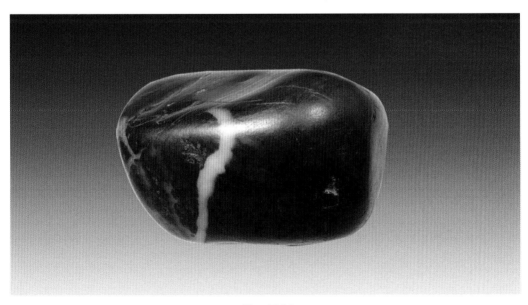

墨玉子料

稱「青花」。

墨碧玉是最容易與墨玉相混的一個品種。若論外觀，它全身漆黑，表面光滑，和墨玉極其相似，但它卻是碧玉。碧玉也是新疆軟玉的一個品種，它本來是綠色的，因為含石墨多，且在喀拉喀什河中長期風化，因而外表漆黑，很像墨玉。它的鑑別方法也很容易，因為含石墨多，比和田玉稍軟一些，但在薄片情況下，迎光照視，卻有很明顯的綠地墨斑。

黃玉

黃玉是和田玉中非常珍稀的品種，其價值不低於品質高的羊脂白玉。在清代，「黃」是「皇」的諧音，又因其數量非常稀少，其經濟價值甚至超過了羊脂白玉。

黃玉的基質為白玉，因長期受地表水中氧化鐵滲濾，在縫隙中形成黃色調。其顏色種類較多，從淡黃色到深黃色全都具備，有密蠟黃、栗色黃、秋葵黃、黃花黃、雞蛋黃、虎皮黃等，其中的色度濃重的密蠟黃、栗色黃極罕見。

數千年來，所發現的黃玉非常少見。古代玉器中有用黃玉琢成的珍品，如清代乾隆年間琢製的黃玉三羊尊、黃玉異獸形瓶、黃玉佛手等。

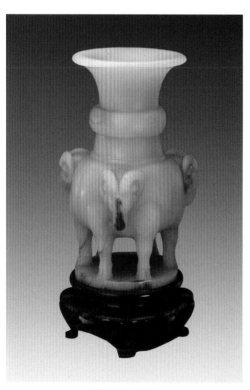

黃玉三羊尊

清代，高 14.2 公分。現藏於北京故宮博物院。

圓口外侈，頸部有環狀凸棱，腹部凸雕三羊首，三羊前足形成器足，足下襯一圓托。

糖玉

糖玉是和田玉中一個特殊的品種。和白玉、青玉、碧玉、黃玉的原生色不同，玉料部分所呈現出來的紅褐色、黃褐色、黑褐色、紫紅色、血紅色（罕見）等屬於次生色，是由白玉、青白玉、青玉被鐵、錳等礦物質氧化浸染而形成的。根據氧化浸染的程度，如浸染的糖色部分小於30%就叫糖白玉、糖青白玉、糖青玉，大於85%時就叫糖玉。

糖玉多以山料、戈壁灘料的形式出現，主要產於新疆的葉城縣、且末縣、若羌縣、和田縣等地。葉城礦糖玉顏色偏灰，大部分比較乾，無水頭，細度相對來說比較弱，基本無油脂；且末礦糖玉顏色青白居多，白中偏青，糖色偏紅，細度比較好，油脂比較高，水頭好；若羌礦糖玉玉色黃中偏青，黃者為上品。

糖玉常與白玉、青白玉或青玉構成雙色玉料，可製作俏色玉器。

糖　玉

玉璞和玉皮

玉　璞

　　璞，《現代漢語詞典》中的解釋是：含玉的石頭，也指沒有琢磨的玉。《韓非子‧和氏》中說：「王取璞，命玉人琢之，果得美玉，厚賞而歸。」這裡指含玉的石頭，多指子玉；《孟子‧梁惠王下》：「今有璞玉於此，雖萬鎰，必使玉人雕琢之。」這裡指未琢之玉，也叫玉璞，既有子料，也有山料。

　　和氏璧的故事幾乎路人皆知：楚國玉工卞和在荊山裡得到一塊璞玉，去奉獻給楚厲王，厲王命玉工查看，玉工說這只不過是一塊石

石皮玉璞擺件

頭。厲王大怒，以欺君之罪砍下卞和的左腳。厲王死，楚武王即位，卞和再次捧著璞玉去見武王，武王又命玉工查看，玉工仍然說只是一塊石頭，卞和因此又失去了右腳。武王死，楚文王即位，卞和抱著璞玉在楚山下痛哭了三天三夜，哭乾了眼淚後又繼續哭血。文王得知後派人詢問為何，卞和說：「我並不是哭我被砍去了雙腳，而是哭寶玉被當成了石頭，忠貞之人被當成了欺君之徒，無罪而受刑辱。」於

是，文王命人剖開這塊璞玉，見真是稀世之玉，就命名為「和氏璧」。

自古以來，中國人對璞玉都十分珍視。明代科學家宋應星在《天工開物》中曾有詳細記載：「凡璞藏玉，其價無幾。璞中之玉，有縱橫尺於無暇玷者，古帝王取以為璽，所謂連城之璧，也不易得。」20世紀初謝彬訪問新疆，見和田玉「有皮者價尤高。皮有灑金、秋梨、雞血等名，蓋玉之帶璞者，一物往往數百金，採者不曰得玉，而曰得寶」。

玉皮

璞玉的外皮，按其成分和產狀等特徵，可分為色皮、糖皮、石皮三類。

色皮，是指和田子玉外表包裹的一層玉皮，厚度一般小於1毫米。其形成是和田玉中的氧化亞鐵在氧化條件下轉變成三氧化二鐵所致，屬於次生色。

有經驗的拾玉者，到中下游去找帶色皮的子玉；而往上游，找到色皮子玉的機會就很少。此外，在原生玉礦體的裂縫附近也能偶爾發現帶皮的山料，這也是由於次生氧化形成的。

色皮形態多種多樣，有的成雲朵狀，有的為脈狀，有的成散點狀。其顏色也是多種多樣的，玉器行依色而命名為白皮子玉、黑皮子玉、秋梨皮子玉、烏鴉皮子玉、鹿皮子玉、桂花皮子玉等。

有經驗的玉工，從玉皮就可以看出子玉的品質，黑皮子、鹿皮子等，多為上等白玉好料。同種品質的子玉，如帶有秋梨等皮色，價值更高。

糖皮，是指和田玉山料外表分佈的一層黃褐色玉皮，產於礦體裂隙附近，由殘餘岩漿水沿和田玉礦體裂隙滲透，使氧化亞鐵轉化為三氧化二鐵的結果。其厚度較大，從10公分到30公分不等，其內部為白玉、青白玉或青玉。因其顏色似紅糖色，故也把糖皮玉石稱為糖玉。在偏光顯微鏡下觀察，糖皮由透微晶閃石組成，呈交織纖維結構，和白玉的結構與成分接近。糖皮的內部往往為白玉、青玉或青白玉，玉皮和玉本身呈過渡關係。

色皮與糖皮直觀上可以由玉礦受氧化浸染的厚度來判斷

石皮的本身不是玉，是白玉外層的石質圍岩，成分主要是透閃石化白雲大理石岩，與玉本身界限分明，去除圍岩後才能得到玉。如和氏璧是「理其皮而得寶」。

和田玉璞玉之所以貴重，一是因為可以利用色皮作俏色玉器；二是因為玉本身的品質很好。俏色玉器製作，在中國已有很久的歷史，直到現在，還利用色皮琢成各種玉器，使其更富有情趣。

如切如磋，如琢如磨

　　玉器是中華文明起源的標誌物之一，它直接反映了遠古時期的宗教信仰、圖騰崇拜、等級制度、審美觀念等諸方面，因此對和田玉的綜合研究應該成為文明探源工程的一個重要內容。

　　玉器加工就是實現各種玉石加工工藝設計，以最大限度地體現玉石美的過程。具體說，就是指借助於某些手段和設備，將玉石原料琢磨成精美的具有盡可能高的美學價值和商品價值的工藝品的過程。

和田玉的開採

在幾千年的歷史進程中，和田採玉的方法由簡單到複雜，由一種方法發展到多種方法，玉石的品種也越來越多。最初，人們在河邊拾起美麗的和田子玉，以後步入河中撈取子玉，再從河谷中的階地沙礫中挖出那些早期河流沖積物中的美玉，再沿河追溯繼而發現了生長在岩石裡的原生玉礦並加以開採。因此，古代採玉方法有揀玉、撈玉、挖玉、攻玉等多種方法，以分別開採產於不同地方的玉石。

揀玉和撈玉

揀玉和撈玉就是在河流的淺灘或淺水中拾揀、撈取玉石，是古代主要的採玉方法。

自古以來，葉爾羌河、澤普勒善河、喀拉喀什河和玉龍喀什河是人們的主要撈玉地點。這些河流均發源於莽莽崑崙的冰山雪峰，河水來源於冰雪融水，因此採玉有很強的季節性。夏季氣溫升高，冰雪融化，河水暴漲，高山之巔的原生玉礦經風化剝蝕後的玉石碎塊由洪水攜帶奔流而下，沿途不斷受到碰撞和沖刷，玉塊上質地堅硬的部分保留下來，質地比較疏鬆的部分不斷被沖刷碰撞而剝落。年復一年，原來不同形狀的玉塊不斷趨向於圓卵形，表面光滑，形成了子玉。

這和鵝卵石的形成是一個道理。形成的地點通常在河流流速平緩的中下游地區，堆積在河灘和河床上。

每年秋季，氣溫逐漸下降，河水逐漸回落，堆積在河灘上或河床中的玉石顯露出來，人們易於發現。這時氣溫適宜，可以入水撈揀。因此，秋季是人們揀玉和撈玉的主要季節。

冬季來臨，千里冰封，氣溫極低，河水冰凍，無法撈取玉石。

春暖花開，冰雪消融，水落石出，又進入揀玉和撈玉的好季節。

千百年來，這種季節性採玉的方法一直在持續著，古文獻多有記載。五代時期後晉天福三年（938），張匡業、高居誨出使於闐，後高居誨在其《行程記》中記載：「每歲五六月，大水暴漲，則玉隨流

葉爾羌河

而下。玉之多寡由水之大小。七八月水退，乃可取。彼人謂之撈玉。」清代，政府對採集和田玉有明確的規定，如在乾隆二十六年（1761），規定每年春、秋兩季在玉龍喀什河和喀拉喀什河採玉兩次。乾隆四十八年（1783）停止春天採玉，只在秋天採集。

撈玉圖

和田玉

● 如切如磋，如琢如磨 ●

古代在河中撈玉有一套嚴格的制度。據高居誨在《行程記》中記載：「其國之法，官未採玉，禁人輒至河濱者。」《新五代史》也同樣說：「每歲秋水涸，國王撈玉於河，然後得撈玉。」從這些歷史文獻得知，當時王公貴族十分重視和田玉的採集，並將其奉為珍寶。採玉季節開始，要舉行採玉儀式，于闐國國王親臨現場，然後才容許國人採玉。

古代揀玉和撈玉的方法，明代科學家宋應星在《天工開物》一書中所附的撈玉圖，使人有了初步的瞭解。書中說：「凡玉映月精光而生，故國人沿河取玉者，多於秋間明月夜，望河候視，玉璞堆積處，其月色倍明矣。凡璞隨水流，仍錯雜石淺流之中，提出辨認而後知也。白玉河源向東南，綠玉河源向西北，亦力把力地，其他有名望野者，河水多聚玉。其俗以女人赤身沒水而取者，雲陰氣相召，則玉留不逝，易於撈取，此或夷人之愚也。」

從這段話中，可見採玉在古代不僅神聖，而且神秘，其中有諸多不科學的說法，如「踏玉」、「月光盛處有美玉」、「陰人召玉」等等。

古代採玉有官採和民採。官採，即在官員監督下，由採玉工人撈玉，所得之玉全部歸官。官採也有嚴格的規定。清代椿園寫的《西域聞見錄》中記述了當時撈玉情景。「河底大小石錯落平鋪，玉子雜生其間。採玉之法，遠岸官一員守之，近岸管官一員守之，派熟練回子或三十人一行，或二十人一行截河並肩，赤腳踏石而步，遇有玉石，回子即腳踏知之，鞠躬拾起，岸上兵擊鑼一聲，官既過朱一點，回子出水，按點索其石子去」。可見，那時撈玉是何等的嚴格，官兵層層把守，河中的玉石財富全為官府壟斷攫取，當地人民所得到的是奴隸般沉重的差役。

至於民間撈玉，清代前期嚴禁。為阻止民眾自行撈玉，清政府在「和田西城外之東西河共設卡倫十二處，專為稽查採玉回民」。直到嘉慶四年（1799）才開玉禁，規定在官家採玉之後或官家採玉範圍之外進行，人們在白天或晚上分散揀玉或撈玉。

自古至今，採玉主要集中在河流的中下游。雖然上游也能採集到大塊度的子

玉，產量甚至超過中游拾得的子玉，但其品質不佳，多是模料玉，質次色深，結構粗糙，沒有工藝價值，只能作工業上的模具。

據瞭解，揀玉和撈玉需要豐富的經驗。專業的拾玉人，很注意選擇拾玉的地點和行進方向。他們找玉的地點往往在河曲內側的石灘，河道由窄變寬的緩流處和河心砂石灘上方的外緣。這些地方都是水流由急變緩處，有利於玉石的停積。

拾玉行進的方向最好是自上游向下游，以使目光與卵石傾斜面垂直，易於發現玉石，但最主要的要隨太陽方位而變換方向，一般要背向太陽眼睛才不受陽光的刺激而又能較清楚的判明卵石的光澤與顏色。

挖　玉

挖玉也是傳統的採玉方式，就是在河谷的階地、乾灘、古河道或河流的沖積扇上的礫石層中挖尋和田玉礫，以子玉為主。這些玉料雖然也是由流水帶來的，但早已離開河道，被沙土所覆蓋，有的已被石膏和泥沙所膠結或半膠結，挖取時付出的勞動很艱巨，獲取率很低。

最著名的挖玉地點是玉龍喀什河東岸洛蒲縣吉牙鄉的古馬特，過去曾被稱為「胡麻地」，清乾隆年間已在此採貢玉。此地因產羊脂玉而聞名，當時採玉人蜂擁而至，採玉的場面非常熱鬧。挖得之玉多為青白玉和青玉。清代以後，礦源枯竭，停止採玉。1929年，考古學家黃文弼到小胡麻地考察時，已經見不到採玉者了。

攻　玉

古代所謂的「攻玉」，有兩種含義：一是指雕琢玉器，如《詩經小雅》所說：「它山之石，可以攻玉。」一是指開採山玉，如《穆天子傳》中所記周穆王登崑崙山「攻其玉石」。

這裡所說的攻玉是指開採山玉，即開採原生玉礦。

開採山玉能夠得到大塊的玉料。中國開採山玉的歷史非常悠久。周穆王登崑崙山「攻其玉石」是一明證，《漢書》記載：「莎車國有鐵山，出青玉」。莎車，西域古國，位今新疆維吾爾自治區塔里木盆地西緣，莎車縣、葉城縣一帶。這充分說明，西漢時期已經開採山玉了。

挖玉圖

開採山玉比撈玉、挖玉的難度都要大。原生玉礦都在崑崙雪山之巔，自然環境惡劣，高寒缺氧，交通不便。《太平御覽》中對開採山玉有形象的描繪：「取玉最難，越三江五湖至崑崙之山，千人往，百人返，百人往，十人返。」即便如此，先民們為獲取絕世美玉，冒著生命危險，遠赴莽莽崑崙之巔，純粹用人力開採。

到了現代，開採山玉占了主要地位，並採用較先進的方法，使得採玉規模擴大。先後有十餘處玉礦都曾開採，但規模較大者為於田縣阿拉瑪斯玉礦和且末縣塔特勒克蘇玉礦。

于田縣阿拉瑪斯玉礦歷史悠久，1957年重新建礦，頭三年為露天開採，在原戚家坑的各坑口上進行，用鑿子、榔頭、鐵釺等原始工具鑿石取玉，效率比較低，年均採玉達3噸。採出的玉主要為青白玉，還有約1/4的白玉。進入20世紀60年代，採用打眼放炮的辦法，洞採與露天相結合，生產效率有所提高，但炸碎和炸飛了部分玉石。年產玉平均約3.5噸，其中白玉占1/3，其餘為青白玉，還有為數不多的青玉。20世紀70年代，以洞採為主，採用電鑽及風鑽打眼，用硝銨炸藥爆破，坑道內用電燈照明。此期年均採玉約4噸。進入20世紀80年代，採玉行業推行金屬燃燒劑爆破法，玉的損耗大量降低，玉色變深，主體為青玉，白玉減少。

阿拉瑪斯礦坑

玉礦石

此玉礦開採出來的玉料塊度比子玉大，一般在3公斤以上，5—20公斤者占絕大多數，0.5公斤以下的碎玉則被混入渣中拋棄。

且末縣塔特勒克蘇玉礦位於阿爾金山的崇山峻嶺之中，海拔高4500—5000公尺，地勢險峻。該玉礦歷史也非常悠久，1972年重新開採，直到現在仍是新疆產玉量最大的玉礦，以青白玉和青玉為主。1983年，出產玉石超過70噸。

玉不琢，不成器

中國人眼裡的玉是與眾不同的，它已經超越了單純分類學的範疇而成為中華民族的精神寄託，被賦予了更為深遠的內涵。早期因工具簡陋，技術落後，製作的玉器數量有限，只有部落首領和擁有特殊地位的祭司才有資格佩戴這種耗費人工的奢華物品，進而演變為圖騰、禮器和儀仗用器，逐漸由美麗的石頭轉化為權力、地位、財富的象徵，在人們的生活中成了「神秘」的代名詞，

「玉不琢，不成器」。將一塊玉璞琢磨成玉物，要經過很多工序。古代，琢玉的程式主要有搗砂、研漿、開玉、紮砣、沖砣、磨砣、掏膛、上花、打鑽、透花、木砣、皮砣等；現代，玉器的加工程式一般分為選料、設計、琢磨、拋光四道工序。

琢玉工具的演變

長期以來，人們說起玉器雕刻，往往離不開昆吾刀，認為玉器是用昆吾刀雕刻出來的。《海內十洲記·鳳麟洲》中記載：「昔周穆王時，西胡獻昆吾割玉刀及夜光常滿杯。刀長一尺，杯受三升；刀切玉如切泥。」

古人認為昆吾刀是用昆吾石冶煉成鐵製作的刀。其實，這一切都是傳說，玉器並不是用昆吾刀刻成的，昆吾刀根本不存在。《詩經·小雅·鶴鳴》中說：「它山之石，可以攻玉。」就是說，別的山上的石頭，能夠用來琢磨玉器。這句話點明了琢玉的真諦。事實上，巧奪天工的玉器是利用硬度高於玉的解玉砂輔佐於水，經過碾磨製作出來的。中國玉器的製作最恰當的說法，不能叫雕玉，而應叫治玉，或者叫琢玉、碾玉、碾琢玉。

玉器製作技術是在繼承石器製作技術的基礎上發展起來的。舊石器時代的先民們只會打製一些簡單而粗陋的勞動工具，但人們認識到「石之美者」的存在，製作石器的技術也日益完善起來，晚期甚至出現了雖然落後但仍為人讚歎的鑽孔技術和磨製技術。

「玉不琢，不成器」。在沒有金屬工具的年代裡，對堅硬的玉石進行切割、鑽孔談何容易！在漫長的年代裡，我們的祖先也不知摸索了多長時間，直到新石器晚期，竟然總結出了一條經驗：「它山之石，可以攻玉。」使用器物帶動解玉砂來琢磨玉器，中國玉文化由此揭開了序幕。

進入青銅時代，治玉的工具改進了，技術進步了。砣具的發明使玉器製作更加精細，過去兩面對鑽孔出現偏差的情況解決了，開料厚重且不均勻的現象也消失

了，浮雕、透雕、鏤雕的技術也成熟了。水凳的出現，大大提高了玉器製作的效率，產量隨之大增。「舊時王謝堂前燕，飛入尋常百姓家」，玉器開始出現在人們生活的各個領域。

搗砂圖

將礦石敲碎成砂，經研漿，漂洗雜質、篩選細砂，取得顆粒大小均勻的解玉砂。

《天工開物》中記載，古代製作玉器的工序大致如下：琢磨時要有硬度高於玉的解玉砂。所謂的「解玉砂」，其實就是金剛砂、石英砂、柘榴石砂等「它山之石」，硬度很高，俗稱「解玉砂」。當使用砣、鑽、無齒鋸等旋轉接觸玉材時，放入適度的水調勻解玉砂，利用砂的硬度和旋轉產生的磨擦力碾磨玉料。在不同工序中使用的工具也不同，如鋸料，鏤空時用無齒鋸，飾紋時用圓盤形的砣具；鑽孔時，則須用鑽，包括鑽小孔的實心桯鑽和鑽大孔的空心的管鑽；最後打磨光滑，即拋光時一般採用質地柔軟的皮革。

因此，中國玉器製作的主要工具有無齒鋸、砣具、鑽和石英砂、金剛砂等，並沒有「昆吾刀」。只是在細部刻畫方面，使用質地堅韌的金屬工具和一些特殊器具。

進入鐵器時代以後，隨著時代的發展，治玉行業不斷演進，出現了各種各樣的工具。

古代玉雕最重要的工藝有鑽孔和紋飾，鑽孔多用管鑽，紋飾則由砣具碾出或刀具刻出，因此古代的琢玉工具有鋸料工具、砣具、鑽、水凳、刻刀、鍍弓子等，此外還有拋光、打磨等用的輔助工具。

砣，是玉雕行業中非常古老的名稱，是用來打磨玉器的輪子。有木製的、銅製的，但常用的是鐵製的。後來延伸到所有切割、雕刻玉器的工具均稱為砣。

鑽，是玉雕的重要工具之一，玉雕中鑽孔是必不可少的工序，早在新石器時代就已出現，如玉璧等器物，要是玉璧中間沒有孔，就不能稱之為玉璧了。有管鑽和實心鑽兩種，管鑽用來鑽不透的孔，如圓形的眼睛。也用來鑽大孔。實心鑽也叫桯鑽，用來鑽透孔，如玉璧的圓孔。鑽法也有兩種，一種為一面鑽，另一種為兩面鑽。

針鑽是一種在玉器上打小孔的方法，如項鍊珠子所需要穿的孔等等，這是一種需要很高技藝的穿孔方法。

在玉器製作過程中，有些紋飾需要用刻玉刀描繪，早在新石器時代就有了刻玉刀，當時的刻玉刀應該為一些硬度高於軟玉的燧石、石英等。還有一種傳說中的刻玉刀——昆吾刀。在《海內十洲記‧鳳麟洲》中記載：「昔周穆王時，西胡獻昆吾

和田玉

● 如切如磋，如琢如磨 ●

砣

割玉刀及夜光常滿杯。刀長一尺，杯受三升；刀切玉如切泥。」但這只是傳說，昆吾刀根本不存在。

鎪弓子是一種用來鏤雕的工具，形似拉二胡的弓，所用的弦為金屬絲。這種工具始於殷商，歷代都有使用，並且有所發展。

古人利用簡單的工具配以解玉砂就可以雕琢出非常精緻的玉器。解玉砂是一種磨料，古代一直使用的天然產出的解玉砂，為硬度很高的礦石，如石英砂等。

現在，琢玉的主要設備為琢玉機，還有開料、打孔、拋光等專用設備。

雕琢工具按功能可分為鐵工具和鑽石粉工具兩種：

鐵工具用於切削和研磨，主要有：

①紮砣：相當於圓形鋸，安裝於琢玉機上，轉起來帶動金剛砂，用於除去構圖以外的沒用部分。工藝上又分為摽、摳、劃。摽是切棱掛角；摳是從兩個角度斜刀切入，剜取中間部分；劃是切和摳的反覆運用。這些均用於造型出坯工藝。②鏨砣：是小型紮砣或鑽石粉鏨砣，可用於出坯，以及根據凸凹深度進一步鏨去無用部分。③碗砣：用於旋碗。④沖砣：用於沖磨大的平面。⑤磨砣：用於大小不同的磨砣磨出大樣，如手、人頭等等，使作品出具較致細模樣。⑥軋砣：有平口軋砣、快口軋砣、膛砣等，主要用於造型進一步加細，有推搬、疊挖、頂撞等功能。⑦勾砣：用於勾出更細緻的文飾。⑧釘砣：功能較多，它的快口既切割又碾軋，用平面還可以頂撞，向裡面掏披。⑨擦條：用於磨孔眼不平處。

鑽石粉工具，就是琢玉工具表層有鑽石粉，其功能與鐵工具相仿，有切鍘用的，也有碾軋磨的，由於鑽石硬度最大，用於琢玉，效率很高。

和田玉器的琢製過程

選　料

現代玉器製作中，選料是第一道工序。玉器製作行業有一種說法，叫「因料施藝」，就是合理選用玉石原料，從玉石的特性、顏色、形狀等出發，最大限度地利用原料，以達到物盡其美。尤其在人物、花鳥、花卉、動物創作中更是因料設計，獨闢蹊徑，創造出巧雕或俏色玉器，這是中國人的獨創。

和田玉的具體品種很多，相同品種的玉石形狀也不盡相同，因此首先要判斷玉石的種類和品質。判斷種類和品質時，要從玉石的形狀、質地、塊度、硬度、顏色、光澤、透明度等方面著手，然後決定雕琢什麼玉器，必須做到合理使用，力求

優材優用，物盡其材。必要時，還要進行去皮、去髒、切開等審查工藝，把玉料吃透，避免或減少玉料的缺點。如果玉品質好、瑕疵少，可依靠顏色和塊大小及形狀確定選用，方形料宜於器皿造型，三角形料宜於鳥造型，長條形料宜於人物造型。

開玉圖

設計

玉器雕琢的最大特色，就是設計工作貫穿始終。造型設計，和選料同步進行，根據玉料的特徵設計造型，使造型流暢，使人感到舒適，達到視覺美的效果。為此，必須發揮原材料的優點並使之與造型美相結合，充分表現出玉料的優點，這些優點包括質地、光澤、顏色、透明度等。質地美，發揮玉的溫潤特性；顏色美，注意表現豔美題材。

造型設計還要從玉材特性出發，保證工藝技術可以製作。如脆性大的料，不可太玲瓏剔透；韌性大的料，可作細工工藝。

針對材料做好初步設計規劃後，要在玉料上描繪圖形，其圖形有粗繪、細繪兩道工序。粗繪是在動手雕琢之前，把器形和紋樣描繪在玉石上；細繪是製作出粗坯後，把紋飾等細節上的要求描繪在粗坯上。在製作過程中如出現

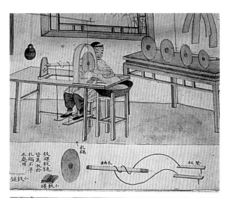

紮碢圖

玉料是做成手鐲、花件、擺件，這時就要切成合適大小的玉料。大的玉石用弓子解開，小的則用水凳上的「碢」來解。

變化，要隨時修改設計，設計者與製作者互相配合，使玉器精益求精。

和田玉的造型設計，要根據材料的質地、顏色和光澤等精心設計，有的一塊玉料可以設計成幾件產品。採用俏色工藝製作出來的玉器，更加活潑有趣，生動誘人。白玉製品要突出顯示其潔白和滋潤，多用於器皿造型，在人物造型中製作仕女、佛像，象徵道德美；青玉色淺淡的，可取用薄胎造型，色濃重的，可製作動態較大的獸類造型；墨玉根據全墨，聚墨和點墨不同情況造型，全墨多用於器皿，聚墨用於俏色。

琢製

初步設計好後，就進入雕琢階段了。

首先是開玉，將玉料外包裹的粗鬆的石料切削掉，切削的主要工具是條鋸。鋸割時，要摻加水和顆粒細碎均勻的解玉砂，以降低摩擦產生的熱量，增加摩擦係

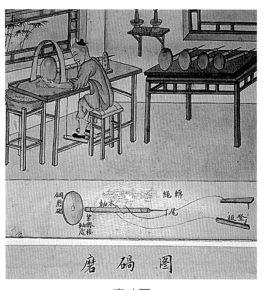

磨砣圖

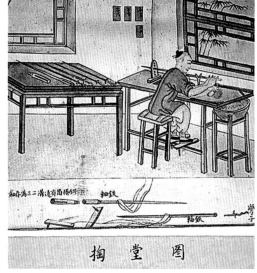

掏堂圖

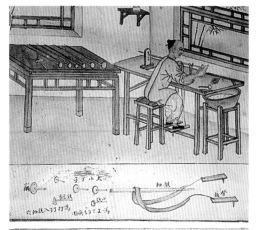

上花圖

也就是以小型的軋砣，在玉器的表面磨琢花紋。

數。也有的用紮砣、鏨砣等，將造型中的無用部分切除，其手法有剗、摽、摳、劃等。磨就是利用沖砣和磨砣等，將造型中的餘料研磨掉，有沖和軋的不同方法。

然後，在旋車上將玉料琢製出設計好的器物的大致輪廓。加工玉料的車床叫「旋車」，上面安置紮砣、沖砣和磨砣，先將玉料切成方塊或方條，然後沖去棱角，最後再磨細器物表面。

接著是對已經雕琢好外形的玉器進行掏膛，形成內空的空器。使用的工具是鋼捲筒和一端套著彎鉤的鐵軸。對於一些小物件，如鼻煙壺、扳指、煙袋等，掏空時需要特別嫻熟的技巧。

最後是在玉器的外表雕琢各種花紋，使用的工具類似釘子形狀，主要琢刻陰線條。為清晰細部，還要進行勾、撤、掖、頂撞等工藝。勾是勾線；撤是順勻線去除小餘料；掖是把勾轍後的底部清理清楚；頂撞是把地紋平整。雕琢鏤空的花紋需要打孔，使用的工具是彎弓和金剛鑽，金剛鑽的硬度是10，可以刻動所有的礦物。琢刻透雕圖案時，用鋼絲伸入已鑽好的孔眼內，按照玉片上畫好的線條來切割。打孔、鏤空、環鏈等工藝一般是在琢磨時一起進行的。

和田玉的韌性大，在製作產品的過程中，僅可能施以細工工藝，使其形準、規矩、俐落、流暢。細工是細部的精加工技術，難度較大，是精美玉器的一個重要標誌。主要有薄胎、壓絲嵌寶、環鏈等工藝。

拋 光

玉器雕琢完成後，為了使器表更光滑，光澤更明亮，更能突出其美感，還要進行拋光。傳統的拋光是用皮砣進行的，先用木製圓盤外包上牛皮，配上似沙土的「寶料」，做最後的磨光。經過磨光，除去玉器表面的粗糙面，把表面磨得很細；其次是罩亮，即用拋光粉磨亮；再次是清洗，即用溶液把產品上的污垢清洗掉；最後是過油、上蠟，以增加產品的亮度和光潔度。

經過上述程式，把玉器製成後，再配上富麗的裝潢，以美化和保護玉器，並提高身價。台座是玉器的主要裝潢，用木、石、金屬等製作，其形狀、高矮、厚薄和造型雕刻都應以玉器造型為依據，使之渾然一體。匣是放置玉器用的，大體反映了玉器的高貴程度，有專門的技術要求，以保持中國匣的風格。

和田玉的常用雕琢技法

挖髒去綹

有的玉料除主體顏色外另有雜色，這在業內被稱為「髒色」，影響整體美觀，在玉器製作中是剔除的對象。

無瑕的美玉很少，有的玉石內帶有顏色不同的雜質或包裹體。對成器本身的美觀程度有影響的，也要剔除掉，這在行業內被稱為「挖髒」，幾乎是每個玉匠都會遇到的事。在作品的製作過程中，玉體或再次或多次顯露雜質，或黑色或白點或米粒狀雜質等，尤其是在正面的主要部位的，均要盡力處理掉或「遮住」，這是設計人員最難處理的問題。

玉製作品很多因剔髒而改變作品的原定結構，既去掉髒斑又使其結構造型趨於合理，煞費玉雕者苦心。

巧妙利用玉石的本來顏色，是技藝高超的玉匠必定具有的才能。哪些顏色應該保留，哪些髒色應該剔除，在構圖之前就胸有成竹。對於藏在內部的好顏色，要想

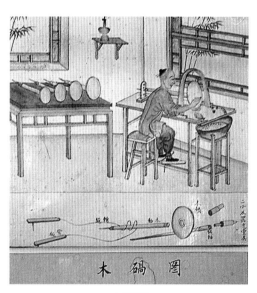

木砣圖

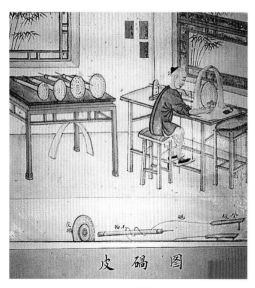

皮砣圖

帶「綹」的玉料

設計改造方案

盡辦法使之呈現出來，甚至用在最顯眼的位置；不好的髒色，寧可使成品小點也要除掉。不過，清乾隆年間製作的俏色玉器別具特色，將本來屬於髒色的部分巧妙利用，顯示出了琢玉工匠高超的水準，這是中國玉器製作達到頂峰時的傑出工藝，非一般人所能掌握。

玉石上的自然裂紋主要是受到冷熱變化和壓力變化形成的，沒有特定的方向和規律。常見的裂紋形式很多，主要有龜背紋、斷裂紋、破碎紋、炸心紋、包裹紋、炸驚紋等。這些裂紋對玉器的製作影響很大，最好不要採用有裂紋的玉材，但這樣的材料數量很少。

在玉器製作行業內，裂紋被稱為「綹」，極微弱的裂紋稱為「紋線」、「水線」。需設計和做工者苦思冥想使其去綹改形，收到意外之效。帶「綹」的玉器容易開裂，藝術價值極低。

製成的玉器上是不能帶裂紋的，因而在玉器製作時要將裂紋除掉，或者將其避開，這在玉器行叫「除綹」、「躲綹」或「遮綹」。

化瑕為瑜

「瑕」指玉料中的雜色部分；「瑜」指美玉。「瑕」是玉器製作的大忌。不過，無瑕之瑜非常難得，因此在玉雕過程中形成了「化瑕為瑜」的特殊工藝。

化瑕為瑜其實是「俏色」工藝的一種，就是巧妙地將玉料中的雜色部分設計並製作成作品的特定部位，使作品更加生動、形象、逼真，達到無瑕之玉所達不到的效果。

俏 色

《考工記・總序》云：「材有美，工有巧。」俏色也稱「巧色」、「巧作」，就是利用玉石的各種天然色彩和紋理特點，巧為雕刻。

製作俏色玉器，要有兩種或兩種以上顏色的玉料，玉匠將具有的顏色與所要製作的玉器的造型結合起來。

通常以玉料的主色作為主體顏色或底色，雜於主色中的兼色作為點綴色，巧妙雕刻，色不混、不靠，形象逼真。如白玉上有一層薄薄的紅皮，裡面通體潔白，白是主色，紅皮是兼色。

留 皮

留皮是俏色的一種。

玉皮是玉料原有的表皮，有紅、黃、白、褐、黑等色。製作玉器時有選擇地將其保留下來，作為玉器的俏色來點綴玉器，增加玉器的觀賞性、藝術性，叫「留皮」。這種技法在商周時代就已經出現了，但一直不被人欣賞，製作玉器時要將玉皮去除乾淨，成為數千年來的定律。直到清乾隆時期，利用玉皮巧製玉器的技法盛行，做工異常精美。此後被延續下來。不過，這給後人鑑賞斷代帶來了麻煩。劉大同在《古玉辨》中說：「至清乾嘉以來，把玩之玉，專尚玉皮。將來千百年出土之後，或有以玉皮為色沁者，抑未可知也。」

玉皮與「沁」外形確為相似，但玉皮厚薄不勻，不像沁色有衍漫感，玉皮與玉質交接處比較生澀，不像沁色自然流暢；玉皮僅浮於玉表，沁色深入肌理；玉皮表面凹凸不平，沁色表面柔潤滑淨。

浮 雕

浮雕是一種歷史悠久的雕刻藝術，很早就運用於玉雕工藝中。

玉菱方形瓶

清代，高 20.5 公分。現藏於臺北故宮博物院。

器腹四面有三面分別琢有菊花紋、梅花紋以及荷花紋，一面無紋；其中菊花紋部分即採用了利用玉皮而完成的俏色工藝。

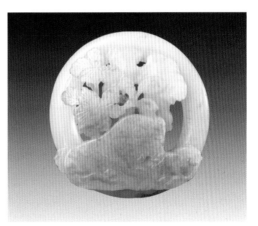

白玉鏤雕雙虎環佩

元代，直徑 5.4 公分，厚 1.5 公分。現藏於北京故宮博物院。

白玉質地，利用皮色鏤雕子母虎、山石、柞樹等飾。

所謂浮雕，就是在整體或局部的平面上塑造或琢製形象，形體輪廓線近似於繪畫，凸凹變化不一，不拘泥於形式，主要從正面欣賞。浮雕主要用於佩飾、爐、瓶、薰、器皿之上，其他品類有時也施以浮雕。其圖案大致分為兩大主題：一類是各種傳統的變形紋樣，如回紋、雷紋、勾連紋等；一類是各種寫實圖案，如花卉、草蟲、鳥獸、山水、人物及具象型的龍鳳吉祥圖案等。

浮雕玉器的特點是在玉石平面上雕刻形象，依表面雕琢的厚度及方式不同，又可分為高浮雕、中浮雕和淺浮雕。

淺浮雕的刀痕刻畫較淺，深度一般不超過2毫米，層次交叉較少，但對勾線要求嚴謹。常用線、面結合的方法增強畫面的立體感。

中浮雕的刀痕刻畫比淺浮雕要深些，一般地子深度為2—5毫米，層次變化也多些，但要根據膛壁的厚度決定其深度。

深浮雕也較高浮雕，刀痕比中浮雕刻畫還要深，層次交叉多，立體感強。

圓　雕

圓雕又稱圓身雕，是對玉石進行三維空間立體雕琢，其作品可從多面觀賞，如玉山子等。

青玉雕梅竹並御製詩插屏
清代，高19.3公分，寬15.3公分。現藏於臺北故宮博物院。
青玉質，插屏呈長方形，一面雕琢菊花填金；另一面則浮雕湖石、梅花及幼竹一叢，並鐫刻描金隸書乾隆御製七言詩一首。

圓雕玉器，其前後左右各面均須雕出，觀賞其物不分正面、側面，可以從四周上下任何角度欣賞，器如實物，只是大小比例不同而已。圓雕工藝應用最廣的品種是素活類和人物類，北方流派的圓雕玉器工藝聞名全國，器身與器蓋比例合適，配件精緻，修飾華麗堂皇。

透雕

透雕玉器又稱鏤空玉器，是在圓雕或浮雕的基礎上，鏤空其「地」或背景部分，使作品顯得玲瓏別透，輪廓更加鮮明，如玉件花卉作品等。

透雕使玉雕作品層次增多，許多作品的花紋圖案上下起伏二三層乃至四層。由於層次增多，花紋圖案、景物上下交錯，景物遠近有別。因其工藝複雜，製作難度較大，採取鑽孔穿透碾磨法，故鏤空處上下層的線條錯落複雜，在拋光時最為費時費力，然而透雕藝術效果最佳。

薄胎

薄胎玉器在中國出現的歷史並不是非常悠久，數量也不多，主要以器皿類為主，如唐代的蓮瓣紋杯、明代的玉花形杯等。清代以後，製作工藝吸收了痕都斯坦玉器的特徵，薄胎才成為一項專門的工藝。

用和田玉製作薄胎玉器，更能反映玉質之美。所採用的材料主要以青白

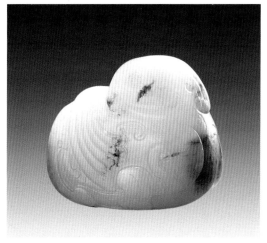

子玉圓雕臥鳳

清代，高5公分。北京華辰拍賣有限公司於2008年拍賣，成交價10.97萬元人民幣。

整塊子玉圓雕而成，雕收翼而臥的玉鳳，彎喙回首似在梳理羽毛。雙翅收於身側，尾羽自然上翹。

碧玉鏤空圓盒

清代，高7.2公分。現藏於臺北故宮博物院。

碧玉質，玉色呈墨綠色。蓋面鏤空透雕纏枝番蓮，蓋緣與口沿飾回紋，腹部下方則陰刻葉紋。

玉、青玉、碧玉為主，製品以盤、碗、杯為多，如菊花瓣盤、白玉壓絲嵌寶碗等，瓶、壺之類也多有製作。使用碧玉或青玉，可以使青色減退，碧色泛白。製成品的厚度依玉質、玉色、透明度而定。青玉的顏色越接近白色，胎體反而要厚些，反之則要薄些。其工藝的關鍵是串膛和做花，使造型薄厚均勻，也只有如此胎體的顏色才一致。

白玉錯金嵌寶石碗

清代，高4.8公分，口徑14.1公分。現藏於北京故宮博物院。

碗玉質瑩白，器薄胎，由口及腹斜收，置桃形雙耳。外壁有金片、紅寶石飾花葉紋，內壁陰刻楷書乾隆皇帝御製詩一首。

壓絲嵌寶

壓絲嵌寶，就是在和田玉製品上先刻槽線，然後把金銀絲用小錘敲入槽內組成圖案，使金銀絲與玉表面在一個平面上，出現玉的金銀錯效果，這被稱為「壓絲」。若將槽內鑲嵌寶石，則叫「嵌寶」。

環鏈

環鏈也叫活環，在中國出現很早，殷墟婦好墓就出土有環鏈玉器。

環鏈玉器要求的工藝很高，通常先在整塊玉料上將環鏈做出來，這要求先透過對造型的整體研究和玉石性質的研究，然後才能確定方案。環鏈的位置、取法、大小、長短都與玉石性質和作品的整體造型緊密關聯，例如，脆性材料不易把環鏈做得太細，韌性材料可以取出秀麗的環鏈。環鏈的製作分為油條、起股、掐節、活環、脫環、修整幾個步驟。

環鏈做好後，才能做其他部位。

鑑定環鏈玉器或活環玉器，首先要看環與環大小是否一致，粗細是否均勻，相連是否緊湊，然後檢查每個環上是否有裂紋和瑕疵，最後衡量其與造型是否般配。

千姿百態的紋飾與圖案

　　紋飾是玉器的重要組成部分，不同時期的玉器上有不同的紋飾風格。玉器上的紋飾種類繁多，或樸實無華，或精雕細琢，或簡練，或複雜，其雕刻技法、構圖、表現的主題常常為人們所重視，紋飾的種類和演變從一個方面反映了玉器不同的時代特徵，可幫助我們鑑定玉器的年代和真偽。

古代玉器常見紋飾

穀紋

　　五穀雜糧是人類賴以生存的根本，在玉器上琢刻穀紋表現了祈求五穀豐登的願望。這種紋飾在春秋時期出現，流行於戰國、秦漢時期，是歷代玉器的主要輔助紋飾之一。後世仿古玉器中也常常能見到。

　　穀紋據說來源於發芽的種子，形狀為圓形凸起的小圓點，帶有小尾巴。有的呈螺旋狀。也有人將其稱為蝌蚪紋、逗號紋、豆芽紋等。

蒲紋

　　蒲紋即蒲席上的紋樣，來源於古人「席地而坐」的蒲席，和人類的日常生活息息相關，表達出人們對於安居樂業的嚮往和祈求。

　　蒲紋是由兩組或三組平行線交叉組成的編織紋。最常見的是用三組淺而寬的橫線或平行線等相互交叉形成的六紋飾。戰國時期的蒲紋在六角形中還琢有陰線的乳丁紋。這種紋飾通常用來裝飾玉璧，戰國、秦漢時期較為流行。

雲紋

　　「民以食為天」，古人耕種靠天，作物靠雨露滋潤。無雲便無雨，無雨則穀不生，故而古人由求雨轉而敬雲。雲紋就是根據天上的雲朵的形狀描繪出來的紋飾。

　　雲紋出現較早，最初的雲紋較為抽象，形狀像兩端同向內捲的勾，因

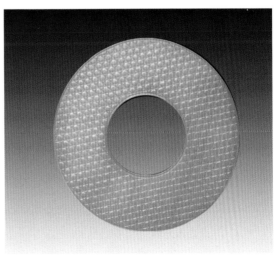

玉璧
年代不詳，直徑9.6公分。現藏於臺北故宮博物院。
　　白玉質，玉璧雙面佈滿蒲紋。

和田玉

● 如切如磋，如琢如磨 ●

青玉杯

清代，高9.1公分。現藏於臺北故宮博物院。

青玉質，置有獸形執耳。杯沿飾回紋一道，腹中央刻畫有勾連雲紋，上接三角形蕉葉紋。

而又稱「勾雲紋」。春秋、戰國時期的玉器上，可見到整齊排列或相互穿插勾連的雲紋。這種抽象的雲紋延續了很長一段時間，直至寫實雲紋的出現，便有了由較多曲線組成的寫實雲紋和似雲朵的如意雲紋，具有祥瑞的含義。

寫實雲紋形式很多，有單岐雲，由雲頭、雲尾兩部分組成；有雙岐雲，雲頭部分分叉；有三岐雲，雲頭部分分為三朵小捲雲；另外還有靈芝雲等。

乳丁紋

乳丁紋是由一系列乳突有規律或無規律地構成一定陣式的紋飾，也叫「乳突紋」。

乳丁紋最早出現於青銅器上，後常見於戰國、秦漢時期的玉璧上，可能起源於對女性的崇拜，也包含了祈求子孫滿堂、人丁興旺的寓意。也有人認為，乳丁紋是無芽的穀紋。

戰國時期的蒲紋中，往往在交叉形成的六角形中琢有乳丁紋。

雲雷紋

雲雷紋又稱「雷紋」，是由一種連續的迴旋性線條構成的完全抽象的幾何圖形，主要由連續的「回」字形線條構成。有的作圓形的連續構圖，稱「雲紋」；有的作方形的連續構圖，稱「雷紋」。盛行於商代和西周，春秋戰國時期仍見沿用，漢代以後逐漸消失了。

玉圭

明代，高20.4公分。現藏於大英博物館。

全器呈梯形，尖首、平底，正面中央飾乳丁紋。

弦紋

弦紋通常由兩條平行的弧線組成，也叫「弧線紋」，一般裝飾在圓柱體或圓筒狀器物的表面，以幾條或多條弦紋平行環繞其上，因此也叫「環紋」。

雙連弦紋是以單陰線琢刻的「人」字形連弧短線，飾於龍身及首角上。

陶紋

陶紋也寫作「絢紋」，也叫「繩紋」，是兩股或三股繩索扭在一起的形狀，一般裝飾於圓形器物的邊沿，在古代陶器上出現最多。明清時的玉手鐲上也有琢刻繩紋紋飾的。

龍紋

龍紋是玉器的主要紋飾之一，最早見於紅山文化。

商周時期，夔龍紋流行，大多為側面獨腳龍，用單陰線或雙陰線雕琢而成，線

白玉三足水盛

明代，高8.05公分。現藏於臺北故宮博物院。

白玉質，器呈三足圓鼎形，中腹飾大小弦紋二周。器作文房盛水之用。

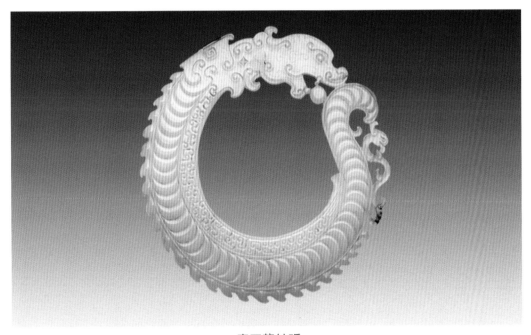

青玉龍紋瑗

漢代，外徑12.2公分。現藏於臺北故宮博物院。

根據中央孔徑的大小可把古代片狀圓形玉器分爲璧、瑗、環3種。璧是指邊的寬度大於孔；瑗是指孔的寬度大於邊；環是指孔和邊寬度一致。

和田玉

● 如切如磋，如琢如磨 ●

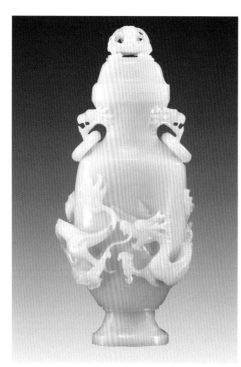

白玉浮雕龍紋活環蓋瓶

清代，高35公分。北京翰海拍賣有限公司於2009年拍賣，成交價246.4萬元人民幣。

瓶呈扁圓長瓶狀，蓋頂鏤雕一蟠螭獸作紐。直口，束頸，折肩長腹，腹下漸收斂，高圈足外撇。頸部兩側置有一對龍首活環耳，腹身攀附一對高浮雕五爪行龍。

條比青銅器上的夔龍紋柔和。戰國到秦漢時期，夔龍紋盛行。

先秦玉器的龍紋，龍角頂端有一圓球狀裝飾，似未開的蘑菇，故名「蘑菇形角」。

西漢時期，龍的頭上長出了雙角，與早期的夔龍形象有了區別，現代龍的形象開始確立。

隋唐時期，龍的嘴和雙腿特別長，尾部細長如蛇。

宋金時期，龍的形態與唐代一樣，但爪子很臃腫，下頜開始上翹。

元代龍的鬃髮飄拂，腿部出現了「露盤露骨」的紋飾。

明代中晚期，盤骨演變為在腿上全部拉線，頭上毛髮上衝，龍鬚外捲或內捲，並出現風車形狀的五個爪子。

清代的龍頭毛髮橫生，鋸齒形狀的腮出現，尾部有秋葉形裝飾。

鳳紋

鳳是古代傳說中的神鳥，體態類似錦雞，生性高潔，能歌善舞，位居百鳥之首。通常認為，雄鳥為鳳，雌鳥為凰，通稱鳳凰或鳳。

鳳紋也叫鳳鳥紋，是中國玉器上長盛不衰的紋飾，一直是高貴女性的象徵。大約在商代出現，直到清朝仍在製作。其尾長如孔雀，頭上有冠如錦雞，勾喙，眼部表現有「臣」字形、三角眼及單鳳眼等。除此之外的其他飛禽紋飾通稱為鳥紋，羽毛多為陰刻細長線。

白玉夔鳳珮

清代，高7.1公分。北京翰海拍賣有限公司於2009年拍賣，成交價3.58萬元人民幣。

白玉質，為仿古器形，器身刻有一對幾何夔龍、鳳紋。

饕餮紋

饕餮紋也叫獸面紋，是商周青銅器上的常見紋飾。常見的饕餮紋沒有身體，只有一個誇張的大頭和一張大嘴，沒有下頜，是一種比較抽象的圖案。

獸面紋在新石器時期就出現了，臉部造型有的像龍，有的像牛，還有的像羊。商代以後其形象基本確定下來，被稱為饕餮紋。玉器上的獸面紋在各個時代都有不同的特徵，其演變與青銅器上的獸面紋紋飾演變基本一致。

螭　紋

螭紋也叫蟠螭紋，戰國時期出現，是龍紋的前身，也有人稱其為螭龍紋。其基本造型是頭上無角，尾巴細長，身下有四腳，身軀或為半圓形或近圓形盤曲或為高低起伏，充滿動感。

不同時代的蟠螭紋具有明顯的時代特徵。戰國時代的蟠螭紋圓眼大鼻，雙線細眉，貓耳，頸粗大且彎曲，腿部的線條彎曲，腳爪常上翹，身上多為陰線勾勒，絞絲紋尾；漢代的蟠螭紋眉毛上豎，眼眶略有下墜，鼻梁出現了細線紋，身體與戰國時沒有

青玉饕餮形雙耳三足爐

清代，高 16.5 公分。紐約蘇富比拍賣公司 2007 年拍賣，成交價折合台幣約 105 萬元。

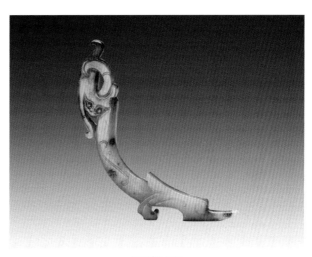

玉螭紋觿

戰國，長 7.5 公分。現藏於臺北故宮博物院。

螭是龍的一種，幾分像虎。此件螭龍玉觿刻作成轉首側身形態，頭與軀體的銜接方式，乃是戰國時代玉匠處理此類動物玉雕的一慣作法。

差別，只是尾部出現了兩個捲雲紋，且只有三條腿；南北朝時期的蟠螭紋眼睛稍長且有彎度，嘴邊兩腮多有凹槽，頭上有的長角，有的無角，腿短，一般前腿只有一個，所以也是三條腿，有時，前腿伸出一點作為第四條腿，尾部的捲雲紋較以前寬了一些；宋代的蟠螭紋最大的特徵是在鼻子下有一條很寬的陰線，極富立體感；至元明時期，蟠螭紋頭額寬而高，其眉、眼、鼻、口都集中在整個面部的下方，僅占面部的1/3，頸項低下，許多地方已被毛髮掩住，有上升、伏地、盤旋等形象，其

龍形玉佩

戰國，長7.6公分。現藏於臺北故宮博物院。

青白玉質，器身為一S形龍，回首，龍體回繞有力，滿琢穀紋，在中央下方，琢一小虺龍。

氣勢磅礴，形態美觀；直至清代，蟠螭紋則出現了以前各個時代均未有過的獨特紋飾。

虺紋

虺紋又叫蟠虺紋，戰國時期出現，秦漢時期較為流行。虺是古代傳說中的一種劇毒的小蛇，也有人說是兩頭蛇。玉器上的蟠虺紋大多是兩個頭的蛇形紋飾，大多為眾多蟠虺盤繞在一起。

渦紋

渦紋的形狀近似於水渦，也叫旋渦紋，俗稱水渦紋。其特徵是圓形，內圈沿邊飾有旋轉狀弧線，中間為一小圓圈，似代表水隆起狀。

早在商代，青銅器上就已經出現了渦紋。西周時期，渦紋開始出現在玉器上，但只裝飾在小件玉器上。戰國時期，開始出現在大件玉器上。

折線紋

折線紋為陰刻直線，頂端折回，主要作為動物身上的裝飾。

圈紋

圈紋為排列成行的小圓圈，分為單圈、同心圓和在圓中有一小點等。流行於春秋戰國時期，常裝飾在璧、瑗、璜等片狀玉器上。

重環紋

重環紋最早出現在商代玉器上，西周早期數量增多，中晚期盛行，飾於龍及其他動物的身上。這種紋飾是由略呈橢圓形的環組成紋帶，環有一重、二重和三重，環的一側形成兩直角或銳角。

鱗 紋

鱗紋的形狀像魚鱗，常雕成上下數層，重疊出現，流行於商代晚期至春秋時期。

對角方格紋

對角方格紋以雙陰線琢刻方格，相鄰兩格對角線相連，等距連續排列。主要飾於龍及其他動物的身上。

三角紋

三角紋是以陰線琢刻出三角，多見於龍身、玉璜及器物柄部。

雙連弦紋

以單陰線琢刻的「人」字形連弧短線，飾於龍身及首角上。

玉 魚

春秋時期，長 5.9 公分，寬 3.1 公分。現藏於河南省信陽地區文物管理所。

玉呈翠綠色，局部有黑色沁斑。器呈半魚形，以細線琢出魚頭、魚鰓、魚嘴和四行鱗紋，末端刻有背鰭和腹鰭。

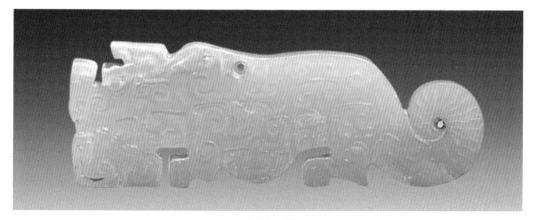

虎形玉佩

春秋時期，長 6.7 公分。現藏於臺北故宮博物院。

白玉質，琢成虎形，表面滿琢雲紋。

獸角紋

主要有龍角、牛角和羊角三種。

除上述紋飾外,還有人面紋、虎紋、魚紋、象紋、水波紋、蠶紋、回紋等各種紋飾,這些紋飾易從字面上理解,也較易識別。

充滿寓意的吉祥圖案

吉祥幸福

群仙祝壽

畫面大多是王母娘娘生日時,各路神仙前來祝壽的場面。有時,只刻畫呂洞賓等八仙形象,意為「八仙祝壽」。

年年有餘

畫面中為兩條嬉戲的鯰魚。鯰與「年」諧音,魚的音同「餘」,象徵年年有餘,表達了對富裕生活的嚮往。

福從天降

畫面中一個可愛的胖娃娃正伸手抓一快飛到手邊的蝙蝠,寓意盼望已久的幸福將要降臨。

流雲百福

玉器上刻畫有連綿不斷的如意雲紋,另有多隻蝙蝠,雲紋象徵如意,蝙蝠寓意幸福,合起來寓意「流雲百福」,象徵幸福如意或幸福綿延無邊。

必定如意

畫面中有三種東西:毛筆、銀錠和如意。筆諧「必」音,錠與「定」音同,加上如意,合成「必定如意」,寄託遇事順心的願望。

樣樣如意

在玉如意上雕刻兩隻羊。羊諧「樣」音,和本身的玉如意合起來表示「樣樣如意」。

平安如意

畫面中一件古瓶、一隻鵪鶉和一柄如意,

碧玉雕祝壽圖筆筒

清代,高12.2公分。香港佳士得有限公司於2008年拍賣,成交價128.48萬元人民幣。

碧玉質,直筒形筆筒,淺圈足。外壁浮雕深壑蒽林,壽石浮雲,蕉樹亭台,兩仙翁或捧如意,或揖手相迎童子奉果。

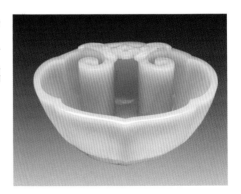

玉雲頭式洗

清代,高5.5公分。現藏於臺北故宮博物院。

青玉質。器口以雲頭紋為形,直壁下縮、平底、圈足,雲頭底端交界處飾有蝙蝠,外壁飾淺浮雕雲頭紋及團壽字。

以瓶諧「平」音，以鵪鶉寓「安」意，再加上一個如意，合起來為「平安如意」。還有的是在玉如意上雕琢一件古瓶、一隻鵪鶉，寓意相同。

事事遂心

玉器上雕琢幾個柿子、幾個桃子，柿子寓意「諸事」，桃形如心，合起來為「事事遂心」。

事事如意

在玉如意上雕琢幾個柿子，意為「事事如意」。

福在眼前

玉器上雕琢蝙蝠和古代銅錢組合起來的圖案，蝙蝠象徵幸福，安置在銅錢的穿孔（眼）前，寓意「福在眼前」。

官運亨通

平升三級

玉器上雕琢一件古瓶，古瓶裡插三支戟，寓意「平升三級」。瓶與「平」同音，戟諧「級」音，三戟寓意三級，意思是官運亨通。也有的用一件古瓶、一件笙和三支戟構成，寓意「平升三級」。

魚躍龍門

龍門位於山西省河津市的黃河上，東西兩山夾河，懸崖絕壁相對而立，形狀似門。傳說每年三月，鯉魚逆水而上，躍登此門，化而為龍。古代科舉考試，考場入口題「龍門」二字，象徵科舉高中如魚躍龍門，從此飛黃騰達。

鯉魚躍龍門是傳統的吉祥圖案，往往刻為一龍頭於雲中，一魚身於水中，因此也叫魚化龍。

狀元及第

玉器上刻畫一個戴冠的童子手持如意騎在龍的身上，以象徵狀元及第。冠與「官」同音；騎龍，寓意鯉魚躍龍門。及第是指科舉考試皇榜上有甲乙次第。考中狀元，即狀元及第。

寓意狀元及第的畫面，還有的是以三個孩童組成，中間一大孩高舉冠盔，表示得中

黃玉雙魚瓶

清代，高 19.8 公分。香港蘇富比拍賣公司於 2007 年拍賣，成交價約 5150 萬元台幣。

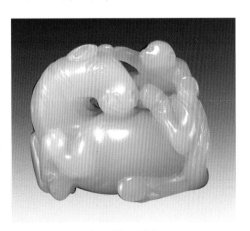

白玉馬上封侯

清代，高 4.5 公分。倫敦蘇富比拍賣公司於 2009 年拍賣，成交價約 100 萬元台幣。

狀元；旁邊二小孩手持如意、喜報以示慶賀。

馬上封侯

畫面中刻畫一匹馬，馬上有蜜蜂和猴子，寓意「馬上封侯」。蜂音同「封」，猴音同「侯」，是對飛黃騰達的祝願。若圖案為一隻大猴背著一隻小猴，寓意「輩輩封侯」；若畫面由楓樹、印璽、猴子、蜜蜂或猴子抱印者組成，寓意「封侯掛印」、「封侯抱印」。

喜報三元

古代科舉考試，解元是鄉試第一名，會元是省試第一名，狀元是殿試第一名。連中三元是無數讀書人的夢想。喜鵲是一種吉祥鳥，鳴叫以報喜。玉器上刻畫兩隻喜鵲，三錠元寶，意為「喜報三元」。

教子成名

畫面中刻畫一隻引頸高鳴的雄雞，身旁有五隻小雞，寓意「教子成名」。此典故《三字經》中有：「竇燕山，有義方；教五子，名俱揚。」後來，又引申為望子成龍、五子登科等，象徵長輩教子有方，多人登科發達。

太師少師

太師少師是傳統的吉祥紋樣。太師，西周始置，漢以後以太師、太傅、太保合為三公；少師，春秋楚國始置，歷代相沿，與少傅、少保合稱三少。紋飾以一大獅子與一小獅子構成，「獅」與「師」同音，以象徵官祿代代相傳之意。

長壽多福

松鶴延年

松樹和仙鶴自古以來就是長壽的象徵。仙鶴的潔白，松樹的蒼道，又是氣節的象徵。玉器中的松鶴圖案，既象徵長壽，又象徵清高。而「松鶴延年」側重於長壽。

鶴鹿同春

畫面中有仙鶴、梅花鹿與松樹。仙鶴象徵長壽；梅花鹿的「鹿」諧音「祿」，象徵富貴；松樹象徵生命力的旺盛。「鶴鹿同春」有富貴長壽的寓意。

龜鶴齊齡

畫面中的主角是烏龜和仙鶴。古代的中國先民認為，鶴壽千歲，龜壽萬年，兩者都是長壽的象徵，「龜鶴齊齡」寓意同享高壽。

福祿壽喜

福祿壽喜幾乎是所有人的美好願望。

玉松鶴筆架

清代，高7.8公分。現藏於臺北故宮博物院。

白玉質，琢一鶴口銜靈芝，立於松下。

玉器上琢磨出蝙蝠、梅花鹿、壽桃和「喜」字，諧音「福祿壽喜」。

五福捧壽

蝙蝠是中國古代藝術中的吉祥圖案，如描繪天空中飛翔的紅色蝙蝠，以象徵「洪福齊天」；若玉器上刻畫了一個壽桃或一團壽，周圍環繞五隻蝙蝠，意為「五福捧壽」，寄希望於有福長壽。若是多個壽桃和多隻蝙蝠，就變成「多福多壽」了。

福壽雙全

畫面中有一隻蝙蝠、一個壽桃和兩枚銅錢，蝙蝠寓福，桃寓長壽，錢寓祿，象徵福祿壽，諧音的話為「福祿雙全」。

福壽三多

「三多」指多福、多壽、多子。玉器上刻畫數隻蝙蝠、數隻仙桃和一隻石榴，石榴取多子之意，合起來寓意多福、多壽、多子，即「福壽三多」。

福至心靈

玉器上雕刻蝙蝠、壽桃、靈芝的形象，此處壽桃借其形如心，靈芝借「靈」字，此圖意為得到幸福後會更加聰明。

壽山福海

畫面中刻畫了山、水和松樹的形象，意為「福如東海長流水，壽比南山不老松」，也稱為「壽山福海」。

三星高照

福、祿、壽三星是中國古代人民最喜愛的神仙。福星掌管幸福，祿星掌管富貴，壽星掌管長壽。玉器中如果出現三個老神仙的形象，即為福星、祿星、壽星，意為「三星高照」，象徵著幸福、富有和長壽。

長命富貴

畫面中刻畫一隻引頸長鳴的雄雞，取其「長命」之諧音；一簇盛開的牡丹，取其「富貴」之意。二者合起來，意為「長命富貴」。若牡丹換成禾穗若干，則變為「長命百歲」。

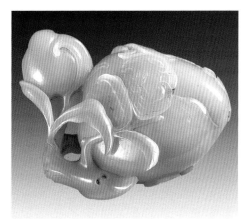

玉蟠桃水盂

清代，高4.8公分，長11公分。現藏於臺北故宮博物院。

青白玉質，全器雕蟠桃一枝，結有二桃實，以大者中空為水盂，附小玉蓋；桃下雕一蝙蝠。

福壽雙全玉牌

清代，高5.4公分。紐約蘇富比拍賣公司於2007年拍賣，成交價約36萬元台幣。

青白玉，正面琢一飛蝠、一桃枝，背面篆刻「富貴長壽」字樣。

玉堂富貴

玉器上雕刻玉蘭、海棠、牡丹，意為「玉堂富貴」。若圖案為五個柿子和海棠花，則稱「五世同堂」。

多子多孫

連生貴子

畫面中的荷花中坐一小孩，蓮蓬膨大，借此喻連續、連綿之意，表達人丁興旺的心願。

麒麟送子

麒麟為傳說中的祥瑞之獸，是吉祥的象徵，能為人們帶來子嗣。其上刻一小孩，寓意「麒麟送子」。

流傳百子

畫面中刻畫一開嘴石榴、子孫葫蘆或葡萄。石榴多子、葡萄多子、葫蘆也多子，寓意「流傳百子」，藉以表示多子多孫之意。

送子觀音

畫面為慈眉善目的觀音身旁有多個可愛的娃娃。舊時中國人，尤其是婦女，崇拜佛教中的觀音，在很大程度上是因為相信觀音能夠送子。

瓜瓞綿綿

《詩經·大雅·綿》有：「綿綿瓜瓞，民之初生，自土沮漆。」瓞即小瓜。「瓜瓞綿綿」的含義為瓜始生時常小，但其蔓不絕，會逐漸長大，綿延孳生。傳統的「綿綿瓜瓞」圖式有兩類，一類是瓜連藤蔓枝葉，另一類還加上蝴蝶圖案，取

玉瓜紋佩

宋代，高4.8公分。現藏於臺北故宮博物院。

玉色呈灰白，其中一面色澤較黃褐。雕琢瓜果、花朵、枝葉。

「蝶」與「耊」同音。

節日喜慶

二龍戲珠

畫面刻畫兩條龍和一個火珠。龍是中國古代人民心中的瑞獸之首，龍珠有辟邪免災的作用。「二龍戲珠」，表達祈求辟邪免災、吉祥如意的心願。若是多條龍，則為「群龍戲珠」；如果是兩條龍在空中盤旋，中間不是寶珠而是團壽，則為「雲龍捧壽」。

龍鳳呈祥

在古代傳說中，龍是鱗蟲之長，鳳為羽蟲之首。哪裡有龍出現，哪裡就有鳳來儀，哪裡就會天下太平，五穀豐登。龍鳳是人們心目中的祥獸瑞鳥，為一種吉祥的象徵。此外，也有人稱之為「龍祥鳳瑞」。

喜上眉梢

畫面中刻畫兩隻喜鵲立在梅花枝頭，寓意「喜上眉梢」，也稱「雙喜臨門」。

歲歲平安

畫面中幾束穀穗配上兩隻鵪鶉，各取一個字的諧音，為「歲歲平安」，寓意生活平安如意。

青玉八寶爐

清代，高14.5公分。現藏於臺北故宮博物院。

器口緣飾回紋一圈，雙耳雕龍首，口銜活環，器腹則浮雕吉祥八寶圖樣；器蓋鏤雕穿花龍鳳紋。

五穀豐登

五穀指稻、黍、稷、麥、豆等糧食作物。每逢新春佳節，人們製作各式五穀造型的花燈掛在屋裡屋外，以示慶祝。圖案「借燈」「與登」諧音，寓意物阜民康，五穀大豐收。

其他吉祥寓意

四海升平

畫面中描繪四個小孩高抬一古瓶，四孩諧音「四海」，瓶諧音「平」，合起來寓意「四海升平」。

歲寒三友

松、竹、梅為中國古代藝術中最常見的題材，合稱為「歲寒三友」，借此象徵崇高的品德和高尚的氣節。

蓮開並蒂

通常一枝荷莖只開一朵蓮花，並蒂而開兩朵蓮花是相當罕見和珍貴的，被稱為「並蒂蓮」，比喻夫妻和美、同心同德以及堅貞不變的愛情。

天女散花

天女散花出自於佛教故事。據說天女散花以試菩薩和聲聞弟子的道行，花至菩薩身上即落去，至弟子身上便不落。散花天女的形象自古就受到中國人的喜愛，通常為一仙女提籃散花的形象，寓意春滿人間，吉慶常在。

青玉歲寒三友瓶

清代，高 22.5 公分。現藏於臺北故宮博物院。

扁圓形，斂口，碩腹，高圈足。肩部有如意耳二，器腹一面浮琢「歲寒三友」紋，另一面浮琢成菊花與蝙蝠。蓋紐則琢雕為桃實形。

英雄鬥智

畫面刻畫一鷹一熊作爭鬥狀。以鷹與「英」、熊與「雄」同音，二勇相爭智者勝，以此來比喻英雄之大智大勇。

八仙過海

八仙指張果老、呂洞賓、韓湘子、曹國舅、鐵拐李、漢鍾離、何仙姑和藍采和，是中國古代喜聞樂見的道家神仙。傳說八仙在慶賀王母娘娘壽辰歸途中路過東洋大海，各自用法寶護身為舟，競相過海，以示神通，這就是「八仙過海」的由來。

聰明伶俐

玉器上雕琢青蔥、菱角和荔枝的圖案，蔥與「聰」、菱與「伶」、荔與「俐」同音，意為「聰明伶俐」。

漫步在和田玉的歷史長廊

　　中國玉器經過七千年的持續發展，經過無數能工巧匠的精雕細琢，經過歷代統治者和鑑賞家的使用賞玩，經過禮學家的詮釋美化，最後成為一種具有超自然力的物品，無所不能，無處不用，成了人生不可缺少的精神寄託。

　　在中國古代藝術寶庫中，自新石器時代綿延七千年經久不衰者，是玉器；與人們生活關係最密切者，也是玉器。玉已經深深融合在中國傳統文化與禮俗之中，充當著特殊的角色，發揮著其他工藝美術品不能替代的作用，並打上了政治的、宗教的、道德的、價值的烙印，蒙上了一層使人難以揭開的神秘面紗。

　　人們用玉器裝飾自己不知道經歷了多長時間。但不可否認的是，作為裝飾品和工具的玉製品，標誌著原始人類已具備較高的審美意識和價值觀念，同時也部分反映了當時的生產力發展水準。在新石器時期諸多遺址中，齊家文化出現了和田玉器，和田玉從此步入延續數千年的玉文化殿堂。

青銅時代的輝煌

　　夏代玉器出土的數量不多，主要集中在河南偃師二里頭文化遺址。可以說，夏代玉器上承石器時代數千年玉器文明的餘緒，下啟商代玉器之先聲，在中國玉器發展史上佔有重要的地位。

　　商朝是一個強大的奴隸制王朝，是當時世界上最繁榮的國家。商代玉器如同一面鏡子，映射出商代玉雕工藝的燦爛光芒，它不但對研究中國玉雕史、藝術史有重要價值，而且對研究商代的禮制有很高的參考價值。

夏代和田玉器

　　夏代是中國歷史上第一個奴隸制王朝，據說為禹的兒子啟於西元前21世紀建立，標誌著華夏民族終於跨進了文明的門檻。

　　許多文獻中的記載表明，夏代是一個崇尚玉的朝代。夏文化的文明區域以河南西部為中心，涵蓋河南、山西、湖北、河北、山東等地，重要的遺址有河南偃師二里頭、鄭州洛達廟、洛陽東干溝、陝縣七里鋪，山西夏縣等地。不過，因考古資料的缺乏，夏文化的內涵長期以來一直不甚明瞭。從偃師二里頭文化遺址出土的玉器來看，夏代玉器明顯受到紅山文化、良渚文化和龍山文化的影響，在造型、紋飾和製作工藝上又與商代玉器有著直接的淵源關係。

　　和田玉雖然在齊家文化時期就出現了，但真正進入中原地區應該在夏代。不過，對二里頭文化遺址的分期尚未有明確的結果，在這一前提下只能從做工上判斷出土的玉器是否為夏代所造。可以肯定的是，二里頭文化遺址出土的白玉柄形器，是用和田白玉製成的，由此說明古老的玉石之路已經達到中原腹地。

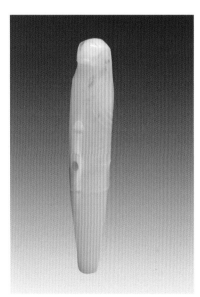

白玉鳥紋笄

　　夏朝，高8.4公分。現藏於臺北故宮博物院。

　　白玉質，玉琢成圓柱形笄，上端站立一有勾喙與冠羽雙翼交疊於後背的鷹鳥。

玉 材

　　夏代玉器的主要材質為獨山玉，包括白獨山和青獨山兩種。另外，也有零星的和田玉器被發現。

造 型

　　夏代造型以幾何直方形為主，注意細節的裝

飾，流行在器物上鑲嵌他物，在邊緣裝飾齒狀扉棱。受當時獨特的社會環境影響，出現了大量的象徵性玉兵器，這些兵器較為抽象，多直方形。

玉鉞為長方形或近圓形，玉圭為平首形，玉刀為長條梯形，尤其是多孔玉刀較以前更薄，更為長大、平滑。

紋 飾

夏代時，由於審美觀念的改變和金屬工具的使用，紋飾逐漸向複雜化、多樣化發展。玉器上的紋飾主要有直線紋、斜格紋、雲雷紋和獸面紋等，僅有少量的動物形紋飾和植物紋。

陰線刻的直線紋、斜格紋是夏代玉器中最常見的裝飾紋樣，多見於玉刀、玉戈、玉圭、牙璋等方直形玉器上，細勁有力，線深而直，強化了渲染的效果。雲雷紋多用於玉器兩端的穿孔之間，兩邊再飾以陰線刻紋將其框住。雲紋和雷紋配合，形成一種磅礡的氣勢和神秘的審美效果。

夏代的獸面紋吸收了龍山文化獸面紋的特徵，橄欖形眼眶，圓眼珠，為典型的「臣」字形眼。寬鼻翼，闊口，口內多有獠牙，給人以恐怖、神秘之感。商代青銅器上的饕餮紋，與此形象相差無幾。

工 藝

夏代玉器的製作工藝比新石器時期有了很大提高，出現了被稱為「砣子」的青銅工具，琢玉的手法變得多種多樣，玉器的製作開始向精細方向發展。

淺浮雕和圓雕工藝的搭配使用，使玉器造型和圖案完美地結合起來，這也是夏代玉器製作的一大特色。

種 類

玉柄形飾

玉柄形飾出土較多，其用途尚不明確。多數素面無紋，製作粗糙，形制不甚規整。最精美的一件出土於二里頭文化遺址，和田白玉製成，長17公分，由粗細不同的6節組成，外形像古代的銅鞭。粗節上用單線或雙線勾撇法琢出誇張的獸面形象，中節琢成花瓣紋，細節則起凸棱，末端以陰線刻和淺浮雕的手法琢成獸頭形，柄的頂端及正背面兩側各有一孔，三孔相互連通，末端側面也有一個對穿的圓孔。

另外，還發現了其他玉質的柄形器，形制與此大致相同，但也有差別。

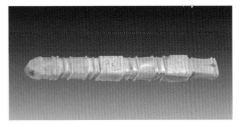

白玉柄形器

二里頭文化，長 17.1 公分。現藏於中國社會科學院考古研究所。

玉呈乳白色，器形似鞭，以弦紋分為六節，粗節刻有獸面紋，末節琢成獸頭形。

商代和田玉器

奴隸制經濟高速發展，鑄造出無數氣勢磅礡、莊嚴神秘、紋飾精美的青銅器，令後世仰慕不已。不過，商代的玉器製作並沒有因青銅器的崛起而失色。相反，青銅治玉工具的出現促進了玉器製作技術的進一步提高，增加了玉器的品種與表現形式。加上統治者對玉器的重視，使商代玉器製造的規模和工藝水準達到了前所未有的高度。

玉　牛

商代，高4.1公分，長6.5公分，現藏於紐約大都會博物館。

玉呈灰色，有褐斑，圓雕。牛作跪臥狀，口微張，兩角後伏，體飾雲紋。

商代時期，和田玉已經大量流入內地，進入殷商王室貴族的生活，標誌著內地以和田玉為主體的玉器時代的開始。殷墟婦好墓中發現的玉器就是明證。

商代早期的玉器明顯受到良渚文化和龍山文化的影響，又融合了紅山文化和其他新石器時期玉器的特徵，相容並蓄，去蕪存菁。動物形玉雕吸收了紅山文化玉器的特色，巧妙運用線刻，造型活靈活現；璧、琮等禮器則明顯受到良渚文化玉器的影響，雖略顯衰落但其神聖莊嚴之感不減；象徵性武器工具係直接從黃河流域龍山文化玉器和夏代玉器發展而來，由兵器轉化而來的儀仗類武器佔有很大的比例。

商代中期，原始的砣具可能出現了，開料、鋸割、拋光等技術都已達到了相當高的水準，陰刻、陽凸、浮雕配合巧妙，勾撤法被廣泛應用，出齒、陰刻、成組直線大量出現，造型和紋飾精細而清晰，形制規整而勻稱。當時製作的玉器主要是禮器和象徵性的武器工具類，有璧、圭、環、琮、璜、鉞、戈、刀、錛、斧、鏟、鑿等，裝飾品不多，動物形玉飾則幾乎不見了。

西元前14世紀，盤庚遷都殷。此前，商王朝的都城一直飄忽不定，文化遺址散落在各地。此後的300餘年間，一直以殷為都城，玉器的製作進入極其繁榮的時期。

從現有的文獻來看，殷商王室貴族使用玉器是相當普遍的，都城和較大的城邑內都有龐大的玉器作坊，從事玉器製作已經成為專門的行業。直到現在，殷墟究竟出土了多少商代玉器，已經無法考證。自古以來這裡盜掘古墓成風，大多數遺址和墓葬遭到嚴重破壞，大型王室墓葬早已被洗劫一空。1976年，考古工作者發掘了婦好墓，一座保存完好的中等規模的商代王室墓，共出土755件精美的玉器，包括大琮、組琮、圭、璧、環、玦、璜和簋等禮器，戈、矛、戚、鉞和大刀等象徵性武器，小型刀、刮刀、梯形刀和小刻刀等玉製工具，梳、匕、耳勺、臼和杵等玉製用具，笄、釧、串珠、墜飾等裝飾品，龍、虎、怪鳥等圓雕的藝術品，另有鞴、鏈及用途不明的柄形器、拐尺形器、匕首形器等雜器。

婦好墓出土的玉器材料龐雜，其中能肯定為和田玉製成的玉器，包括三件小型白玉雕，玉材屬於子玉。另有三件殘器，可能也是和田玉。而玉石鑑定專家楊伯達先生認為，婦好墓究竟有多少玉器屬和田玉，仍不得而知。

玉 材

商代玉器選材較為豐富，新疆的和田玉成為主要的玉材，大部分屬青玉，白玉較少，青白玉、黃玉、墨玉、糖玉更少。

由於目前尚缺乏商代時期中西交通的證明，很多學者對和田玉由什麼途徑傳入中原地區的看法還不統一。不過，和田玉的使用，為商代玉器達到自新石器晚期以來的第二個高峰奠定了必要的物質基礎，標誌著中國古代玉文化進入了一個嶄新的時代。

造 型

商代早中期玉器融合了紅山文化、良渚文化、龍山文化和其他新石器時期玉器的特徵，鴞鳥、龍等動物形玉器吸收了紅山玉器的精華，巧妙運用圓雕和線條裝飾，活靈活現；璧、琮等禮器利用良渚文化的裝飾技法，給人

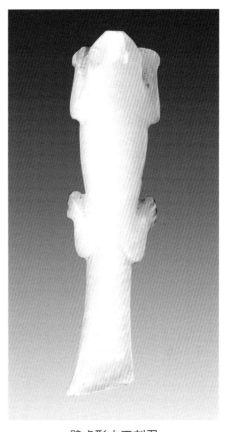

壁虎形白玉刻刀
商代婦好墓出土，長5.1公分。現藏於中國社會科學院考古研究所。
玉質較好，呈白色，刀柄刻作壁虎狀，尾部刻出斜刀刃。

以神聖莊嚴之感；象徵性武器工具延續了龍山文化和夏文化的風格，簡潔蕭穆。

商代後期玉器數量和品種大增，體型龐大，紋飾繁縟，線條流暢，獨特的藝術風格令後人景仰。就造型來說，這時的玉器大致可以分為扁平動物形玉器和立體圓雕玉器兩大類。

扁平動物形玉器很有特色，獸嘴鏤空呈多角形或為一鑽孔；獸足為方形，其上有數道陰刻直線或折線。玉鳥、璋、鉞、璇璣等片狀玉器邊緣往往用雙重鋸齒裝飾，單個鋸齒多為方形，上有小凸齒。

立體圓雕玉器遠比平雕玉器的製作難度更大，對玉材、雕刻對象、雕刻技藝都有很高的要求，主要包括琮、簋和人物、動物形象。這類玉器的造型大多呈圓柱體或立方體，細部則以陰線刻和淺浮雕表現，琮、簋顯得端莊，非現實的怪鳥、怪獸則集多種動物特徵於一身，造型奇特，顯示出商代玉匠豐富的想像力和創造力。而在所有的立體圓雕玉器中，最引人注目的是人物形象，它們將商代玉匠高超的技藝和浪漫主義的情懷發揮到了極致。

鳥形玉佩

商代，長5.8公分。現藏於臺北故宮博物院。

青黃色玉質，表面沾有混了朱砂的泥土。雕一側面的勾喙捲尾鳥形，喙下、胸前、腹下、捲尾等處琢有穿孔。

人面紋玉飾

商代，高6.3公分，寬3.6公分。現藏於上海博物館。

青玉質，圓雕。人面形象誇張，方臉大耳，配有耳環，巨目獠牙，表情猙獰。

值得注意的是，當時的玉器仍處於原始社會末期玉器被神化到西周玉器被人格化的過渡期間，既保留了不少原始崇拜的殘餘，同時又將人的因素滲透進去。從此以後，玉器所包含的原始宗教意識逐漸淡薄，其價值日益表現在凝聚於其中的人性觀念的豐富和加強。

紋飾

同新石器時代相比，商代玉器紋飾繁縟，線條流暢，是中國玉器裝飾藝術從簡單走向複雜的轉捩點。裝飾線條多為直線紋、折線紋，也有弧線紋。就圖案來說，有夔龍紋、鳥紋、獸紋、獸面紋等來源於動物的紋樣，還有重環紋、渦紋、瓣狀紋等，內容非常豐富。玉器主體多用三角紋裝飾，三角紋有大小之分，大三角紋呈等腰三角形，一般由多層直線組成，裝飾於器物柄部；小三角紋接近於等邊三角形，飾於龍身或玉璜上。

獸面紋為商代玉器上常見的紋飾，與青銅器上的饕餮紋類似。獸角有的像龍角，下部較粗，頂端有一圓錘，似未開的蘑菇，被稱為「蘑菇形角」；有的像彎曲的牛角，下端較寬，上端尖銳；有的像羊角，一端較粗，一端尖銳，彎成「丁」形或「門」形。鳥獸眼形種類較多，大多為雙陰線「臣」字眼，形狀近似平行四邊形，眼角略帶弧度。另外還有圓窪眼、矩形眼、水滴眼、三角眼、兔耳眼等多種形式。獸面上的裝飾紋多用擠壓法琢出的直線、折線構成。

商代玉龍、龍形璜等動物形玉器多用對角方格紋裝飾，用雙陰線琢出方格，相鄰兩格角部對接，連續排列；龍身、獸角和玉角形器多用雙連弧紋裝飾，用單陰線雕出的兩個相連短弧，縱向排列。

工藝

商代時期，原始的青銅砣具可能已經出現了，質地堅硬的石英砂也被廣泛運用

於治玉工藝中。由於青銅工具的廣泛應用，勾撤、桯鑽、管鑽、拋光等顯得得心應手，普遍運用線鋸等較為先進和難度較高的技法。石器時代由於工具不力而殘留的製作痕跡，在此時已較為少見。當時的鑽孔方法主要有兩種，一種是一面鑽孔，愈深孔徑愈小；一種是兩面對鑽，穿孔兩端大中間小，剖面呈蜂腰狀。無論哪種方法，孔內都留有螺旋形琢磨痕。

商代，不僅掌握了勾撤、桯鑽、管鑽、拋光等技法，並能熟練地將線刻、浮雕、圓雕、鏤雕、透雕融合在一起，使我國古代玉器在從平面向立體、由簡單裝飾向複雜陳設方面邁進了一大步。

商代玉器的線條刻畫技法和表現手法多種多樣，有的線條為較深的單陰刻線，還有雙線、三線的組合，線條較深。夏代時出現的勾撤法廣為應用，用這種方法雕出的一面坡線條種類繁多，有陰刻線、凸線及線條兩側凹雕而留出的擠壓線條。各種雕刻方式綜合使用，所製作出來的紋飾更加精美。其中，採用雙陰線來裝飾的情況較為常見，雙陰線中的一條用勾撤法雕成，線條多為直線，轉彎處角度很大，似方折，剛勁有力，一些學者曾譽其為「折鐵線」。

放大鏡下觀察，會發現這些陰刻線雕刻得非常粗糙，帶有許多毛刺。弧線都是磨接而成，經常出現「毛碴」，俗稱「歧出」。

玉柄形器

商代，長63公分。現藏於三藩市亞洲藝術博物館。

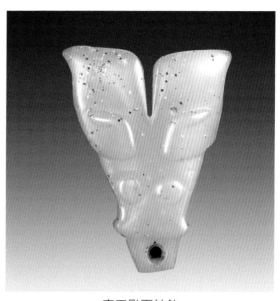

青玉獸面紋飾

商代，高4公分。香港蘇富比拍賣公司於2010年拍賣，成交價約55萬元台幣。

玉蟠龍

商代，高5.8公分。現藏於中國社會科學院考古研究所。

玉色乳白，器作蟠龍蜷曲狀，壁刻有雲紋浮雕。

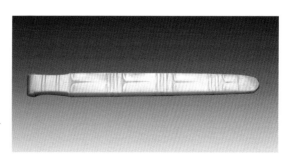

玉環
商代，孔徑4.2公分。香港蘇富比拍賣公司於2010年拍賣，成交價約81萬台幣。

玉琮
商代，高4.1公分。現藏於臺北故宮博物院。
玉呈青黃玉，略帶半透明，表面未經仔細拋光，平素無紋。

種類

商代是中國古代玉器繼新石器時代晚期的又一鼎盛時期，種類繁多，造型豐富。就大的方面來說，可分為禮器儀仗、實用器皿和裝飾藝術品三大類。具體來說，包括禮器、儀仗用的象徵性武器、工具、用具、裝飾品、藝術品以及雜器等七類。

禮 器 類

玉 璧

商代前期的玉璧，延續了良渚文化玉璧的風格，器型厚重，光素無紋，有的璧面平齊，也有的邊緣稍薄呈弧刃狀。後期的玉璧，形體變大了，厚度變薄了，大多數仍然光素無紋，也有的玉璧好的邊緣一周凸起的棱，個別在肉上琢有幾周同心圓紋飾。異形璧玉璇璣也有發現，形制與龍山文化時期的近似，牙上裝飾有鋸齒狀扉棱。

玉 琮

玉琮在商代前期幾乎沒有發現，後期數量也不多，其造型與良渚文化玉琮接近，但上面的紋飾沒有良渚文化時期精美，有的甚至是素面，有的刻有數道弦紋或簡單的圖案，完全沒有良渚文化玉琮上的猙獰之美，呈現出逐漸衰落的趨勢。

玉 璜

商代前期的玉璜多呈扁平弧形，約為璧的1/3左右，兩端都有穿孔，一般由璧環類改製而成，既可單獨作為佩飾，也可數件相拼合成璧環。

商代後期，玉璜雖然仍是扁平弧形，但在成型後往往再加雕琢，使之成為龍、魚等動物形象，有些只略加工出動物輪廓，有些則雕琢精細，一絲不苟，除形體神似外，還在表面琢出鱗紋、菱狀紋、三角紋等。當時製作的璜數量很多，形式多樣。有的兩端平齊，斷面呈長方形，相當於1/3圓；有的斷面橢圓，表面拋光，相當於1/4圓；有的雕成龍形，或僅雕出輪廓，

或將細部也一併雕出，脊背雕成扉棱狀；有的雕成魚形，將浮雕和圓雕巧妙地結合在一起。

玉琥

琥是形狀像虎的玉器，古人用白琥禮祭西方。婦好墓出土浮雕和圓雕的玉琥8件，均有穿孔。從穿孔上來說，琥不僅是禮器，還可以當玉佩，亦可為玩物或陳列品。

玉簋

簋原來是青銅容器。在婦好墓沒有發掘之前，人們一致認為先秦時代還不能製作玉容器，因為玉容器的製作難度很大。婦好墓兩件玉簋的出土，改變了人們的看法。

婦好墓出土的玉簋非常珍稀，一件用白玉製成，上有黃斑，侈口圓唇，腹部微鼓，圈足，口沿下飾三角形紋，腹部飾三組饕餮紋，饕餮闊鼻，「臣」字形眼，上、下夾以弦紋，腹部以下飾菱形紋，圓足飾雲紋及目紋。另一件綠色，直口平沿，方唇，微鼓腹，圈足，腹部有四道豎直扉棱，口沿下飾兩周凸弦紋，腹部飾水波形雷紋，圈足上飾雲紋和目紋。

象徵性武器

玉戈

商代玉戈沒有實用價值，通常作為儀仗用具或禮器。早期的玉戈與夏代玉戈相似，直內長援，援內之間有穿孔，援兩側磨出邊刃，後來援中間出現了脊棱。其形制很大，長達四五十公分的玉戈屢見不鮮，最大的超過92公分，但都很薄，有的僅0.5公分。商代後期，玉戈的形制逐漸變小，通常為20～40公分，製作更加精良。其刃部平直對稱，尖部呈三角形，近內穿孔，內、援分界處不清。有的還飾以變形雲紋或鋸齒狀扉棱，琢磨精細。

夏代已經成熟的銅鑲玉技術在商代玉戈上也得到了體現。婦好墓出土了兩

玉簋

商代，高10.8公分，口徑16.8公分。現藏於中國社會科學院考古研究所。

玉質白色，侈口圓唇，深直腹，圈足，外壁刻有精美花紋。

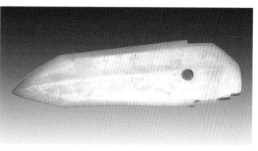

玉戈

商代，長12.8公分。現藏於三藩市亞洲藝術博物館。

乳白色，局部有褐斑，玉質較好。援前鋒呈三角形，銳利，有中脊和上下刃。

件玉援銅內戈，玉援磨製精細，體薄而脆，末端嵌入銅內中，銅內飾饕餮紋，並鑲嵌有多枚綠松石。需要注意的是，有的玉戈上還有銘文，具有很高的考古價值和歷史價值。

玉矛

矛是一種兵器，玉矛沒有實用價值，只是作為儀仗用的象徵性武器。婦好墓發現了兩件玉矛，呈柳葉形，形體較薄，鋒部尖銳，末端用來安裝銅柄。大司空南25號墓出土了一件銅柄玉矛，玉矛呈三角形，有中脊，邊刃不鋒利。銅柄作蛇形，蛇首戲合矛頭，後端有鋬，以綠松石鑲嵌，雕出蛇紋、獸面紋。

玉戚

商代玉戚的形制與夏代玉戚差別不大，共有兩種：一種和鉞相似，兩側出有扉棱，斷面呈長方形或梯形；一種和玉璧接近，被稱為璧戚，頂與刃均呈弧形，兩側起扉棱。

玉鉞

商代前期極少見。後期在婦好墓中發現幾件，其特點是斷面均呈長方形，後端有內，與青銅鏃形制相近。

大玉刀

刀本來是兵器，但大玉刀只是作為儀仗用具。婦好墓發現的玉刀長達33.5公分，寬5.2公分，厚僅0.5公分，沒有使用痕跡。用碧玉製成，刀身略呈窄弧形，一側開刃，上部兩面均雕以龍紋，龍頭朝向柄部，「臣」字形眼，龍身遍飾菱形紋樣。背部雕刻有鋸齒狀扉棱，後端有一管鑽圓孔。

工具類

玉斧

玉斧源自於石斧。商代前期的玉斧與夏代玉斧相差不大，素面無紋。後期製作精美，婦好墓出土的一件玉斧用碧玉製成，斧身飾饕餮紋，細眉大眼，頗為精緻。

銅柄玉矛

商代，長21公分。現藏於中國社會科學院考古研究所。

玉戚

商代，長（中軸）13.0公分，寬8.5公分。現藏於臺北故宮博物院。

斧或鉞的兩側有刻飾的叫做「戚」，為禮器的一種。

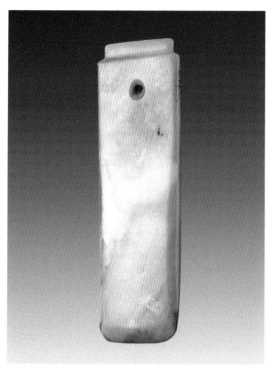

玉鏟

商代，長15.1公分。現藏於中國社會科學院考古研究所。

玉鏟是比較小的側鋒玉斧，是用來切割、鑿削的生產工具。

玉匕

商代，長14.7公分。現藏於中國社會科學院考古研究所。

玉呈棕褐色，此器紋飾精美，一面飾五個頭向下的蟬紋，另一面分飾獸面紋、夔紋等。

玉鏟

商代玉鏟與夏代玉鏟相差不大，發現也較少。所發現的玉鏟呈扁平長條形，一端穿孔，雙面刃，琢磨很薄，厚度不到0.5公分。

玉鏟

商代玉鏟均為窄長方體，個別有短內，近頂端有一圓孔，大多沒有使用痕跡。

玉鑿

玉鑿多製作於商代後期，呈窄長方體，有的是平刃，有的是弧刃，頂部微弧，近頂部有穿孔，兩側有邊棱，沒有使用痕跡。

用具類

玉梳

在新石器時期就出現了骨製的梳子，商代發現有玉製的梳子，做工精細。婦好墓出土的玉梳呈長方形，長10.4公分，梳背上面雕兩隻鸚鵡，有梳齒15枚。

玉匕

商代玉匕呈扁平長方形，一端平整，兩側稍內凹。婦好墓出土的玉匕呈棕褐色，一面柄端飾蟬紋，匕身也刻畫了4隻頭向下、尖嘴方目、雙翼舒展的玉蟬形

象；另一面柄端飾以饕餮紋，匕面飾三段紋飾，上段為獸面紋，中段為目雷紋，下段為三角紋，紋飾繁密，刻畫精細。

裝飾類

玉環

玉環是常見的佩飾。商代時期的玉環孔大而圓，廓薄而窄，通常光素無紋，個別有同心圓陰刻線，有的一面裝飾，有的兩面裝飾，線條整齊清晰。

玉玦

商代玉玦製作精美，通常作蜷曲的龍型，兩面均有紋飾。有的龍頭較大，張口露齒，角上豎，龍尾較短，首尾相接於缺口處，正反兩面頸飾鱗紋，身尾飾雲紋，背脊起扉棱；有的有耳無角，鼓目豎耳，頭尾盤捲相接，身體短粗，頸部有一穿孔，背脊雕節狀紋；有的素面無紋，形大且薄，邊窄孔闊，兩面拋光。

玉笄

商代前期的玉笄多上粗下細，如同錐形，雖磨製光滑但均素面無紋，平頂無帽。後期形式多樣。有的如同良渚文化玉笄，笄體扁圓，頂端有凸起的榫和孔眼，通體有紋飾，線條流暢；有的頂端雕出動物形笄頭，笄身呈扁長條形，自上而下漸細。

柄形玉飾

柄形玉飾是商代較為流行的佩飾，大多為扁平長方體，一端有短而薄的榫，多數榫上有穿孔。有的柄端雕成魚尾形，有的通身有花瓣紋飾。

動物形玉飾

商代動物形玉飾全部為扁平片狀浮雕，外輪廓普遍呈弧形，是典型的「剪影式」藝術。這些作品主要包括玉人形

柄形玉飾

商代，長19.8公分。現藏於臺北故宮博物院。

青白玉，帶褐色斑。琢作一柄形器，扁長形頂部，下方形成肩部，最下端削薄成不規則的插榫，有一圓穿。

玉魚

商代，長5.1公分。現藏於臺北故宮博物院。

青玉，局部帶白斑及墨斑。魚體呈直線，尾巴直長，頭部及尾端較薄。

飾、玉龍形飾、玉鳳、玉怪獸、玉怪鳥、玉虎、玉兔、玉鵝、玉鸚鵡、玉魚、玉蛙等。

玉韘

玉韘也叫「扳指」，古代射箭時用於勾弦之用，後來成為裝飾物，盛行時間很長。商代玉韘和後來的扳指形制稍有差異，婦好墓出土的一件玉韘用深綠色玉雕成，下端平齊，上端為斜面形，中間有圓孔，正好可以套上成年人的拇指，背面有一條淺凹槽，可納入弓弦。表面刻有精美的獸面紋，玉韘上還有一對小圓孔，可以用來穿細繩繫於手腕上。

藝 術 品 類

玉 人

玉人是商代圓雕藝術品中最具代表性的器物，大多製作於商代後期。其基本造型為圓柱體，絕大多數為跪坐、蹲踞或雙手扶膝，充分說明商代時期並沒有椅凳等坐具，為「席地而坐」提供了直接的證據。其容貌各異，或細眉長臉，或大眼小口，全部為闊鼻梁、高顴骨，具有典型的蒙古利亞人種的特點，是中華民族的直系先祖。

從這些圓雕玉人的服飾中可以發現，商代先民們的服飾大致有兩種：一種服飾領子後面較高，前面低矮，衣袖較短，腕部的袖口較窄，並沒有出現後來的長袍大袖，衣服下部常以雲紋裝飾；另一種服飾領子前面較大，為交領，袖子較窄，腰束寬頻，衣服上也以雲紋裝飾。冠飾較為簡單，一種為圓箍狀，一種在圓箍前再加一筒狀飾，還有一種是或高或低的平頂冠。髮式較為複

玉蟒蜍

商代，長9.7公分。現藏於臺北故宮博物院。

玉呈不均勻的青灰色，沾有朱砂。蟒蜍長方形眼，頸部兩道直線弦紋線，腹部光平，背部微拱起，四肢捲曲貼於身側。尾甚肥大，雕節紋。

跪坐玉人

商代，高7公分。現藏於中國社會科學院考古研究所。

此玉人發掘於商王武丁的配偶婦好墓中，她生前能征善戰，地位極為顯赫；她的墓中共出土了755件玉器，這件圓雕玉人是所有裝飾品中最精美的一件。

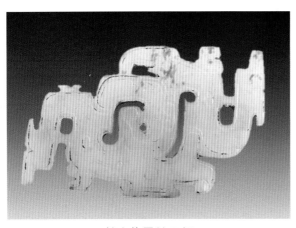

鏤空龍鳳紋玉佩

西周，長4.9公分，寬3公分。現藏於臺北故宮博物院。

白色玉，鏤空龍鳳紋，單面凸雕簡單的線條裝飾，中心飾一人首的側影。

雜。有的在右耳側梳辮一條盤頭頂一周，有的在頭項梳一條小辮，有的則在頭頂留下一周短髮，還有的梳一條或兩條下垂或向上的髮髻。

玉龍

玉龍的形象在紅山文化時期就已經存在了，被認為是中國龍崇拜的開始。商代時期，龍的形象大量出現在玉器中，主要體現在龍形玦、龍形璜及圓雕玉龍作品上。

商代玉龍的形象可以分為三個時期，風格不盡相同。總的演變趨勢是由簡單到繁縟，由質樸到華麗。早期的玉龍形象質樸，有耳無角無足，尾巴平直尖銳，大多平素無紋或有簡單的雲紋、鱗紋，均無眼眶，眼睛用陰刻線琢成方形或橢圓形，雕工粗糙。中期有了變化，有的有角無耳，有的有耳無角，均無足，有菱形眼眶，眼睛呈方形或圓形，龍身多飾雲紋、鱗紋、菱形紋，還出現了以陰線刻雙鉤「堆擠」陰線紋的技法。晚期的玉龍，頭部均有蘑菇形角，有些兼有小葉形耳，有菱形眼眶，圓眼或「臣」字眼。足分四爪，背起鋸齒狀扉棱，尾巴尖銳而彎曲，龍身多飾雲紋，菱形紋兼三角紋。

玉鳥

鳥在商代人心目中有很高的地位，商人以鳥為圖騰。出於對鳥的崇拜，商代玉器中出現了鴉鳥、鸚鵡、鳳鳥、鷹、燕等形象，應有盡有。

商代玉鳥的形象有兩種，一種是現實中的鳥，一種是想像出來的怪鳥。例如鳳鳥形象，就是創造出來的，頭部有高冠，身上裝飾凸齒及複雜的紋樣，也被稱為「高冠玉鳥」。另外，還有極為誇張的怪鳥，如婦好墓出土的獸頭鳥身怪物，「臣」字形眼，張口露齒，面目猙獰，體有併攏的雙翅，胸、腹部飾羽毛紋。

西周時期的和田玉器

西周是中國奴隸制社會發展的頂峰，是一個禮制化的時代，所制定的禮儀制度影響了中國數千年，曾被孔子作為典範來頌揚。在當時的禮儀活動中，隨處可見用玉的影子，大量的考古材料和文獻記載都充分證明了西周是我國古代用玉制度初步完善和發展的時期，並最早賦予玉以道德內涵，對後世具有深遠的影響。

西周時期，設立了專門管理玉器製作的機構，使玉器琢製走上規範化的道路。玉府是西周直接為王權政治服務的專職管玉用玉機構，隸屬於天官，管理的玉器有

紋飾

春秋時期，鐵製工具的使用促進了玉器製作的發展，紋飾更加精細，圖案也越來越多，越來越繁縟，越來越密集、規整、對稱。陰線刻技法爐火純青，各種各樣的陰線刻大量湧現，肆意徜徉，縱橫灑落，這是春秋刀法的一大特色。雙鉤陰線比起西周時期，更添三分豐腴和柔暢，密集中條分縷析，滿而不亂。當時流行的「寬一面坡線」，是西周時期「一面坡線」的變體，線條更具有動態的美。

春秋時期玉器上的紋飾，除直線紋、弧線紋、折線紋、重環紋、渦紋、夔龍紋、鳳鳥紋、獸面紋、雲紋、鱗紋等傳統的紋飾外，還創製了穀紋、蟠螭紋、蟠虺紋、龍首紋、斜地紋、虎皮紋、矩形魚鱗紋等。這些花紋都是圖案化排列，佈滿玉器表面。此前經常出現的蒲紋，春秋時期不見了。

穀紋，春秋時期創製，主要有陰線雕和乳突狀兩種，有的帶有芽彎，最大的特色是排列稀鬆，佈局不夠規整。

蟠虺紋也叫虺龍紋，春秋虺紋大多為翹鼻、尖嘴、圓眼、短蛇形身，張口吐舌，常以細小的形態佈滿器表，形成抽象繁密的風格。

龍首紋是一種由勾連雲紋組成的陰線刻淺浮雕形象，現首不現尾，舌形有絞絲紋、「S」紋等。

工藝

鐵製工具的運用，使春秋時期的工匠們基本擺脫了以前那種「心有餘而力不足」的窘境，線條遒勁有力，鑽孔勻稱光滑，極少見到因工具不力而殘留的製作痕跡。

「游絲刻」是春秋時期出現的一種新的刻線技法，用這種技法刻畫出來的線條極為細密，到戰國時期發展成為著名的「游絲描」。此外，還出現了叫「硬刀刻」的技法，下刀如削，乾淨俐落，被公認是「漢八刀」的直接源頭。

商周時期，玉器的裝飾主要靠線條的變化來描繪圖案。到春秋時期，淺浮雕裝

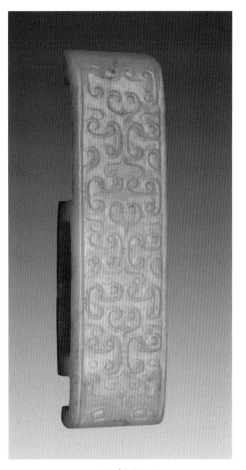

玉劍璏

春秋時期，長21公分。現藏於紐約大都會博物館。

玉料呈黃色，半透明。長方形，器表面飾勾雲紋。劍璏為劍鞘上的帶扣。

飾方法中線條已退到次要地位，而圖案成為表現的主題，大多將線條壓到花紋底部，僅起間隔圖案的作用。

種類

春秋玉器大致可以分為禮器、裝飾藝術品、葬玉和雜件四大類。禮器主要包括璧、琮、圭、璋、璜等；裝飾藝術品種類繁多，主要有玦、環、串飾、組佩飾和動物形玉飾；葬玉類有玉琀、玉握、綴玉面罩和斂葬用玉衣片等；雜件類有梳、玉冊、鏡架等。其中，裝飾藝術品在春秋玉器中佔有非常重要的地位。

禮器類

玉璧

春秋時期，玉璧大多已經失去了禮器的功能，並不是祭天之器，而是用來佩戴的裝飾性玉器。邊出細廓，兩面都有紋飾。

春秋時期的璧在一定程度上尚保留有西周的遺風，形制非常規整，與「肉倍好謂之璧」相吻合。與前代不同的是，許多玉璧上都有精美的陰刻紋飾，其中以繁縟的勾連紋和雲紋為多，也有飾蟠虺紋的。線條流暢，圖案緊湊。也有的正面有紋飾，背面光素無紋，磨製光滑。

玉圭

玉圭是春秋戰國時期最重要的禮玉之一，以石質為主，但玉圭也較為常見。大多春秋玉圭光素無紋，磨製精細，形制規整，均呈扁平長方形，三角形尖，長度、寬窄略有所差別。

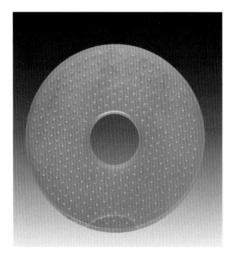

玉璧

春秋時期，直徑14.6公分。現藏於紐約大都會博物館。

青玉質，溫潤有光澤，兩面皆飾乳丁紋。

玉琮

春秋時期，玉琮的數量不是很多，製作也不夠精美。早期的玉琮形制均為內圓外方，光素無紋，與西周的玉琮頗為相似。中晚期的玉琮有了很大的變化，形體通常較小，有的光滑無紋，有的飾有精美的獸面紋。除器表四面的主體紋飾外，有的還在射部裝飾S紋、雲紋、竊曲紋等。

玉璜

在春秋時期的玉製禮器中，最有代表性的是玉璜，非常流行。和前代相比，玉璜的形制有了很大差別，製作更為精美，富有時代特色。當時製作的玉璜主要有兩種，一種是半環形，一種是半璧形，大多都是圓周的1/3，少數為1/2。作為佩飾時，不像早期玉璜那樣兩

端向上，而是兩端向下，宛如彩虹，可能與「龍首飲虹能致雨」的說法有關。

春秋時期的玉璜大多飾有各類精美的紋飾，光素無紋的璜雖常有發現，但已退居次要地位。玉璜上的紋飾複雜多樣，主要紋飾有雲紋、鳥紋、勾連紋、蟠虺紋、蟠螭紋等。最有特色的是圖案對稱的雙龍首玉璜，兩端為張口捲唇的龍頭形象，頭脊間

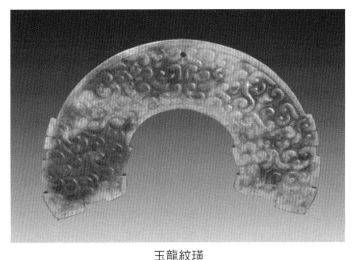

玉龍紋璜
春秋時期，長9.3公分。現藏於北京故宮博物院。
青玉質，表面有因埋藏而產生的色變，呈黃褐色。兩面滿飾勾雲紋，兩端為側面龍首形。

起扉棱，璜身單面或雙面陰刻或淺浮雕出對稱繁密的蟠虺紋、鳥紋等，其間配飾羽狀紋、細線紋等。

裝 飾 類

玉 環

春秋時期的玉環多充當佩飾，形體較小，製作精緻，多通體飾紋，素環少見。紋飾多為蟠虺紋、雲紋，繩紋也較常見，部分環的邊緣還陰刻短線紋或同心回弦紋。

玉 觿

玉觿在春秋時期極為盛行，戰國時期突然衰落。

春秋玉觿一端尖銳，另一端雕成獸頭形，首部穿孔以供佩繫。早期觿身多飾繁密的勾連紋，後期蟠虺紋、捲雲紋和竊曲紋成為觿上的主要紋飾，還常用陰刻線紋框邊。另外還經常發現刻成蠶節狀的觿，有些觿僅在寬端精雕出獸頭形象，其餘部分則光素無紋，通體素面的極為少見。

玉 牌

玉牌是春秋戰國時期常見的一種飾物，扁平片狀，外形呈方形或長方形，表面多浮

玉觿
春秋時期，長6公分。現藏於紐約大都會博物館。

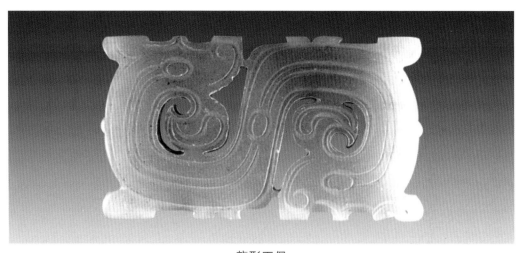

龍形玉佩

春秋時期，長4.6公分。現藏於中國國家博物館。

白玉質，玉質較好，雕成一連體的兩首龍形。

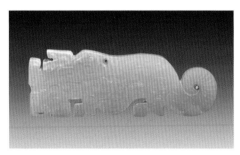

虎形玉佩

春秋時期，長6.7公分。現藏於臺北故宮博物院。

青玉質，玉質較好，器表面滿琢雲紋。

雕出獸面形象，周圍飾以對稱的蟠虺紋或捲雲紋，繁而不俗，做工規整，細緻入微。素面玉牌少見。

玉劍飾

根據目前的考古材料，劍飾最早出現於西周晚期的虢國墓地，春秋時期較多，戰國、西漢時期趨於鼎盛，劍飾上常飾有雲紋、穀紋、蠶紋及龍虎、鳳鳥、獸面等紋飾。

龍形玉佩

春秋晚期開始大量出現，至戰國時達到全盛，成為該時代最具代表性的玉器之一。在安徽壽縣春秋晚期蔡侯墓、戰國時期的湖北隨縣曾侯乙墓、河南淮陽平糧台楚墓、信陽楚墓、輝縣趙固村一號墓、安徽長豐楊公八號墓、山東曲阜魯國故城等地均有大量發現。這些玉龍佩呈扁平片狀，龍身短肥，頭寬尾細，造型呆板，通體飾大小不一的雲紋，以變形雲紋象徵頭和足，背部穿孔以供佩繫。

鸚鵡首拱形玉飾

鸚鵡首拱形玉飾作弧拱形瓦狀，兩端琢出對稱的側視鸚鵡首形象，高冠圓目勾喙，器外側以「十」字形陰刻畫分為四個部分，其中各填一組蟠虺紋和羽狀細劃紋，四組圖案對稱均衡，空白處適當補白，紋飾統一協調，繁而不亂。

玉串飾

玉串飾在西周時期達到鼎盛，至春秋時已呈衰退之勢，這與被賦予倫理道德內涵而發展勃興的佩飾恰成鮮明的對照。春秋時期的管、珠、墜等串飾部件出土較為

普遍，數量也較多，有些表面還陰刻有較精緻的夔紋、蟠虺紋，但其質料真正為和田玉質的卻很少，一般為料、瑪瑙、綠松石質。

玉組佩

玉組佩在西周時期開始出現，經春秋時期的初步發展，到戰國趨於全盛。

根據文獻記載，古今以來許多學者都對春秋時期玉組佩的結構提出種種設想，通常認為玉組佩主要是由珩、璜、沖牙、玼珠、琚瑀等構成。珩即衡，位於組佩最上邊，起提綱挈領和平衡作用。珩下有三道組綬，兩邊繫璜，中垂沖牙，珩與璜、沖牙之間多為玼珠、琚瑀，以增美觀。玉組佩一般多佩繫在胸腹間，長短不一，結構、部件、組合方式相當靈活，並沒有固定的模式限制。

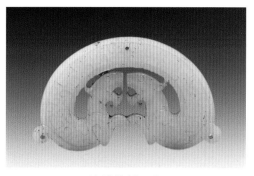

連體龍紋玉佩

戰國時期，寬5.9公分。現藏於臺北故宮博物院。

玉質白潤，琢成連體龍，兩龍頭相對，作對吼狀，兩爪相接。器表滿琢如意雲頭紋。

戰國時期的和田玉器

戰國是一個社會動盪的時期，同時也是思想大解放的時期。「百家爭鳴」局面的出現、社會的變革、生產力的發展，使思想上和藝術上呈現一派繁榮景象。戰爭的頻繁、地域的分裂，並沒有阻礙文化藝術的溝通和融合，在東起齊魯、西至戎秦、南至荊楚、北到燕趙的遼闊區域內，絢爛多彩的玉石工藝競相爭妍，相輔相成，共同構成豐富多彩的戰國玉文化。

在戰國時期各地玉器中，楚國玉器以

玉璧

戰國時期，直徑6.5公分。香港蘇富比拍賣公司於2010年拍賣，成交價約88萬元台幣。

玉質潤白，有褐色浸斑，兩面施滿穀紋。

其特有的風格獨領風騷。楚地是中國古代浪漫主義的發源地，在楚文化中彌漫著濃郁的原始社會傳統特徵，充滿神秘之感，反映在玉器製作上就極具浪漫主義情調。楚國製作的玉器瀟灑奔放、不拘一格，尤其是玉龍佩，藝術價值極高，對後世玉器風格產生了極為深遠的影響。

春秋時期，以孔子為代表的儒家學派賦予玉的種種道德文化內涵，戰國時期被許多人接受。不僅王公貴族以佩玉為尚，而且出現了普及佩玉的傾向。上起王侯，

下至庶民，無不以玉為貴，玉器被廣泛運用於祭祀、裝飾、喪葬等各個領域。

玉 材

戰國時期，和田玉受到人們的青睞，為王侯貴族製作玉器的首選，無可爭辯地成為主流材料，其中多為青玉、青白玉，有部分白玉，黃玉極少見。玉質細膩溫潤，光澤晶瑩。

除和田玉外，其他材料多為就地取材，主要有岫岩玉、密玉、獨山玉、水晶、瑪瑙、綠松石、滑石等。

造 型

春秋時期和戰國時期都屬於中國歷史上的動亂時期，同時也是思想大解放時期。這兩個時期的玉器在風格特徵、工藝及裝飾手法等方面有相似之處，但神韻上又有各自的時代特徵。春秋時期，玉器的造型、構圖、動態變化等方面較之戰國玉器顯得平靜呆板，神氣不足。戰國時期的玉器，無論是器面、邊角的細節琢磨，還是整體的造型，均設計得當，通體靈透，充滿了強烈的動感，顯得生機勃勃。器體邊角尖銳俐落，特別是張口挺胸、大幅度地扭動軀體的龍鳳造型，明顯地表現出一種剛健遒勁、勇往直前的氣勢和力度。

戰國玉器中龍的形象很多，居各種神瑞動物的首位，其次是虎，然後是鳳。傳統的「C」形龍此時演變為「弓」形、「S」形等，更顯強勁有力，蓄勢待發，大大增強了內在的精神韻律，充分顯示了各路諸侯躊躇滿志、雄霸天下的凌雲氣概。

玉璧的形制複雜，扉牙消失不見了，代之出現的是出廓附件。戰國出廓璧精美異常，脫離了傳統玉璧的範疇，是戰國時期最高治玉工藝水準的代表作。

另外，玉帶鉤、玉劍飾、玉燈坐等很有時代特色，具有實用性。用玉製印，此時已經開始了。

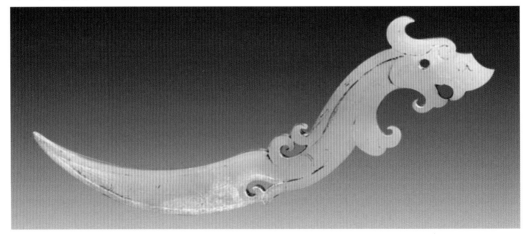

龍紋玉觽

戰國時期，長8.85公分。現藏於臺北故宮博物院。

青白玉質，溫潤晶瑩，一端琢作龍頭，雕工精美，為難得的精品。

紋飾

戰國時期的玉器上大多裝飾有精美的紋飾，通體紋飾者較為常見，常見的紋飾有穀紋、雷紋、蒲紋、螭紋、環紋、捲雲紋、勾連雲紋、S形紋等。春秋時期抽象變形、繁密擁擠的紋飾特徵此時有了很大變化，顯得疏朗有致，線條舒展流暢，工藝精細入微，主紋、地紋均清晰可見。一改以前重「形」的風格，而注重從「質」的方面來表現。如對動物形象的描繪，著意於毛髮、眼睛、牙齒、腳爪等細部特徵的刻畫，於細微處見奇觀，極力刻畫出本質特徵。

戰國初期的穀紋承襲春秋時期的風格，形體略小，底部有突出「芽彎」，排列密集均勻，乳突有扎手的感覺。中期以後，乳突變得低矮，手感平滑，排列略顯疏稀。多為陰線刻，線條飄逸流利。把穀紋用陰線勾連起來，是戰國後期楚國一帶常用的手法。

戰國龍紋中有大量的雙尾龍和雙首龍，龍身出現魚鱗紋，這與春秋龍紋有很大區別。

螭紋在春秋時期出現，戰國玉器將其繼承下來。不過，戰國螭紋又有了一定變化，龍形首演變為虎豹形首，「螭虎」的名稱由此而來。其頭部為圓眼、大鼻，眼尾稍有細長線，耳朵刻成貓耳狀。雙陰線描繪出細眉，上邊的線條很淺很細，下邊的線條較為明顯。腿呈彎曲狀，腳爪往往向上翹起，關節和胛骨清晰可見，充滿動感。螭身往往用陰線勾勒，其中的彎茄形狀圖案為戰國首創。這種紋飾上面又刻有一道或數道細

玉龍形飾

戰國時代，長7.1公分。香港蘇富比拍賣公司於2010年拍賣，成交價約132萬台幣。

青玉質，因埋藏而呈黃褐色，琢作S形龍，玻璃光甚強，可知當初琢製時，曾經仔細磨光。

白玉韘形佩

戰國時期，高6.6公分。現藏於臺北故宮博物院。

白玉質，有黃斑。韘起初是射箭時戴在手上的扳指，後來演變成扁平狀配飾。此玉鏤空浮雕兩隻螭龍，其中一隻螭頭伸入圓孔，器正面飾以雲紋，背面以細陰線刻簡單線條。

劃線，尾部有絞絲狀陰刻線，被稱為「絞絲尾」，也是戰國首創。

在戰國獸形紋飾中，出現了一種「虎形眼」，其造型猶如一個橄欖球上飄著一根飄帶，給人一種氣勢逼人的威嚴感。

在穀紋的基礎上加刻斜格線，這被稱為「戰國蒲紋」，創始於戰國時期。星紋也是戰國時期的創新紋飾，形狀就像碩大的環形宇宙中一顆顆閃爍的星星。

工藝

戰國時期，砣具已經基本成熟，鐵製工具的大量使用，促進了玉雕工具和碾玉技術的飛躍發展，玉雕工藝一改幾千年來的單純簡練和一味追求形似的古樸作風，轉而以精雕細刻的工藝、生動傳神的造型為特點，突破了春秋時期以裝飾玉、葬玉等小件為主的特徵，製作出大型的玉璜、出廓璧、龍形佩、帶鉤等。可以說，戰國玉器是中國治玉史上的又一座高峰。

從工藝上講，戰國玉器一改春秋時期的風格，線條清晰俐落，棱角剛勁明確，圖案也更加清晰。鏤雕技法普遍使用，工藝更加精湛，態度極端認真，鏤空的內壁也琢磨得光潔明亮，一絲不苟。早期的淺浮雕作品去地並不徹底，多沿圖紋而碾磨，產生了一種時隱時現、變化多樣的藝術效果。中期以後，紋飾線條乾淨俐落，絕無拖泥帶水之處。刻畫的極細線條走勢扭曲委婉，儼如游絲白描，是春秋游絲刻的昇華，被稱為「游絲描」。無論是淺浮雕、透雕，還是陰線刻畫，均琢製得精益求精。

戰國時期，鑲嵌技術進一步提高，除普遍使用於劍、帶鉤、車馬器等小件器物上外，在鼎、壺、敦、尊等大型銅禮器上也有應用，使器物顯得更加莊嚴、雅潔、富麗堂皇。

龍形佩

戰國時期，長6公分。現藏於臺北故宮博物院。

青白玉質，透雕一龍形器，龍身後半部幾類雲氣紋形，器身以細凹線雕飾之。

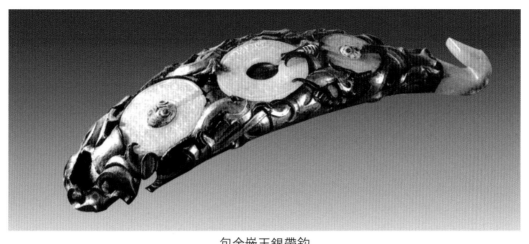

包金嵌玉銀帶鈎

戰國時期，長18.7公分。現藏於中國國家博物館。

　　此件以銀爲底托，面上爲包金浮雕，一側鑲有玉鈎，中央嵌入三塊玉玦，玦中心又嵌有玻璃珠。工藝複雜，玲瓏精緻，代表了戰國時期工藝技巧的頂峰。

種　類

　　戰國時期，玉器使用範圍擴大，被廣泛運用於祭祀、裝飾、喪葬等各個領域，種類繁多，主要以禮玉和裝飾用玉為主。且增加了許多新品種，如玉帶鈎、玉劍飾、玉燈座等兼有實際用途和裝飾性的玉器，還有玉印，標準的玉組佩等也出現了。

禮　器　類

玉　璧

　　玉璧是戰國時期最重要的禮器，也是數量最多、最為精美的禮器。主要用和田青玉製成，另有少量白玉製品。其用途不一，尺寸不一，通常要比春秋時期玉璧的形體大。用於佩戴的玉璧直徑通常在10公分以下，用來祭祀和作為信物的玉璧直徑超過15公分。無論大小，璧體均較薄，薄厚均勻，厚度在1公分左右。內外邊緣用陰線刻出輪廓，形成窄而筆挺的高牆。

　　戰國時期的素面玉璧很少，大多數佈滿精美的紋飾，最常見的紋飾有蟠螭紋、蟠虺紋、榖紋、蒲紋、勾雲紋、龍鳳紋、獸紋等，還出現了兩組到三組不同紋飾帶狀佈局的組合紋飾。

出廓璧

　　出廓璧是玉璧的一種，創始於戰國時期，是戰國時期玉璧中的精品，也是戰國玉器中的典型器。

　　出廓璧大多作為佩飾，體形較大的也可能作為陳設品。最常見的是邊緣輪廓外加飾對稱龍鳳等鏤空形象，鏤雕疏密得體，精美異常。漢代繼承了這種形制，製作得更為精細，也將其稱為「拱璧」。

透雕龍鳳紋出廓璧

戰國時期，直徑 12.8 公分。現藏於北京故宮博物院。

白玉質，兩面各飾 6 層勾雲紋；璧孔內雕一螭龍，軀體捲曲，尾長並飾尾帶，璧兩側各雕一鳳，頭頂出長翎，身下長尾捲垂。

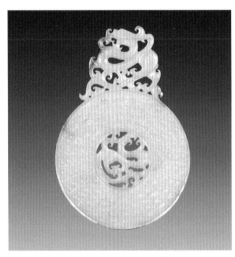

透雕龍鳳紋出廓璧

戰國時期，高 16.2 公分。北京中嘉國際拍賣有限公司於 2008 年拍賣，成交價 25.3 萬元人民幣。

黃玉質，兩面各飾 5 層穀紋；璧孔內雕一鳳，璧的上緣之外飾有透雕螭龍行於雲頭。

玉圭

作為重要的禮器，戰國時期製作了許多尖首玉圭，被廣泛用作「朝覲禮見」時標明等級身份的瑞玉或祭祀、盟誓的祭器。

戰國尖首圭繼承了西周及春秋時期的形制，非常標準。下部為長方形，上部為尖首，大多光素無紋，也有的裝飾有穀紋、雲紋等。和玉璧一樣，邊緣有較深的輪廓線。

玉璋

戰國時期，還製作了一定數量的玉璋。通常為長方形，上端斜著削去一道斜邊，多光素無紋。當時玉璋的用途除祭祀外，還是調集軍旅、諸侯行聘的信物。還有一種特殊的牙璋，主體輪廓接近玉圭，但兩側有扉棱，柄部雕刻出龍或其他形象，非常精美。

裝飾類

玉玦

戰國時期製作了許多玉玦，其形制一般較小，直徑不到 5 公分。普遍飾有紋飾，也有部分素面玉玦。帶紋飾的玉玦製作精美，造型規整，通常飾以雲紋、蟠螭紋、蟠虺紋等，紋飾細密，錯落有致。動物形玦簡化成陰線刻交尾雙龍、雙獸紋玦，少數精品在兩端透雕獸首形象。

玉環

戰國玉環種類很多，形制與春秋時期相比無大變化，紋飾種類繁多。依據不同的紋飾，主要有穀紋環、雲紋環、絲束環、三龍外蟠環、重弦紋環等，其中穀紋環所占的比例很大。

玉人

戰國時期玉人大多數為扁平浮雕玉器，多作為佩飾，小巧玲瓏。其形象有男有女，有老有少。

玉沖牙

玉沖牙是一種十分獨特的古玉器。春秋時期，這種裝飾性的玉器就出現了，戰

國時期廣為流行，到漢代逐漸演變成玉
觽。與玉觽不同的是，玉觽僅用一件繫在
身側，而沖牙多成組佩用，牙尖朝下，繫
於身前。

嚴格來說，完整的沖牙包括一沖兩
牙。沖多作方形，外邊有凹口，中間有圓
孔；牙的形狀如長牙。佩戴時，沖在中
間，兩牙掛在左右，行走時相互碰撞，會
發出悅耳的聲音。戰國時期的沖牙多有龍
鳳紋飾，有的透雕而成，工藝精絕。

龍形玉佩

玉龍形佩飾是戰國時期最有代表性的
玉佩飾，數量眾多，形狀各異。常見的龍
形佩多作蜷身回首狀，還有雙龍形和W
形，造型都非常生動。轉折有如羚羊掛
角，內鉤有如水銀瀉地，結尾乾脆俐落。

隨著時間的推移，玉龍形佩的演變規
律大致是龍身由短肥微曲向瘦長和極度蜷
曲發展，龍首、足由抽象到逐漸明朗化，
首尾日漸對稱均衡。中期以後，紋飾多見
雲紋、穀紋，分佈均勻，排列有序，並出
現了圓雕和透雕龍佩。雙龍及龍鳳合體紋
佩也常見到。

活鏈玉佩

活鏈佩的製作難度很大，綜合了鏤
雕、透雕、浮雕及線刻等多種工藝，是戰
國玉器製作工藝的代表。曾侯乙墓出土的
一件多節活鏈佩，通長48公分，共26
節，用5塊和田玉料分別雕琢成5組佩
件，最後用金屬插榫加以連接。每組佩件
中，都由一塊玉料鏤空兩個以上不可拆開
的活環，將兩節或多節連在一起，設計非常巧妙。

玉組佩

戰國時期的玉組佩比春秋時期的玉組佩還要精美，是玉組佩製作的繁榮時期。
當時製作了大量的玉組佩，主次分明，結構合理。一套完整的玉組佩，通常由
璜、環（或璧）、瓏、琥、珠、管、珩、沖牙等組成。璜、珩、環（或璧）作為主

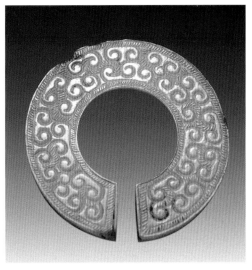

玉人騎獸佩

戰國時期，高2.5公分。現藏於中國
國家博物館。

白玉，晶瑩細潤，玉質細密無瑕，
琢成小兒騎獸狀，精緻可愛。

玉玦

戰國時期，直徑5公分。現藏於湖
北省博物館。

青玉，略泛黃。兩面雕琢勾雲紋。

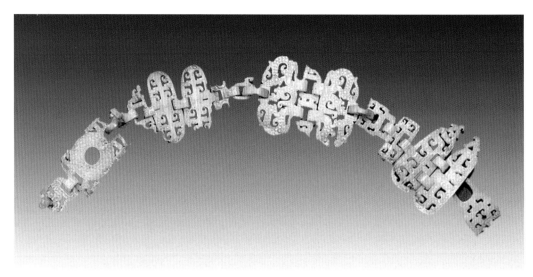

曾侯乙墓出土多節龍鳳紋佩
戰國時期，長48公分。現藏於湖北省博物館。

體，下邊懸掛瓏、琥、珠、管、沖牙等為懸飾。飾件的數量雖然沒有西周玉組佩多，但製作得更為精美。主體飾件，造型多為龍鳳螭虎，雕鏤精緻，形象生動，裝飾十分華麗。

小型動物玉飾

春秋戰國時期還有許多動物形玉雕，一般形體較小，種類較多，主要有牛、羊、馬、豬、狗、兔、鴨、蠶、魚等，長度均在5公分以下，一般長1～2公分，大多作佩飾，也有充當葬玉中的琀使用的。這些動物有浮雕也有圓雕，形象生動，寫實性強，具有較高的藝術價值。

玉串飾

戰國時期的串飾在曾侯乙墓發現較多，除大量的管、珠、墜外，還有一些圓形、長方形、三角形、長條形及獸形串飾部件，質料主要有玉、料、紫晶等，其中有些料珠色彩斑斕，異常精美。

玉劍飾

用玉裝飾的劍被稱為「玉具劍」。玉具劍在春秋晚期就出現了，通常有玉劍首和玉劍珌。戰國時期，則出現了玉劍格、玉劍璏等。

玉帶鉤

大約在西周晚期至春秋早期，銅帶鉤就在中原地區出現了。和春秋帶鉤相比，戰國帶鉤由寬短變為狹長，尾部下沉，鉤尾略高於鉤紐底線，側視鉤身呈S形。主要形式有：體像螳螂之腹，鉤短，作龍首或鳥首形，下有圓紐；腹作方形，鉤短作獸首形，下方有方紐；身短鉤長；身長方形，鉤短，紐方形；腹寬有一短鉤，背有紐；體作圓形、細長頸、短鉤，下有圓紐；體作動物形；體作琵琶形。

戰國帶鉤鉤首螭首形最多，另有龍首、獸首等。鉤身多光素無紋，也有的正面裝飾有勾雲紋、穀紋、弦紋、S形紋等。

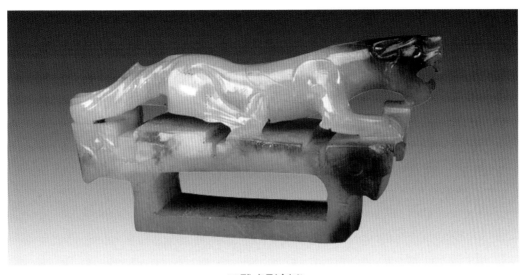

玉雕虎形劍璏

戰國時期，長6公分。現藏於北京故宮博物院。

劍璏（ㄨㄟˋ），即劍鞘的附件，以腰帶穿璏而繫之腰間。此器為黃玉質，虎頭有褐糖色，有很強的玻璃光澤。

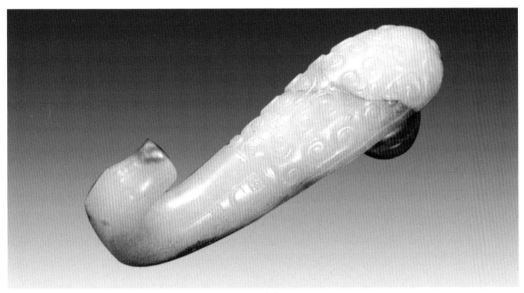

玉帶鈎

戰國時期，長6公分。現藏於湖北省博物館。

玉韘

是一種射箭時的鈎弦用具。戰國時期，玉韘的實用性退化而裝飾性增強，成為一種象徵具有某種能力的佩飾了。《詩經·衛風·芄蘭》中有「芄蘭之葉，童子佩韘」的記載，其注曰：「能射禦者則帶韘。」可見此時玉韘已成為掌握射藝的標誌了。

戰國時期的玉韘也被稱為韘形佩，但仍保留一些原始形態。通常為扁橢圓，一側稍凸，另一側稍凹，常用陰線刻琢出龍紋、鳳紋等紋飾。

葬玉類

玉琀

戰國時期葬玉廣為流行，許多墓葬裡都有玉琀。戰國玉琀的形制沒有規定，非常複雜，秦國墓地裡發現的大多是碎玉塊，出土墓地裡發現的玉琀主要是小型圓雕的牛、羊、豬、犬、鴨、魚等形象，也有一定數量的碎石塊或碎玉塊。

綴玉面罩

春秋戰國時期綴玉面罩發現不少，往往將玉石片琢製成抽象的眉、眼、鼻、口、耳等形狀，按五官的位置排列以象徵人面。通常呈橢圓形，和真人臉的大小基本相同，用陰線刻繪出鬚髮和眉毛，眼睛、鼻孔和嘴透雕成孔洞，雙耳稍凸出，以雙陰線琢出其輪廓，非常形象。

秦漢雄風照千古

秦漢統一的多民族封建國家的建立和發展，使中國古代文化步入了一個黃金時代，無論是哲學、史學、文學，還是雕塑藝術、科學技術等，都達到了前所未有的高度。經過兩漢400多年的發展，中國古代文化的基本面貌初步確立下來。中國玉器製作的格局，也在此時確定下來。

秦代和田玉器

西元前221年，秦始皇滅掉東方六國，結束了春秋戰國長期分裂的局面，建立起中國歷史上第一個中央集權的封建國家。不過，靠強大軍事力量建立起來的秦帝國對早年東方諸國先進的文化採取壓制的政策，「焚書坑儒」就是典型的例子。苛酷的法制限制了文化的發展，沉重的賦役導致民生凋敝，玉器製作工藝沒有多大發展。

西元前206年，曾經不可一世的大秦王朝存在短短15年之後，就被湮沒在歷史的狂潮中。在這短短的15年裡，由於統治者不重視手工業的發展，所流傳下來的秦代玉器數量很少，現代人對秦代玉器的整體風格沒有清晰的認識。

漢代和田玉器

在秦朝廢墟上建立起來的漢朝，統治中國長達四百餘年，在政治、經濟、文化、科技、藝術等方面取得了輝煌的成就，達到了前所未有的高度，是一個空前繁

韘形佩

戰國時期，長 9.6 公分。現藏於臺北故宮博物院。

白玉，局部呈灰赭色。長條形，中央有一圓孔，上端有一長尖角。鏤雕鳥紋，兩面皆以細陰線刻雲紋。

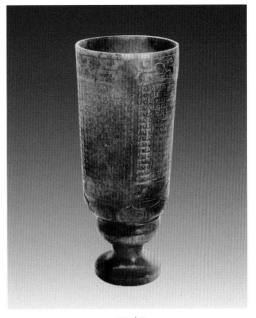

玉杯

秦代，高 14.5 公分，口徑 6.4 公分。現藏於陝西省西安市文物局。

青玉質，表面已沁赤褐色。杯直口，深腹，高圈足。器壁自上而下分別飾有蒂葉紋與勾雲紋、穀丁勾連雲紋、幾何勾雲紋、花瓣紋。

榮的強大帝國，聲威遠鎮中亞。西域納入漢朝版圖以後，和田玉的開採和運輸極為便利，質地細膩、堅硬溫潤的和田軟玉成為漢代玉器主要的材料，和田玉之上品羊脂白玉的用量也大幅度增加，為漢玉的蓬勃發展奠定了必要的物質基礎。

儘管在政治、經濟、法律制度等方面，西漢王朝對秦代的體制一脈相承；但在意識形態方面，尤其是在文化藝術領域，則更多地承繼了戰國玉器以人為本、玲瓏清秀的特徵，吸收了自由奔放、狂放不羈、氣勢磅礴、清逸脫俗的楚地文化傳統，奠定了中國玉文化的基本格局。以浪漫主義為突出特徵的楚文化風格，與中原地區的現實主義風格並駕齊驅，對漢代玉器產生了巨大的影響，

青玉龍鳳紋佩

漢代，直徑 4.7 公分。北京中嘉國際拍賣有限公司 2009 年拍賣，成交價 22.4 萬元人民幣。

青玉質，局部有黑褐色沁斑；佩正面浮雕龍鳳紋，體形細長；背面陰線刻勾連雲紋。

使中國古代玉器達到自新石器晚期文化、殷商後期以來的第三個高峰。

細膩瑩潤的和田玉是漢代玉器的主要材質，設計新穎而不墨守成規，構圖巧妙

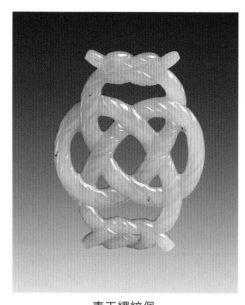

青玉繩紋佩

漢代，長6.3公分，寬4.9公分。
現藏於臺北故宮博物院。

青玉，呈淡綠色。鏤雕繩索盤繞
之形，上下、左右對稱。

玉璧

漢代，直徑6.8公分。香港蘇富比
拍賣公司於2010年拍賣，成交價約
138萬元台幣。

白玉，玉質白潤，局部有褐色沁
斑，兩面飾滿勾雲紋。

而變幻莫測。精雕細琢，紋飾華麗卻不落俗
套，整體形象充滿動態和靈氣。儒家思想當
時已經佔據統治地位，所賦予玉的各種美德
被最大程度地展現了出來。雖然禮儀用玉仍
佔據一定的比例，但這些作品與其說重在渲
染「禮」的內涵，倒不如說更重在表現
「美」的風姿。

漢代玉器已經基本摒棄了陳規舊矩的束
縛，擺脫了宗教、禮儀觀念的禁錮，充滿裝
飾美的圓雕、高浮雕藝術品逐漸成為玉器發
展的主流，玉器製作走向注重表現個性化及
追求藝術美的最高階段，這種觀念成為此後
一千多年玉器發展的主導趨向。

玉 材

西域在漢代納入中國版圖，採運新疆玉
料更為便利，和田玉大量進入中原，多為羊
脂白玉和其他品種的子料，主要包括白玉、
青玉、碧玉、墨玉、黃玉等，其中的白玉成
為玉中上品。這些玉料大多產自新疆和田和
天山北麓的瑪納斯地區。

除和田玉外，其他還有岫岩玉、獨山
玉、酒泉玉、綠松石、瑪瑙、水晶、滑石、
琥珀等。

造 型

漢代玉器和此前相比有了很大變化。
璧、圭等禮玉的裝飾性佔據主導地位，璋、
琮等已基本絕跡，用於斂葬的葬玉、裝飾玉
及浮雕或圓雕的美術品數量遠遠超過禮玉。

漢代玉器造型風格獨特，在題材上多選
用龍、虎、螭、鳳、辟邪等神秘的動物形
象，構思精巧，不拘泥於形式，重在表現動
感，雕刻技法嫻熟，常將多種刀法緊密結合，相輔相成，為共同的主題服務，達到
十分理想的藝術效果。另外，熊、鷹、虎等現實生活中的動物形象也是表達的主
題，通常用圓雕手法雕琢而成，造型新穎，雕琢技法出神入化，形態生動逼真，令

人歎為觀止。蟬、豬等斂葬用動物形態古樸，刻畫簡練，寥寥數刀，神韻盡至，被古玩界稱為「漢八刀」，是中國古代雕塑藝術中極具特色的表現手法。

紋 飾

漢代玉器上的紋飾複雜多樣，異常精美，超過了以往的各代。其圖案大致可以分為幾何紋和動物紋兩大類。

幾何紋中，穀紋、蒲紋、渦紋和雲紋最為常見。穀紋仍多沿襲戰國出芽穀狀，但穀粒呈半球乳突狀，手感要比戰國時期平滑；蒲紋呈六角形，宛如蒲席上的花紋；漢代捲雲紋多數是弧捲雲紋，俗稱「括弧雲」，奠定了後來出現的「四蒂紋雲」和「流雲」的基礎。

漢代的動物紋飾又分圖案化動物紋和寫實性動物紋兩種。但無論哪種動物，大多是雙線橄欖眼。

圖案化動物紋描繪的主要對象包括龍、鳳、饕餮、蟠螭、蟠虺等抽象化的神獸，表現手法很多，包括浮雕、透雕、鏤雕、刻畫等，圖案極度誇張。蟠螭紋是漢代玉器上的主要紋飾，蟠螭身體和戰國時期基本相同，但出現了粗繩紋所組成的尾巴。其眉毛向上豎起，並向裡鉤，若隱若現，柔中有剛。方形頭的蟠螭頭部像貓頭鷹的頭部，有的有角，有的無角，耳朵有方圓耳、耷耳、打窪耳等五種樣式。龍紋多長唇無齒龍，極少部分長唇龍有齒，短唇龍有方形唇和刃邊唇兩種。

寫實性動物紋飾的題材廣泛，既包括傳說中神仙、鬼怪、怪獸、神鳥等，也包括現實生活中的人物和動物，浮雕作品中多用陰線刻畫，技藝高超，生動形象。明人高濂評價說：「漢人琢磨，妙在雙鉤，碾法宛轉流動，細入秋毫，更無疏密不勻交接斷續，儼如游絲白描，毫無滯跡。」

漢代玉器上還出現了「四靈紋」，四靈是指青龍、白虎、朱雀、玄武四種傳說中的奇禽異獸。凡飾有四靈紋的，幾乎全是漢代玉器。

工 藝

漢代，鐵製工具普遍運用於玉器製作中，高浮雕和圓雕作品明顯增多，鏤空

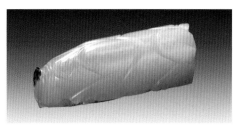

玉豬

東漢，長 10.3 公分。香港蘇富比拍賣公司於 2008 年拍賣，成交價約 28 萬元台幣。

白玉琢成，有褐色斑。作伏臥狀，以陰刻線琢出豬的雙耳、四肢及各部輪廓，腹下為平面。

龍紋韘形佩

東漢，長 10.1 公分。現藏於臺北故宮博物院。

青玉，青白夾淺褐色玉，局部白沁。器外圍鏤雕一矯健的蟠龍，造型精緻，可稱佳品。

玉劍珌

漢代，長5公分，高4公分。現藏於上海博物館。

青玉，此器採用浮雕、透雕的手法分別在兩面琢一蟠螭、一鳳，造型靈動、優美。

花紋屢見不鮮，拋光的技術也達到了很高的水準，當時可能出現了布輪和砂輪等先進的打磨工具。

在漢代玉器中，圓雕作品明顯增多，造型生動逼真，妙極人寰。這種技法融合了新石器時期以來直到商周時期的琢玉成就，吸收了楚文化的浪漫主義風格，將雄渾豪放的風格表現得淋漓盡致，代表了漢代玉器雕刻的最高成就。

漢代琢玉工匠善於運用陰線刻技法，戰國時期已經成熟的「游絲描」技法達到了爐火純青的地步。構圖極其準確，細紋刻畫精細入微，線條走勢婉轉秀逸，但若斷若續，後世稱之為「跳刀」。這種線條多裝飾在玉璧、玉人、佩飾、玉劍飾上，有時還配以極小的細線刻圈。在「游絲描」基礎上發展而成的「游絲寬坡線」，是漢代又一新創的線形。

「漢八刀」是指採用簡練的線條對玉器進行刻畫，多用於玉蟬、玉豬等葬玉的製作上。刀法簡潔有力，線條粗而準確，刀刀見鋒，剛勁挺拔，琢面平順光滑，看似一刀一刀切削而成。

除「游絲描」、「漢八刀」、圓雕、高浮雕之外，地子處理的技法也令人拍案叫絕，精美劃一、平整如鏡的「陽紋地平」，可謂空前絕後。

種 類

漢代玉器數量龐大，種類繁多。商周時期的用玉製度此時已經淡漠，璧、琮、圭、璋、璜、琥「六器」中除璧、圭可能還有一定的禮儀性質外，其餘的只剩裝飾作用了，琮和璋甚至不見了。

和禮器類玉器形成反差的是，裝飾類和陳設藝術品類玉器數量大增，葬玉也形成了一定的使用規範，容器等玉製用品也佔據了重要地位。

禮 器 類

玉 璧

漢代玉製禮器中，只有璧、圭仍保留有祭祀用器的功能，是最重要的禮器。

漢代玉璧基本上承襲了戰國玉璧的形制，但略有變化。首先是形體普遍加大，有的直徑甚至超過50公分，這在以前任何時期都是沒有的。再則，漢代玉璧的邊緣剖面不同於戰國時期的三角形，呈方形，輪廓線外的邊沿部分加寬。還有，漢代

出現了有銘文的玉璧，銘文多為吉祥語。漢代還有一種同心圓玉璧，就是在肉上裝飾數道同心圓狀紋飾，這也是前所未有的。

漢代當時製作的玉璧主要有5種：一種光素無紋，製作略微粗糙，但數量較少；一種為蒲紋璧和穀紋璧，在漢代較為常見，兩面都飾以密集的蒲紋和穀紋，並配以網紋、雲紋等，並且在內、外廓邊緣各起弦紋一周，邊廓較寬；一種邊廓較寬，在整個璧面上浮雕或透雕出獸面、鳳鳥等動物形紋飾；一種是在穀紋璧或蒲紋璧的外緣透雕一周相互纏繞、均衡勻稱的龍鳳螭虎等獸鳥紋飾；一種為出廓璧，採用浮雕、鏤雕相結合的手法，做工異常精美。西漢時璧的出廓部分多雕為龍鳳紋，東漢時期的出廓璧則以蟠螭紋為主。

玉圭

圭作為禮器，在漢代仍然使用，但數量不多，形體較小，長度從數公分到20公分不等。作為祭祀用禮器的作用減弱了，更多的是具有斂葬意義。大多為尖首圭，上端為三角形，下端呈長方形。

玉璜

玉璜在漢代呈現出衰落之勢，西漢初年尚有一定數量的發現，中期以後少見。西漢玉璜大多為扁平弧形，兩端刻為獸頭形，璜面刻流雲紋或減地穀紋，形制古樸，頗有戰國遺韻。河北滿城中山靖王墓中發現的玉璜是由璧改制而成的，充當葬玉中的玉握使用。

陳 設 類

玉人

漢代玉器中藝術價值最高的是圓雕和高浮雕陳設藝術品，這類作品發現較多，玉質優良，琢磨精細，造型新穎，在中國古代玉雕史上佔有極其重要的地位。玉人是其中的精品，大多以寫實為主，對研究漢代的服飾、髮式、冠飾等有重要的意義。

如果說玉舞人所反映的是漢代藝術中的「陽春白雪」，那麼出土的漢代唱歌

玉鏤雕穀紋「長樂」出廓璧

東漢，高18.6公分，外徑12.5公分。現藏於北京故宮博物院。

青玉，局部有紅紫色沁斑。器兩面雕穀粒紋，內外緣各飾凸弦紋一周。出廓部分正中鏤刻「長樂」二字，兩側對稱透雕螭龍，身下飾捲雲紋。

白玉璧

漢代，直徑16.1公分。現藏於臺北故宮博物院。

圓璧形，內飾以鏤空雙龍，龍首回顧，附羽翼，尾交纏。

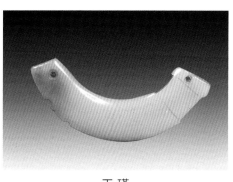

玉璜

漢代，長9.5公分。現藏於臺北故宮博物院。

青玉，局部有沁褐色。兩端有穿，一端面有線紋，一側器緣有鑿孔痕。

白玉人

西漢，高5.4公分。現藏於河北省博物館。

白玉，玉質白潤。琢一人憑几而坐。玉人頭戴束冠，身著寬袖長衫，手置於几上，造型別致，雕琢精細。

玉仙人奔馬

西漢，高7公分，長9.9公分。現藏於陝西省咸陽市博物館。

白玉質，琢成圓雕，造型優美，雕琢精細，實爲漢代玉器的精品。

俑、雜技俑以及畫像石中所反映的民間雜耍，可以算是漢代藝術中的「下里巴人」。它們是地方鄉紳、中小地主和一般農民喜聞樂見的藝術形式。無論是陽春白雪，還是下里巴人，都是人們日常生活的一種藝術反映，代表人性的回歸和弘揚。

玉仙人奔馬

白玉雕仙人奔馬是漢代圓雕玉器中的代表作之一。陝西咸陽漢昭帝平陵附近出土的白玉雕仙人奔馬，選材精良，玉質潔白無瑕，由玉馬和玉人兩部分組成。玉馬雙耳豎立，張口露齒，昂首長嘶，神態生動逼真。馬身上用陰線琢出飛翼，馬蹄遒勁有力地踏在刻有雲紋的長方形托板上，作奔騰狀。馬背上的仙人頭繫方巾，身著短衣，手執馬鬃，神態威嚴倨傲。

玉仙人奔馬代表了漢代圓雕藝術的最高成就，是融合楚文化浪漫主義風格的典型。

玉辟邪

辟邪是傳說中的一種能驅邪避魔的瑞獸，似獅而帶翼。用玉製作辟邪，最早見於漢代。漢代的玉辟邪圓雕而成，頭部像馬，有的長有獨角，頷下有長鬚，張口露齒，面目猙獰。大多昂首弓身而臥，有的匍匐而行。身軀肥胖，兩側常雕出羽翼。

玉辟邪

漢，長13.5公分，高8.5公分。現藏於北京故宮博物院。

白玉質，表面多處有沁斑。琢一辟邪伏地爬行狀，頭似虎，頂長角，背上有翼。

漢元帝渭陵出土玉熊

西漢，長8公分，高4.8公分，現藏於陝西省咸陽市博物館。

玉 熊

玉熊是漢代玉器中常見的圓雕作品，雕琢精細，神態逼真。陝西咸陽漢元帝渭陵附近出土的一件玉熊，長8公分，高4.8公分。白色，玉色光亮，圓雕，玉熊圓頭，圓眼，長吻短尾，粗頸，雙耳後抿，作蹣跚行走狀，憨態可掬，悠閒自在，造型生動。

異獸玉鎮

玉鎮可能在戰國時就已出現，楚辭《九歌・湘夫人》中有「白玉兮為鎮」的記載，其注更明確地指出了「以白玉鎮坐席也」。漢代鎮的使用更為普及，多做成異獸形。上述的辟邪可能也作為鎮使用。漢代玉鎮的傳世品頗為多見，尤以故宮收藏的一件螭虎玉鎮最為精巧，螭虎圓眼方唇，頂有獨角，凸胸曲頸作臥伏狀，粗尾分叉，身施雙翼，形象生動，嬌憨可愛。

玉 鷹

漢代玉鷹圓目勾喙，兩翼平伸，尾羽散張作俯衝狀，線條流利，風格渾厚，成功地把握住鷹捕食前的瞬間形態，是一件十分難得的藝術珍品。

玉 豬

玉豬是漢代常見的圓雕藝術品，數量較多，形態略有差異。安徽亳縣董園村一號東漢墓所出土的一件頗有代表性。玉豬通長11公分，寬2.1公分，高2.8公分，翹鼻瞑目，耳後蜷，額中刻紋，尾蜷曲似盤蛇，體形瘦長，四肢攏於胸腹下，作臥伏睡眠狀。

玉角形杯

玉容器製作難度較大。玉製容器在商代後期婦好墓中最早發現。文獻記載戰國時期有一定數量的玉容器，但很少發現。漢代玉容器較為常見，不僅有許多傳世品，在許多漢代墓葬中也有發現。

玉 枕

玉枕有的被作為實用器具，有的被作為殉葬用具。漢代玉枕的形式多樣，形狀

全為兩端略微翹起，中間略凹。有的用整塊玉料雕琢而成，有的用青銅製成框架，六面鑲嵌帶有浮雕圖案的玉板。

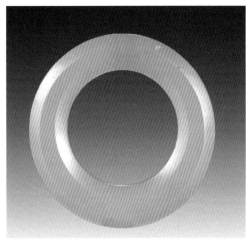

玉環

東漢，內徑4公分。香港蘇富比拍賣公司於2010年拍賣，成交價約47萬元台幣。

青玉，玉色略泛黃，有沁斑，表面光素溫潤，以兩條線分成三個棱面，磨飾光滑。

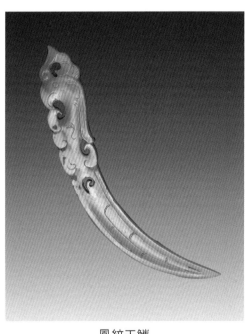

鳳紋玉觿

漢代，長8.5公分。現藏於臺北故宮博物院。

青玉質，略有朱砂殘留。造型作獸牙狀，應為古代佩觿解結之遺制，琢一鳳鳥形，高冠，彎喙。

裝飾類

玉玦

漢代，玉裝飾品的數量很多，通常分為純裝飾意義的玉飾和具有一定實用性質的玉飾兩種。玉玦是一種純粹意義上的裝飾品，歷史悠久，但在漢代已全面衰落，僅在西漢早期有少量發現，製作也很隨便，多素面無紋，琢製顯得粗陋。

玉環

玉環是漢代最常見的一種裝飾品，有的被作為手鐲，有的被當作佩飾，種類複雜，形式多樣。大多有紋飾，和玉璧一樣以穀紋為主，還有的裝飾有渦紋、鱗紋和陶索紋等。

玉觿

玉觿呈長牙狀，漢代玉觿製作精美，大多為扁平狀，寬的一端琢成獸頭形，觿身遍飾雲紋、鳳鳥紋、蟠螭紋等，還有的用透雕手法製成各種精美的形象。

心形佩

心形佩也叫雞心佩，由玉韘發展而來，呈橢圓扁平狀，中間有一圓孔，輪廓像雞心。漢代盛行心形佩，兩側或單側有透雕的花紋，精巧別致，已完全沒有先前那種鉤弦的實用功能。

玉舞人

玉舞人是漢代典型的一種佩飾。扁平狀，透雕或陰線刻出一甩袖舞人形象，上下端均有穿孔，既可單獨佩飾，也可作為玉組佩飾的構件。所表現的舞蹈，是秦漢時期比較盛行的「翹袖折腰」舞，這種舞蹈早在戰國晚期，就出現在上層社會的生活中。在洛陽金村戰國墓中就發現了這種

舞人形象。西漢王朝建立之後，社會安定，經濟逐步繁榮，文化藝術也得到一定程度的發展，這種舞蹈即成為貴族朝會宴飲過程中重要的助興項目。

龍鳳紋玉佩飾

龍鳳合體玉佩是漢代佩飾中的一種，西漢早期就出現了，基本上承襲了戰國龍鳳佩的形制。平面略呈長方形，龍身飾以穀紋，身體蜷曲，回首怒吼，顯得浮躁不安；鳳圓目勾喙，神態安詳。一靜一動，搭配和諧。

除龍鳳合體佩外，還有單獨的龍形佩和鳳形佩。龍形佩大多作蜿蜒曲折狀，身飾捲雲紋或鱗紋、穀紋，龍身中部有一穿孔；鳳形佩大多透雕而成，琢磨精細，極富寫實性。

玉組佩

戰國時期，玉組佩非常流行，數量很多。到了漢代，單獨的玉佩飾盛行起來，玉組佩則呈現出簡化的態勢。《後漢書・輿服志》載：「至孝明皇帝，乃為大佩、沖牙、雙瑀、璜，皆以白玉。」由此可見，組佩的佩件已遠不如戰國時期複雜。

玉鋪首

鋪首在戰國時期就存在了，是一種鑲嵌在門上起裝飾作用的建築構件，通常用青銅製成。到了漢代，出現了用玉琢成的鋪首。

漢代玉鋪首一般為扁平長方形，正面中央飾以獸面紋、螭虎紋或四靈紋，用透雕、浮雕和線刻等多種技法琢磨而成，極富立體感，通常為張口露齒的形象，頗有威嚴之感。

玉劍飾

漢代玉劍飾通常也由劍首、劍格、劍璏、劍珌四部分組成，每個部件上大多都有紋飾，紋飾包括獸面紋、蟠螭紋和鳳鳥紋等動物形紋飾。其中，最常見的是蟠螭紋，將透雕、高浮雕、線刻等表現手法有機地結合起來，有時還配以鏤空手法，使蟠螭出沒於雲靄之間，或隱或現，給人以神秘之感。

玉剛卯

玉剛卯是西漢晚期出現的一種佩飾。通常為長方體，中空穿孔，四面刻有辟邪

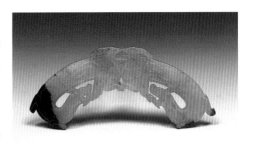

龍鳳珩形玉佩

漢代，長 7.2 公分。現藏於臺北故宮博物院。

青白色玉，有赭斑，一端有黑斑一片。器鏤雕兩龍兩鳳，面各相向。

玉劍首

西漢，直徑 5.7 公分，高 1.2 公分。現藏於河北博物館。

白玉質，玉質溫潤，中央有圓形凸起，面刻捲雲紋，週邊一圈浮雕，由兩隻螭虎紋組成。

的四字銘文，懸掛在身上用以驅逐疫鬼。《漢書·王莽傳》中載：「剛卯，以正月卯日作，佩之，長三寸，廣一寸，四方，或用玉，或用金，或用桃，著革帶佩之。」

玉剛卯通常無紋飾。上面的銘文，均為陰線刻畫，草率而不規整，多為小篆或隸書。文字內容是一種文辭固定的韻文。漢代以後，佩戴剛卯的習俗就逐漸消失了。

玉帶鉤

玉帶鉤是漢代玉器中常見的一種器物，圓雕細長形，基本承襲了戰國帶鉤的形制，但體形較小，鉤身均較短，鉤身弧度加大，鉤紐與鉤尾底邊多在同一平面上，鉤紐大部分為橢圓形。

漢代玉帶鉤琢磨細緻，鉤首多作獸頭形，鉤身常施以雲紋，也有光素無紋的。

葬玉類

玉握

玉握是指握在死者手中的玉器。西漢中期以前，玉握多為璜形，絕大部分是從玉璧改製而來的。西漢中期以後，玉握大多雕琢成豬形，用典型的「漢八刀」製作而成，東漢直到魏晉南北朝都很流行。但玉豬造型變化不大，刻紋也都比較簡單。

玉琀

漢代的玉琀通常為蟬形，被稱為「玉蟬」，用「漢八刀」製作而成。

玉蟬作為死者口中的含玉，早在商代晚期就出現了，西周和春秋戰國時期數量增多，西漢中期以後非常流行，大概是取蟬飲露不食的習性，賦予死者以清高的含義。漢代的玉蟬雕刻精美，注重神態刻畫，紋飾簡潔明快，造型生動逼真。作為葬玉的玉蟬體形較小，另外還有一些體形較大的玉蟬，雕琢精美，上有穿孔，是用來佩戴的裝飾品，即所謂的「貂蟬」。

玉衣

玉衣是漢代皇帝和王侯貴族死後穿用的殮服，外觀和人體的形狀大致相同，又

玉帶鉤

西漢，尺寸不詳，現藏於河北省博物館。

被稱為玉匣、玉押或玉柙。一套完整的玉衣，通常由頭罩、上衣、褲筒、手套和鞋5部分組成，每部分都由許多小玉片串綴而成。串綴這些玉片的材料，有金線、銀線、銅線和絲線之分，用不同材料串綴成的玉衣分別被稱為金縷玉衣、銀縷玉衣、銅縷玉衣和絲縷玉衣。

以玉衣為斂服的習俗一直延續到東漢末年。曹魏黃初三年（222年），魏文帝曹丕鑑於「漢氏諸陵無不發掘，至乃燒取玉匣金縷，骸骨並盡」而下令禁止以玉衣隨葬。

綴玉面罩

玉衣興起後，春秋戰國流行的綴玉面罩成為玉衣頭罩的一部分。不過，綴玉面罩並沒有完全消失，製作反而更加精美。

漢代的綴玉面罩數量不多，和戰國時期的形制基本相同，由不同形狀的玉片組成人的橢圓形面龐和眼、耳、鼻、口等五官。

玉九竅塞

九竅塞是漢代新出現的一種組合葬玉類型，用以填塞或遮蓋死者耳、目、口、鼻、肛門和生殖器等九竅，共6種9件，目的是防止人體內的「精氣」由九竅逸出，以達屍骨不腐。玉九竅塞皆為素面。

蟬形玉琀

漢代，長3.8公分。香港蘇富比拍賣公司於2010年拍賣，成交價約17萬元台幣。

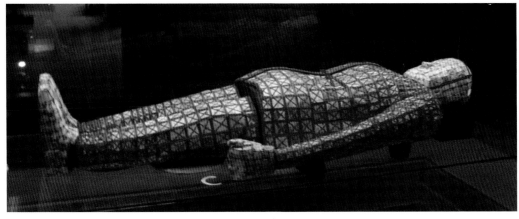

出土絲縷玉衣

西漢，長173公分，肩寬44公分。

此玉衣分為：頭套、上身衣、袖套、手套、褲筒和鞋六部分，共用玉片2291塊，為中國目前出土完整的西漢玉衣中唯一的一套絲縷玉衣。

六朝時期──和田玉器發展史上的低谷

魏晉南北朝時期是中國玉器發展史上的斷裂帶，玉器製作比兩漢明顯蕭條，傳世或出土玉器也寥若晨星，即使偶爾發掘出土少量玉器，做工也大多簡略樸素，精工者極少。

魏晉南北朝前期，三國鼎立，軍閥割據，後期北方少數民族紛紛崛起，中國社會進入最為混亂的時期，社會動盪不安，戰亂不止，經濟蕭條，整個社會的發展受到極大的影響和限制。玉器製作受到了很大的影響，進入少見的低潮期。

造成這一時期玉器製作陷入低谷的還有諸多原因。一是因為禁止厚葬，這是喪葬玉減少的直接原因。再則，儒家學說當時已不占統治地位，代之而興的是糅和儒、道而崇尚虛無的玄學。在玄學思想的影響下，當時在名門望族中盛行食玉，得到一件質地精美的玉料或舊玉，不是切磋如何藏之深閣，或雕琢成一件稀世珍寶，而是設法吃進肚子裡。還有，當時戰亂不止，割據政權林立，交通阻塞，質地優良的新疆玉難以到達中原地區，玉器製作失去了堅實的物質基礎，成了無源之水、無本之木，這也產生了重大的影響。

魏晉南北朝時期製作的玉器數量不多，其造型、雕琢工藝和藝術風格大多承繼漢代傳統，但無論從哪個方面來說都失落了。隨著人們思想認識的轉變，先前占重要地位的禮儀玉與殉葬玉一落千丈，寥若晨星，玉器製作逐漸向裝飾玉、實用鑑賞玉方面轉變。

在戰亂中傳入的佛教也對傳統的玉器製作產生了一定的影響，用和田玉雕製的玉佛出現了。

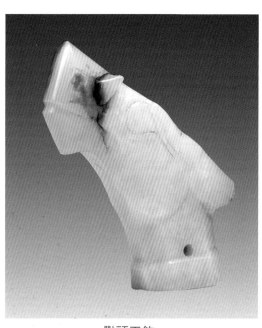

獸頭玉飾

六朝時期，高5.5公分。現藏於臺北故宮博物院。

玉呈灰白色，立雕一獸頭，角之尖端微殘。頸部有一凹槽，應用以插嵌。

玉 材

魏晉南北朝時期，政權林立，王國割據，社會動盪不安，阻礙了新疆玉進入中原地區，和田玉的數量減少了，只有少量的白玉、青玉等。

造 型

魏晉南北朝玉器的造型繼承了漢代玉器的風格，但做工不夠精細。禮儀用

玉幾乎不見，葬玉僅存有玉握、玉琀等小件的殉葬品，做工也顯得簡略樸素，精工者極少。與其對應的是，日常用品和觀賞類、裝飾類玉器的數量增多了。這表明，中國古代玉器已由高度發達的、處於巔峰地位的兩漢玉器，漸漸向低谷滑落，同時又出現了向新功能、新領域轉變的萌芽。

紋飾

魏晉南北朝玉器數量很少，大多光素無紋，簡潔樸素，既是玉雕技術衰弱的結果，也是當時崇尚簡練風格所致。當時出現了一種粗陰線，後來成為唐代玉器的主體裝飾線條。

魏晉南北朝玉器上的蟠螭紋與以前相比有了顯著的變化，眼睛的紋飾在靠近鼻梁處稍微拖長了一些，眼梢略長而有彎度，嘴邊面腮上多數有凹槽。腿較短，前腿通常只有一個。尾部寬闊粗壯，其他獸類也是如此。

玉辟邪

南北朝，長6公分。中國嘉德國際拍賣有限公司2008年拍賣，成交價51.52萬元人民幣。

白玉質，圓雕，雕工精細，形象生動。

工藝

魏晉南北朝基本上繼承了漢代玉器的製作工藝，但圖案的佈局、線條的走向、鏤空浮雕技巧的運用，均呈衰弱的趨勢。當時數量較多的器物，僅為趨向寫實而又簡練的玉豬、玉蟬等玉雕作品。

粗陰線是魏晉南北朝出現的一種創新性工藝，由東漢時期的游絲演變而來，後來成為唐代玉器的主體裝飾紋線，為唐代玉器風格的形成開創了先河。

種類

魏晉南北朝時期的玉器種類有了很大變化。漢代以前盛行的禮儀玉，此時幾乎不見了；喪葬玉大為減少，不受重視。魏晉南北朝玉器，有所創新並烙上時代特徵的，要推生活用具和裝飾玉。生活用具主要有玉杯、玉盞和玉印等；裝飾玉承襲漢代風格，有衣著飾玉和劍具飾玉兩類，但品類、造型及雕琢風格，均遜於漢代。

白玉透雕龍紋鮮卑帶頭

南北朝，寬6.5公分。現藏於上海博物館。

白玉質，晶瑩光潤，此器是一件衣服上的玉帶頭，即帶扣。

玉器皿

玉耳杯

耳杯又叫羽觴，戰國時期出現，秦漢以後盛行，多為漆製品。安徽蕪湖地區南朝墓出土了一件耳杯，青玉製成，較為少見。橢圓口，直口收腹圈足，兩側有對稱的月形耳，通體素面無紋。

玉盞

盞是飲茶的用具，敞口小足，斜直壁，一般比飯碗小，比酒杯大。

葬玉類

玉蟬

魏晉南北朝時期的玉琀繼承了東漢時期的風格，一般都製成蟬形，形體較大，長在6公分左右，紋飾刻畫簡練，形象逼真。

玉豬

魏晉南北朝的玉握主要是豬形，為東漢風格的延續。通常為10公分左右，屈肢作臥伏狀，多為素面，也有的用陰線刻出面部紋飾。

裝飾類

玉辟邪

魏晉南北朝時期，數量較多的圓雕藝術品為辟邪、瑞獸、臥羊等寓意吉祥的動物，其中以辟邪最為常見。玉辟邪或臥或坐，昂首挺胸，圓眼凸出，造型威猛。身上多用陰線刻畫出翅膀，生動形象。

帶鈎

魏晉南北朝的帶鈎器型一般較小，鈎首多作龍首形，鈎身變厚、變寬。

雞心佩

漢代的心形佩是從玉韘發展而來，魏晉南北朝時進一步演變為雞心佩。通常為片狀，面呈圓角長方形，中有一橢圓形孔，邊壁用透雕技法琢磨出蟠螭形象。

珩形佩

魏晉南北朝時期，玉珩是重要的裝飾品，往往單獨出現，多為扁平形，作雲頭狀或如意頭狀，其上有多個穿孔。

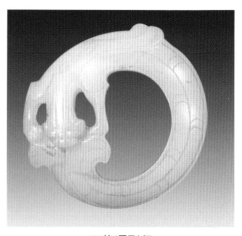

玉龍環形佩

魏晉時期，直徑4.5公分。現藏於天津市藝術博物館。

白玉質，琢一螭盤成環狀。

玉辟邪

南北朝，長6.4公分。現藏於臺北故宮博物院。

青玉質，首尾呈深赭色。頭似虎首，圓眼咧口，有雙角，長尾作多股小捲紋。

隋唐時期的新氣象

隋唐玉器在繼承傳統玉雕的基礎上融合同時代金銀細工、雕塑、繪畫的某些表現手法，並吸收了中亞、西亞等地藝術中的新鮮血液，兼容並蓄，融會貫通，形成自己獨特的藝術風格，開一代玉雕之新風，對後世玉器的發展產生了重要影響。

隋代和田玉器

隋代在中國歷史上佔有重要地位。隋朝的統一，結束了長達三百餘年的分裂局面，同時也結束了三百餘年瘋狂「食玉」的劫難，中國古代玉器又一次浴火重生。但遺憾的是，因隋代存在較短，所流傳下來的玉器數量很少。況且隋代在文化藝術方面基本保持六朝的風貌，玉器製作尚徘徊在魏晉以來的低谷之中，沒有多大特色。

隋代玉器發現較少，但隋代玉器的品種和形式，既有繼承又有發展，在玉器發展史上起著承前啟後的作用。在已發現的隋代玉器中，可以看出特別注重寫實性，力求在寫實的基礎上做出一

玉盞

隋代，高4.1公分，口徑5.6公分。現藏於中國博物館。

白玉，略泛青色，玉質瑩潤。圓口，口鑲金片，外壁光素。

些藝術描繪。這時的玉雕品種中，實用器占很大比重，隨著對外文化和貿易的交流，佛教日漸興盛，玉雕工藝在造型和技法上充分體現了東西方文化交流的成果。

隋代玉器以貴族少女李靜訓墓出土的較為精美，金如白玉杯、金銀白玉鉤、白玉兔等，它們都用和田上等白玉製成，玉質澤潤，琢磨精細，是隋代玉器中的瑰寶。

唐代和田玉器

在隋朝廢墟上建立起來的唐王朝是中國封建社會的高峰，統治時間近300年，是當時世界上最為強大的國家之一。社會相對穩定，經濟空前繁榮，對外交流頻繁，從而創造了輝煌燦爛、舉世矚目的唐文化，在藝術方面取得空前的成就。藝術方面繼承了秦漢以來的優良傳統，剔除糟粕，吸取精華，形成了自己卓然不群的風格特徵。

再則，當時的大唐帝國是國際貿易和學術交流的中心，在將中國傳統文化傳播

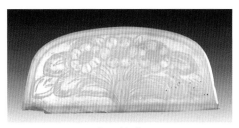

白玉梳背

唐代，長12.2公分。香港蘇富比拍賣公司於2010年拍賣，成交價約82萬元台幣。

白玉質，整器作半月形，兩面陰線刻花。

的同時，也大量吸收來自中亞、西亞地區的藝術風格，融各種文化之長，相容並蓄，開創了宏偉瑰麗的盛唐氣象。這些特徵在金銀器的造型和紋飾上表現得淋漓盡致，在玉器製作上也有充分的表現。

唐代疆域遼闊，擁有和田玉的主要產地，但製作的玉器數量並不多。當時最著名的是金銀器的製作，富麗堂皇的唐代金銀器充分顯示出泱泱大國的繁榮與富強。金銀器製作工藝的蓬勃發展，在一定程度上促進了玉雕工藝的進步。但不能否認的是，金銀器也在許多領域取代了原先玉器的地位，這可能是唐代玉器數量較少的一個重要原因。

經濟的繁榮發展促進了玉器琢磨工具的進一步改進，中亞、西亞等外來文化的傳入給玉器的製作注入了新鮮的血液，唐代治玉工匠在繼承傳統玉雕工藝的基礎上融入了同時代金銀細工、雕塑、繪畫的某些表現手法，形成自己獨特的藝術風格，開一代玉雕之新風，對後世玉器的發展產生了重要影響。現在所發現的唐代玉器數量不多，但從品質上來看，卻令人不得不發出「件件是精品」的感慨。

從西周時期開始形成的嚴格的用玉制度，唐代已經完全消失了。傳統的禮玉在唐代史料上雖偶有記載，但已徹底失去以往輝煌的地位，只是成為一種象徵品而已。如玉璧，曾經是用來祭祀上天的最重要的禮器，唐代幾乎不見了。即使有，其雕刻之精細，裝飾之華麗，圖案之優美，令人拍案叫絕，已經完全成為裝飾品了。唐代雖然盛行厚葬，但大量用陶器、瓷器、銅器和金銀器來陪葬，玉器非常少見，這充分反映出唐代葬俗的改變，自新石器時期以來以玉陪葬、以玉斂屍的傳統和漢代完善的葬玉體系在唐代已基本消亡。

隨著用玉制度的消失和人們思想觀念的改變，長期以來一直占主導地位的禮玉和葬玉在唐代已經基本退出歷史舞臺，而裝飾玉器和觀賞玉器漸漸成為玉器製作的主流。這類玉器在雕琢工藝上融合了金銀細工的精巧別致、雕塑藝術的豪邁飽滿和繪畫藝術的細緻入微，以圓雕、浮雕表現手法表現其外形輪廓，以較粗的陰線體現其神韻，從而改變了漢代玉器雄渾豪放、不拘一格的風範，成為中國玉器製作史上一顆璀璨的明珠。

佛教在唐代得到了長足的發展，寺院塔廟鱗次櫛比，開鑿石窟、雕塑佛像形成一股熱潮，佛教藝術充斥社會的各個角落。體現在玉器製作上，就是玉飛天的出現和以佛教人物為題材的玉器數量的增多。

玉材

唐代玉器的主要材質是和田白玉，另有少量青玉、碧玉等。此外，還有寬甸

玉、瑪瑙、水晶、綠松石、珊瑚、琥珀、漢
白玉、東陵石等玉石。

造型

　　唐代是一個蓬勃向上的封建王朝，唐代
玉器是在傳統玉器的基礎上發展起來的，但
又有自己的時代特徵，顯示出健康飽滿、蓬
勃向上的時代風貌。漢代以來玉器造型程式
化、圖案化的古拙感覺，在唐代完全消失
了，玉器的造型向寫實的方向發展。

　　唐朝是當時的文化中心，對外交流頻
繁，玉器在造型上吸收了外來文化的精華，
花卉紋大量出現，並且在器物邊緣飾有細密
而較長的陰刻直線紋。造型多取材於人物、
動物、花鳥、樹木等，注重對其精神世界的
揭示。受佛教文化的影響，不僅出現了著名
的玉飛天，和佛教有關的蓮瓣紋、吉祥草等
也出現在玉器製作上。

紋飾

　　唐代玉器更多的是寫實性的紋飾，動物
紋有龍、鳳、牛、馬、鹿、雁、孔雀、鶴
等，有的飛鳥成雙成對，植物紋有牡丹、石
榴、蓮花、蔓草、捲草紋、連珠紋、鋸齒
紋、花卉紋、蓮紋、葉果等，都是來自現實
生活。鴛鴦戲水、雙喜牡丹、龍鳳呈祥、騎

白玉飛天

　　唐代，長6.6公分。北京中拍國
際拍賣有限公司2010年拍賣，估價
6～8萬元人民幣。

　　白玉質，細膩溫潤，採用圓雕
加陰線刻的工藝手法，刻紋精緻。

青白玉駱駝筆架

　　唐代，長5.7公分。香港佳士
得拍賣公司於2010年拍賣，成交價
約94萬元台幣。

馬狩獵、女子遊春及各種舞蹈奏樂等世俗化的題材成為裝飾紋飾的重點，反映出當
時的社會風貌。

　　另外，受中亞和佛教文化的影響，以人為本的思想完全確立，內容更加接近現
實生活，蓮瓣、胡人、飛天等圖案明顯增多。尤其是載歌載舞、吹拉彈唱的胡人形
象，帶有明顯的異域特色。

　　花卉紋是唐代玉器上最常見的紋樣，唐代玉器在裝飾圖案紋樣上，廣泛採用花
卉紋，花卉圖案非常完整，花蕾、花葉、花莖一應俱全。花紋平展豐滿，層次分
明，葉脈紋，並常和動物勾連，組成吉祥紋樣。

　　唐代工匠對許多傳統的紋飾進行了深度的改造，彰顯出自己的特性。鳥紋多呈
展翅形，短翅，翅端向頭部扇起，羽毛用排列整齊的陰線刻畫；鳳鳥的尾巴多為

「三歧尾」，中歧尾較長，側尾翻捲；蟠螭紋基本和漢代相同，但唐代蟠螭的眉毛粗濃，眉上常飾束絲陰線，頸上有「人」字形紋，背上開始有陰刻脊線，有的在腿部關節處刻有類似雲紋的紋樣。

唐代的雲紋也很有特色，出現了一種新的雲紋，彷彿是由三瓣花朵組成的「品」字，俗稱「品字雲」。下部有帶形「花托」，雲頭分為三部分，兩側似往外捲，中間部分小而團，微前凸。另有形狀特殊的「歧雲紋」，雲頭勾捲，分歧而出。同一玉件上的「歧雲紋」雲尾同向飄飛。

工藝

唐代經濟繁榮，治玉工具基本齊全，製作工藝日趨成熟。線條用砣具磨出，簡練遒勁，突出圖案的精神和氣韻，富有浪漫色彩。對人物形象的刻畫，以胡人形象為多，場面複雜，但構圖新穎，刀法嫻熟，既注重整體造型的準確，又在細部刻畫上下功夫，大中顯精神，細中見靈氣，具有雍容大度、浪漫豪放的時代氣息。

在雕刻技藝上，唐代玉器吸收當時的金銀細工、雕塑與繪畫手法，採用傳統的減地浮雕、鏤雕與圓雕，大量使用陰刻線。圖案紋樣上的衣褶、毛髮、花葉、羽翎均用平行細陰線，花蕾、動物鱗片均用網狀細陰線繪出。多數線紋用砣琢磨，落腳深，中間粗直，收筆細尖，線紋走向非常明顯，是唐代玉器中最典型的線條——粗陰線。常見的人紋、花紋凸向外緣，都有一條粗弦紋邊框，框內地子內凹，在內凹的地子上用浮突及陰線描繪的手法，琢出人紋、花紋、禽鳥紋等圖案。

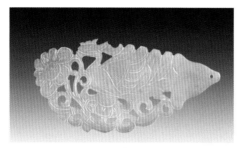

青玉花鳥紋釵

唐代，長 10.6 公分。香港蘇富比拍賣公司於 2010 年拍賣，成交價約 53 萬元台幣。

青玉質，有褐色浸斑，此件的釵插已缺失，剩下玉飾釵頭。鏤雕，以陰線刻鳳棲花枝紋。

白玉胡人奏樂帶板

唐代，邊長均為 5.2 公分。香港蘇富比拍賣公司於 2010 年拍賣，成交價約 176 萬元台幣。

白玉質，器呈扁平的正方形，正面浮雕加細密的陰線雕刻出胡人盤腿而坐鼓樂的情景。

青玉雲紋單把杯

唐代，高 5.7 公分。現藏於北京故宮博物院。

青白玉，局部有沁斑，外壁飾滿浮雕雲紋，工藝精巧華麗。

種 類

唐代，禮儀用玉和斂葬用玉完全衰落了，從此退出了歷史的舞臺。代之占主導地位的，是裝飾用玉和藝術觀賞類製品，生活器具也佔據了重要地位。裝飾用玉包括玉帶板、玉鐲、玉簪和各種各樣的動物形佩飾，藝術觀賞類主要包括栩栩如生的玉人、玉獸、玉鳥等象生玉器，生活器具有羽觴、玉杯、玉碗等器皿和文房用具，另外還發現了許多玉冊。

裝 飾 類

玉帶板

玉帶板主要由鞓、銙、鉈尾和帶扣組成。鞓指用皮革製成的腰帶。銙最初的作用是受環以懸物，後來逐漸演變成純粹的裝飾品。玉帶扣通常為可鈎掛在一起的子母口式，多琢有紋飾，裝飾風格與玉帶板風格相同。鉈尾又稱「帶首」、「扣柄」，是圓角矩形帶板，紋飾風格也和玉銙相同。

戰國時期，就已經出現了玉帶板的雛形，唐朝趨於成熟，並被定制為官服專用，有嚴格的使用制度，只有皇帝、親王及三品以上的官員才能佩戴玉銙，銙數從7到13不等，等級越高，銙的數量愈多。唐代玉帶銙形體較厚，面小底大，中部微鼓，正面呈正方形、長方形和圓形，大多數裝飾有浮雕圖案。唐代玉銙上的紋飾多為人物、花草和動物形象，圖案簡潔，古樸大方。其中人物形象頗為特殊，多為深目、高鼻、濃髯，身著窄袖褶褲作奏樂或捧物狀的胡人形象。

玉帶鈎

唐代，帶板是主要的束腰用具，但玉帶鈎仍在使用，且多為實用器。上面的紋飾除傳統的龍鳳、蟠螭紋外，與同時代的其他玉器一樣，多為蓮花、花果及禽鳥圖案，具有時代特徵。

玉手鐲

手鐲在唐代非常流行，也被稱為「玉臂釧」。佩戴玉臂釧不僅僅限於宮廷貴族，平民百姓對此也十分熱衷。

唐代玉手鐲的形式多樣，大多裝飾精美，造型有圓環形、串珠形、絞絲形、辮子形等。

玉環

唐代玉環基本承襲了前代的形制，大多是光素無紋的圓環體，琢磨光滑，素雅大方，也出現了一些絞絲紋、繩索紋和梅花形玉環，但數量不多。這些玉環不僅可以充當佩飾，體形大的還可以作為手鐲使用。

白玉胡人紋帶板
唐代，現藏於大英博物館。

青玉墜飾

唐代，現藏於紐約大都會博物館。

若干件青玉塊原本由金線穿連而成，掛於腰部兩側帶上。

玉步搖

隋唐時期，玉步搖是當時婦女最主要的頭飾。白居易在《長恨歌》中描寫楊貴妃從華清池出浴後，「雲鬢花顏金步搖」，把楊貴妃雍容華貴而不失俏麗的神態刻畫得入木三分，進而也顯示出步搖在當時的使用情況。

唐代玉步搖上面的玉片，通常雕鏤有精細的花鳥紋飾。

玉勒子

勒子又稱「蠟子」，一種佩飾。有人認為玉勒子起源於細長形玉琮，也有人認為起源於玉剛卯。其截面有圓形和方形兩種，還有六方形、八方形等。通常單獨使用，懸掛於腰間或胸前，也可以與其他玉飾組合使用。唐代的玉勒子大多雕有傳統的穀紋、渦紋等，也有當時社會流行的花草紋、動物紋等，還有的上面刻有吉祥銘文。

玉墜飾

唐代玉墜的形體短小，大多利用較小的子料圓雕而成，雕工簡潔明快，風格簡約粗獷，是一種非常流行的佩飾。上面的紋飾大多是人物、動物、瓜果等，雕琢精美，小巧可愛。

玉牌飾

玉帶板是唐代玉器中的代表，其實是用多件玉牌飾——玉銙組合而成的，每塊牌飾集浮雕、圓雕、線刻、鏤雕等多種技法於一身，製作異常精美。也有的玉牌飾單獨使用，紋飾題材十分廣泛，有人物、動物、植物和仿古神獸等等，甚至把多種實物組合在一起，有很高的欣賞價值。

人物佩

漢代以後至唐宋元時期，人物佩風格大變。唐宋時期，由於佛教的盛行，玉器的雕刻出現了以飛天、佛像為主要題材的作品，通常作片狀，人物缺乏表情，舞動彩帶飛翔，線條刻畫也較簡練，能反映唐宋時期人物服飾的特點，具有一定的文物價值。

動物佩

動物佩是唐宋元時期的一大佩飾，品種繁多。主要有駱駝、馬、羊、猴、鳳鳥、魚、龍、鹿、虎等。其中，唐代動物佩以馬和駱駝題材最為多見，宋代則以

獅、鹿、虎、羊為多見，動物造型具有寫實的特點，但線條簡練、平直，反映了玉器在唐宋之時從宮廷回到民間、從尊貴回到質樸、從特殊物品回到普通商品的轉變。很多玉器不再像宮廷玉器那樣精琢細刻，藝人能把握動物鮮明的形體特徵，用簡潔的造型概括地表現出來，顯示了動物玉雕粗獷灑脫、簡練傳神的特點，使唐宋的玉雕動物佩飾更富有人情味。

植物佩

唐代玉器中，佩飾玉占了很大比例。這些玉佩的紋飾中，花卉和瓜果的圖案漸漸多了起來。除了以花卉和瓜果綜合其他圖案裝飾玉器外，還有許多相對獨立的植物佩飾。其中人們喜聞樂見的蓮花、梅花、牡丹、玉蘭、葫蘆、蟠桃、牡丹、石榴等，被賦予了特殊的吉祥含意，成為後來玉器製作中的常見題材。這些花卉或以寫實的手法雕琢，或以抽象、誇張的藝術手法表達，其中以寫實的獨立花卉雕刻的藝術水準較高。這類玉佩一般工藝較精細，造型也優美，有較高的藝術價值。

藝 術 品 類

象生玉

唐代，象生玉逐漸向具有濃郁鄉土氣息的世俗化方面發展，寫實性增強，生活氣氛濃厚，不再摻雜誇張的色彩，與漢代象生玉器自由奔放的浪漫主義情調有了明顯的區別。最常見的形象為駱駝，另有牛、馬、羊、鹿、虎、獅、鶴、鷹、雁、大象、鷺鷥、孔雀等，都是現實生活中的動物。

唐代象生玉大多用圓雕手法琢磨而成，綜合使用了鏤雕、浮雕等手法，還大量使用陰線來表現動物的毛髮。陰線既有代表性的粗陰線，也有傳統的細陰線。但無論是哪種陰線，刀法均紋絲不亂。在造型上，唐代象生玉器注重起伏和局部特徵，以表現動物的內在美，突出肌肉、骨骼、動態和力量，整體風格以寫實為主。動物身上的紋飾，穀紋、捲雲紋等繁縟的紋飾幾近消失，以簡練平直的線條來代替，生動傳神，鮮活明快。

玉犬

　　唐代，長9.3公分。香港蘇富比拍賣公司於2010年拍賣，成交價約210萬元台幣。

　　白玉質，圓雕，琢一犬作伏臥狀，前腿前伸，後腿蜷曲於腹下，造型恬靜、可愛。

白玉圓雕飛天

唐代，長6.6公分。北京中拍國際拍賣有限公司2010年拍賣，估價6～8萬元人民幣。

白玉質，細膩溫潤，採用圓雕加陰線刻的工藝手法，刻紋精緻。

玉人佩

唐代，高4.6公分。現藏於臺北故宮博物院。

青白玉，略有赭色斑。玉人作寬衣博袖狀，頭上有冠，雙手互握，形貌恭謹。

玉雕人物

唐代玉器以寫實為主體風格，玉雕人物數量多了起來。選材廣泛，最有代表性的是玉飛天，胡人的形象也占了很大比例。此外，還有神仙、佛像、樂人、童子、仕女等。

佛教在唐代佔有重要的地位，玉器製作中出現了飛天的形象，製作精美，是唐代玉器中的人物形象的代表。通常體態豐腴，上體裸露或穿緊身衣服，胸掛瓔絡，手執蓮花，肩披飄帶，下身著緊貼於腿股的長裙，用陰線雕刻出各種褶皺，線條流暢。身下還有幾朵細而長的透雕雲紋或捲草紋，頂端向兩側分捲。頭髮通常用細密陰線刻畫出來，細緻入微。其人物的傳神、比例的適中，均是唐以前所不能達到的。

唐代人物雕像中，往往將人物形象與動物形象結合起來，以表達一個主題。常見的有胡人騎馬、胡人牽駱駝等雕刻擺件。人物造型源於現實生活，人物神態自然，富於變化，面部及肢體飽滿豐腴，線條簡練平直，不太注重對細部的刻畫，這種工藝風格對以後的人物雕刻產生了深遠影響。

玉器皿

玉杯

隋唐時期，玉製器皿的數量開始增多，杯盞類所占的比例很大。唐代玉杯的形制多樣，既有雲紋杯、蓮瓣紋杯、人物紋杯，又有單耳瓜棱杯、羽觴杯、角形杯等，無不選料優良，琢磨精細。

玉碗

唐代，具有生活氣息的碗成為玉器製作的題材，造型向簡潔素雅方向發展。玉質以白、青、碧玉為多見。碗口通常外侈，圈足規整，器壁較薄，多為成套製作，體現了為實用而製作的原則。

玉盒

玉盒製作的工藝要求較高。盒身和蓋子不僅需要掏膛，兩者之間還需要製成子母扣以咬合，因而製作的時間較晚。唐代玉器中，有一定數量的玉盒，但形體較

小，多光素無紋，屬於實用器。也有裝飾花草、動物紋飾的，數量很少。

玉文具

文具是文房用具，主要有筆桿、筆筒、筆架、硯臺、鎮紙等。用玉製作文具，在魏晉時期就有了，這和當時書法盛行有關。唐代，文化事業取得了長足發展，書法、繪畫日趨流行，文房用具的品種急劇增多，高檔玉質文具隨之發展。當時的玉製文具主要有玉鎮紙、玉筆架、玉硯臺、玉筆桿等，大多光素無紋，典雅簡約。

玉髮具

玉髮具在唐代十分盛行，因為唐代社會崇尚自由，社會風氣極為開放，婦女參與各種社會活動，修飾、化妝成為婦女生活中的重要內容，致使唐代玉髮具十分流行。其中以梳、簪、釵最為多見，簪頭多琢有花鳥紋圖案。

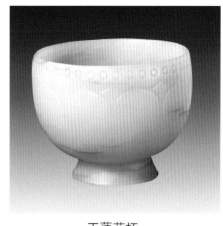

玉蓮花杯

唐代，高6.5公分，口徑7.9公分。現藏於北京故宮博物院。

白玉質，圓口，深腹，高圈足。口沿陰刻一圈圈紋，腹部浮雕雙層蓮花瓣。

唐代的玉梳最為獨特，也最為美觀。一改過去的直板式，多弧背，成半月形，與現代的梳子非常接近。梳齒疏密得當，通常雕以大葉花紋或鳥紋，非常美觀。

玉簪在唐代廣泛流行，唐代玉簪造型工整，種類繁多，雙股簪、鳳簪等都是唐代首創的器型。玉步搖其實也是一種髮具，只不過更為複雜，也更加美觀。

世俗化的宋元時期

兩宋時期，工商業極度繁榮，城市經濟高速發展，富裕的市民階層不斷擴大，成為不可忽視的消費群體。玉器為普通市民服務，成為不可阻擋的時代潮流，促使玉器向世俗化方面發展，玉器完全揭開了其神秘的面紗。

元代玉器在繼承宋金玉器製作工藝的基礎上，逐漸向粗獷發展。「瀆山大玉海」是元代玉器的代表作，可貯酒三十餘石，海龍、海馬等十幾種瑞獸翻騰沉浮於波濤洶湧的大海，氣勢雄偉，動人心魄。

兩宋玉器

宋代玉器是在唐代玉器的基礎上發展起來的，同時又有了新的變化，在雕刻工藝上注重繪畫趣味與繪畫藝術的結合，雕塑的特點大大減弱；花鳥圖案作為宋代玉器裝飾的主要題材，以其新穎、素雅、形象逼真，標誌著現實主義和世俗化傾向在

玉器工藝裝飾領域取得了重要成就。

　　宋朝政治軍事上極度羸弱，但工商業空前繁榮，文化方面也取得了長足的進步。雕塑、繪畫藝術的蓬勃發展，也對宋代玉器的製作有一定的促進作用。宋徽宗在政治上不算一個明君，但在藝術上是一個奇才，琴棋書畫無所不精，對古代文化景仰不已，尤其對金石學達到了癡迷的程度，嗜玉成癮，促進了金石學的興起。城市經濟的繁榮，也間接促進了宋代玉器的發展。

　　當時的內廷設有專門製作玉器的玉作，專門為皇家製作復古玉器與時做玉器，無不精妙絕倫。「上有所好，下必甚焉」，民間玉器的製作也興盛起來，各種各樣的玉佩飾、玉用器大量湧現，深入到許多家庭。

　　由於宋徽宗的推動，宋代是中國金石學的濫觴時期。統治者為維護自己的統治，建立起嚴格的理論綱常，竭力鼓吹古代禮制之完善，厚古之風油然生起，朝廷和士大夫熱衷於對古代禮儀器物的搜集、整理和研究，古代玉器和銅器的身價倍增。在厚古薄今思潮的影響下，內廷玉作出於皇帝對古代禮器的仰慕，仿製了許多古玉，而市賈們出於牟利的目的，也仿製了許多古玉。

　　總之，宋代玉器不僅繼承了隋唐玉器的藝術特色，同時將世俗化的趨勢進一步發展。宋代玉器多做隱起、鏤空的對稱處理，富有生活氣息。刻畫現實中的人物，或童子，或仕女，或高士，或神仙，無不形神俱備；描繪現實生活中的動物，或牛羊，或獅虎，或仙鶴，或靈犬，無不呼之欲出；雕琢現實生活中的植物，或牡丹，或葡萄，或壽桃，或秋菊，無不栩栩如生。走向世俗化，這是宋代玉器煥發出來的新的光彩。追隨普遍的社會心理，選取日常生活中常見的題材進行現實主義的創作，為後世玉器的發展奠定了堅實的基礎。

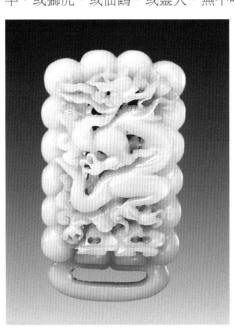

白玉龍紋帶環
宋代，長 9.1 公分，寬 5.2 公分。
現藏於北京故宮博物院。
　　白玉質，正面為浮雕，背面呈長方形圈環。正面浮雕圖案為雲龍紋，外圍飾串珠紋。

玉　材

　　宋代玉材主要是和田玉，有子料、山料之分。子料以和田白玉、青玉居多，白玉玉質溫潤，色澤如「截肪」，較之唐代所用白玉，品位高出一籌。另有乳白色、青白色等。青玉可以分為兩類，一類青中泛灰，一種青中泛綠。另有少量墨玉、黃玉，黃玉顏色暗淡，接近綠色。山料主要是雜質較少的青白玉或白中泛青的「白果青」玉。

造　型

　　宋代玉器大部分為裝飾類和實用類玉

器，大件少，小件多，雕琢細膩，造型靈巧，以寫實與世俗化風格為主，題材多為現實中的人物、動物和植物。雖然有龍、辟邪、麒麟等異獸，但注重肌肉和形態的刻畫，雕琢風格以寫實為多。圖案繁密，清新雅致，比例協調，形神俱備，極富繪畫情趣，明顯受到宋代高度發達的人物、山水、禽鳥、花卉等題材的繪畫藝術的影響。在形制和紋飾上講求對稱均衡，在圖案化的形體上透視出濃郁的生活氣息，達到了生活和藝術的高度統一。

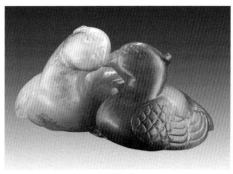

玉鴛鴦

宋代，高 5.1 公分。香港蘇富比拍賣公司於 2010 拍賣，成交價約 273 萬元台幣。

白玉質，有褐色沁皮。琢成一對恩愛鴛鴦，利用俏色方法將兩隻鴛鴦琢成一白一褐，構思巧妙，造型愜意。

宋代龍的頭部窄長，身體細長，腿細長，腿毛也較長，爪似鳥爪。上下唇較薄，嘴角大，眼細長，鬚髮向後飄。龍身大多無紋飾，少數有網格狀鱗紋，龍身兩側各有一條陰刻線。此時，還出現了一種坐龍，這是以前所沒有的。

另外，宋代還出現了穿花鳳紋佩、接吻鳥玉器、靈龜伏蓮玉器、持荷童子玉器等。

紋飾

宋代玉器的製作水準已臻於完美。在繼承漢唐玉器工藝成就的基礎上，又融入了光耀千古的宋代繪畫技法，玉器紋飾構圖複雜，有情節、有背景的景觀式構圖方式，多角度、多層次地突出主題，形神兼備，完成了由唐玉偏重工藝性、雕塑性向宋玉偏重繪畫性、藝術性的轉變。花鳥紋飾在唐代玉器的基礎上繼續發展，數量更多。這些玉器多用鏤空起凸等技法碾琢，立體感更強，形象更加逼真。

花鳥題材在唐代玉器中已經佔據重要地位。到了宋代，這類新穎、素雅、形象逼真的現實主義和世俗化紋飾成為玉器中的主要題材，在工藝裝飾領域取得了重要成就。用鏤雕、透雕和陰線刻等多種手法刻畫出來的花鳥形象造型雅致，玲瓏剔透，往往帶有很深的寓意和很強的藝術感染力。

竹子作為中國畫中重要的一員，此時也開始出現在玉器紋飾上。

龍鳳呈祥等寓意吉祥的世俗化圖案增多，成為宋代及後世玉器的主流。

穿花螭紋和穿花龍紋都是宋代新出現的紋飾，新穎別致。

螭螭紋作為傳統的紋飾，此時仍在使用。螭螭身體大多瘦弱，頭略似三角形，鼻下有一很寬的陰刻線，嘴向前凸出，翹起好像凹槽一樣，立體感很強。眼睛圓而不凸，人字肩，關節處飾捲雲紋，旋狀耳，與壁虎非常相似。

新創靈芝頭雲，俗稱「靈芝雲」。此外，新出現的紋飾還有火雲紋、竹節螺旋

紋、水渦紋和單線旋捲紋等。動物銜靈芝紋、四出荷葉紋、植物紋等吉祥紋飾廣為流行，其中的鳥紋大多為三角形嘴、丹鳳眼或圓坑眼，鳳頸特長，鹿足多三角形，獅子紋多子母獅，除鱖魚外的魚類大多無鱗，這些都是宋代紋飾的特徵。

工藝

宋代玉器是在唐代玉器的基礎上發展起來的，同時又有了新的變化。鏤雕手法和管鑽工藝充分結合，對後世治玉工藝有很大影響。

在工藝上，鏤雕法廣泛應用，成為主要的表現手法。鏤雕玉器的種類繁多，數量浩大，在戰國鏤雕技法上有了很大的提高和發展，刀工細膩，構圖精緻，堆金疊翠，花下壓花，層次清晰，俗稱「宋作工」。

與鏤雕並駕齊驅的是圓雕工藝。宋代圓雕玉器全方位繼承並改進了漢唐圓雕作品所取得成就，並進一步提高，形成了自己獨特的風格。圓雕作品有胎有骨，有形有勢，刀法縱橫，生氣藹然。

宋代玉器工匠還創製了獨特的留皮和俏色玉器。在此之前，中國古代玉器中很少見到有留皮玉器，俏色巧作也極為罕見。

宋代仿古之風盛行，促進了留皮玉器和俏色玉器的發展，這些手法通常出現在仿古玉器中。

種類

宋代是一個手工業和工商業空前發達興盛的時代，玉器的禮儀性完全喪失，觀賞性、趣味性和裝飾性大大增加。其品種繁多，既有宮廷的藝術珍品，又有民間普遍使用的小件玉飾，實用品也有發現，題材多選用日常所見的花卉、飛禽等花鳥圖案，清新雅致，比例協調，形神兼備，極富繪畫情趣，明顯受到宋代高度發達的人物、山水、禽鳥、花卉等題材繪畫的影響。

透雕梅鹿童子玉飾板

宋代，高4.1公分。香港蘇富比拍賣公司於2010年拍賣，成交價約193萬台幣。

白玉，玉質較好，局部有沁色。琢一站立童子，圓臉，五官表現簡單，頭頂陰刻一簇頭髮，左手持蓮，寓「連生貴子」之意，右手撫鹿頭。

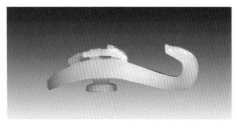

玉帶鉤

宋代，長6.2公分。現藏於臺北故宮博物院。

白玉質，有赭斑。鉤首琢成獸首形，帶鉤面上飾有高浮雕之鳥紋。

裝飾類

玉帶鉤

帶鉤在宋代基本上失去了實用價值，但

仍製作了一定數量的玉帶鉤，主要出於仿古的目的，拘泥於傳統，風格比較保守，變化不大，沒有華貴之感。

玉帶板

玉帶板在宋代頗為盛行，製作技法基本繼承了唐代玉帶板的形制，裝飾紋飾中花鳥的數量增多，人物形象取材廣泛，更加世俗化。

佩飾

北京故宮博物院收藏的宋代傳世古玉較多，裝飾品包括如白玉雲帶環、白玉鏤空松鹿環飾、青玉鏤空龜鶴壽字環形飾、白玉鏤空雙鶴佩、白玉孔雀銜花佩、青玉鏤空松下仙女飾等。在北京房山長溝峪石槨墓中發現的一件玉孔雀形釵頗為別緻，玉料呈青白色，器上部雕琢成一曲頸高冠、長尾展翅的孔雀形象，足彎曲成供插嵌用的尖釵，是宋代玉釵中的精品。

玉孔雀形釵

北宋，高3公分，長6公分。現藏於北京首都博物館。

玉龍把碗

宋代，高7.3公分，口徑14公分。現藏於北京故宮博物院。

玉器皿

玉杯

宋代的玉碗、玉杯等器皿大多仿製唐代，但又有本時代的裝飾和工藝特徵。浙江衢州史繩祖墓出土的一件白玉荷葉杯，造型生動，構思巧妙。其正面為一大一小兩片張開的荷葉，大葉為杯身，小葉作為頂飾覆蓋住圓形的把。背面淺浮雕出莖、荷葉和盛開的蓮花，莖捲曲形成杯把和杯足，通體以陰線刻畫出莖絡、葉脈，做工精細。

北京故宮博物院收藏的宋代玉龍把碗，口徑14公分，高7.3公分，用乳白色玉雕製而成，上面有褐色沁斑。敞口，腹微鼓，圈足，口部呈六瓣花形。器口至腹間鏤雕一螭龍為把，口沿飾連續三角紋，腹部在回紋的錦地上隱起變形的夔鳳紋，近足外和圈足上通飾蓮瓣紋。此造型仿自唐代玉器或金銀器，但在紋飾上卻顯得較為複雜。

玉瓶

史繩祖墓出土的一件青玉蛋形瓶，呈雞蛋形，大端為底刻菊瓣紋，小端截成瓶口，上配蘑菇形瓶蓋，蓋上亦刻菊瓣紋，蓋下有可插入瓶口約長1公分的棒，瓶身以陰線刻菱形紋。瓶口兩側和蓋面可穿兩孔，可供穿繩提掛。

玉盒

玉盒在宋代大多是婦女使用的盛放化妝品的用具，多用白玉製成，直壁圓形居多，做工精緻，紋飾精美。

青玉鴛鴦水注

宋代,高7.7公分,長16.8公分。現藏於臺北故宮博物院。

青玉,局部有褐沁斑。圓雕,琢成鴛鴦,口銜水草,背有圓孔,通於腹內,用以貯水。雙翅貼於腹部,雙爪收於腹下,雕飾逼真。

玉羊

宋代,高5.3公分。香港蘇富比拍賣公司於2010年拍賣,成交價約155萬元台幣。

青白玉,有褐斑。琢一羊蜷曲狀,羊頭貼於左腹,一角貼耳下垂,一角向上。

玉罐

宋代,高4.4公分,通高(木座)5.7公分。現藏於臺北故宮博物院。

青玉質,豐肩、斂腹,蓋作荷葉形,頂端並做出代表蓮蓬的孔。

玉文具

宋代還製作了一定數量的玉製文房用具,包括鎮紙、筆洗、筆硯、筆架等,選料精良,紋飾精美,從一個側面反映了玉器世俗化的發展傾向。

玉爐頂

爐頂就是指香爐蓋的頂子,嚴格來說是香爐蓋上鑲嵌的一種紐狀的玉雕器。宋代玉爐頂的形狀多呈矮圓柱體,下端較大,上端渾圓,表現的內容特別豐富,範圍特別廣泛,目前常見的有龍鳳、天鵝、荷葉鷺鷥、山林奔鹿、山林人物等。

藝術品類

動物形玉雕

宋代玉器中用於觀賞和擺設的多為動物形玉雕,它繼承了唐代的傳統,向富麗繁密、精巧秀雅的方向發展,最常見的雕刻題材是龍鳳,還有孔雀、鸚鵡、鷺鷥、鶴、雁、鵲、雀等。

如果說唐代玉器氣韻生動、形象誇張的話,那麼宋代玉器則既能突出表現動物的神韻,又能準確地掌握細節的變化,做到所製玉器起伏自然,轉折合理,真實精練,形神兼備。

宋代動物形玉雕可以明顯看出深受當時繪畫的影響,無論是形態上還是佈局上,都帶有當時院畫追求形體及運動的風格。玉鳥嘴裡銜花,採用浮雕和鏤雕相結合的方法,保留有較大的平面,邊緣弧線少且簡練,鳥身飾有長而有力的陰刻線條,鏤雕剔去的部分準確而不瑣碎。

玉雕童子

玉雕童子是宋代玉器雕刻中的代表,充滿濃厚的生活氣息。根據其形態,大致可分為仿唐代飛天童子、攀枝童子、行走童子、

執荷童子和舞蹈童子五大類，其中又以執荷童子形象最為常見。童子雕法簡練扼要，常運用簡潔的陰刻直線和弧線勾勒出五官、手足、衣紋等細部特徵，天真爛漫，清新活潑，充滿生活氣息，以其生動活潑的造型、吉慶祥和的寓意而深受所有人的青睞。

仿古玉器

宋代盛行仿古玉器，仿古器形有的仿自青銅器的造型，如鼎、簋、彝；有的仿自漢代玉佩、劍飾、帶板、玉璧等。玉材主要有白玉、墨玉、青玉，其中最多的是青玉和白玉。雖然形狀模擬古物，紋飾則以獸面、螭虎、雲龍、捲草、勾雲、蟬紋及尖角與勾雲相接的二方連接圖案為主，不見那種眼部與嘴部極度誇張的饕餮紋。

宋代仿古玉器，主要以仿漢代玉器為主，又不完全如同漢代玉器，結構、造型均較漢代複雜，給人一種似古非古、似今非今的感覺。如玉璧，一般多仿漢代的形制，但在雕刻刀法上又有所不同。宋代玉器多用砣具製作而成，因此有砣製的痕跡出現。玉璧總的看來比較渾圓，邊棱不見鋒角。

舉蓮花童子

宋代，高7.2公分。現藏於北京故宮博物院。

白玉琢成，童子五官簡單，罩一長馬甲，雙手持蓮，花朵於頭頂綻放。

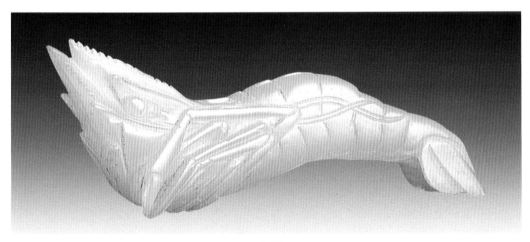

玉蝦

宋代，長7.6公分。香港蘇富比拍賣公司於2010年拍賣，成交價約133萬元台幣。

白玉，玉質瑩潤，琢成蝦形圓雕，以陰刻線雕鱗身、鬍鬚，高浮雕刻出蝦足，惟妙惟肖。

遼金玉器

遼是契丹人首領耶律阿保機於916年在北方建立的政權，存在了209年，和中原地區的五代、北宋共存，曾控制中國北方的遼闊地區。雖然其政治、文化較為落後，但長期和漢族比鄰，治玉工藝和用玉制度深受中原文化的影響，但又保留了本民族的風尚，形成了別具特色的遼代玉文化。

考古發現的遼代玉器數量不是很多，主要集中在遼寧、吉林和內蒙古等北方地區。就目前的發現來說，遼代玉器的主要品種有玉帶板、玉佩、玉水盂、玉盒、玉硯、玉飛天、象生玉器等。崇尚使用白玉，尤其以優質的和田羊脂白玉更為珍貴。同時，還使用金銀鑲嵌玉器，充分顯示出契丹貴族生活的奢侈。

從種類和造型等方面看，遼代玉器似乎和宋代關聯不大，而更接近於唐五代的風格。它不僅融合了唐代玉器和本民族的風格特徵，還吸收了西亞文化中的精華，這和善於接受先進文化意識的契丹民族習性有關。正是由於開放的民族性格，因此在玉器製作題材上非常隨意，不受任何程式化的約束，玉器的造型以動物形象為主，具有濃郁的遊牧民族生活情趣。

玉劍璏

宋代，長7公分。現藏於臺北故宮博物院。

白玉質，色灰白。器面飾浮雕螭龍，回首與獸身扭轉呈S形，頗具動感。劍璏是嵌飾於劍鞘上的飾物，以腰帶穿璏而繫之腰間。

玉帶板（一對）

遼金時期，邊長均為4.5公分。香港蘇富比拍賣公司於2010年拍賣，成交價約55萬元台幣。

白玉質，由銅框包鑲，浮雕一對立於蓮葉上鴛鴦相親的紋樣。

金是滿族人的先祖女真族首領完顏阿骨打於1115年在東北地區建立的政權，存在了120年，滅掉遼、北宋後與南宋對峙，後為蒙古所滅。金代玉器工藝在保留本民族特色的基礎上，上承遼代玉器的傳統，同時又受到宋代玉雕工藝的影響，其藝術風格頗具特色。

考古發現的金代玉器數量不是很多，主要集中在東北和華北地區，其種類主要有象生玉器、玉器皿及大量的花鳥魚蟲圖案的裝飾藝術品，具有濃郁的時代特色和民族風格。琢製玉器的工匠多數掠自北宋及遼國，材料多來自新疆，其中的和田羊脂白玉受到金國統治者的極端推崇，宮廷用玉多為白玉。來自北宋和遼國的工匠帶來了先進的琢玉工藝，又融合女真族的民族特徵，所製成的「春水玉」和「秋山玉」是中國玉器製作

史上的奇葩。

金代玉器有很強的藝術性，每件玉器不是一件孤零零的物體，而是花與鳥、龜與荷、玉與草的巧妙組合。動靜結合，相輔相成，突出周圍的環境特色，富有生活情趣。

玉 材

遼金時期，玉器以和田白玉、青玉為主，間或有其他玉料。和田玉多為羊脂白色、乳白色、青白色，或者青色，另有少量黃色。

造 型

遼、金都是北方遊牧民族建立的政權，有相似之處，但又各有特色。

遼代玉器和金代玉器的共同之處是動物形象的數量很多，尤其是遼代玉器。遼代玉器看上去平淡無奇，但仔細觀察則韻味無窮。大多為動物形象，造型不拘一格，非常隨意，不以誇張的形態吸引人的注意力，但寫實性很強，神態自然。玉製器皿不以繁縟的紋飾來渲染陪襯，清者自清，濁者自濁，清淡素雅。

金代玉器在保持本民族特色的基礎上，上承遼代玉器的傳統工藝，又吸收宋代玉器的長處，大量採用鏤雕的工藝，構圖新穎，鏤雕細膩，層次分明，內容非常豐富，絲毫不亞於同時代的宋代玉器。在裝飾上，既有宋代玉器中常見的花鳥題材，又有極富民族傳統特色的虎鹿山林、鷹鶻雁鵝。圖案裝飾兼具繪畫和雕塑兩重特性，物象比例恰當，形態生動逼真，形神兼備，具有很高的藝術價值。

紋 飾

遼代玉器基本繼承了唐代玉器的紋飾特徵，但以動物形紋飾居多，植物形圖案並不多見。金代玉器中的代表為「春水玉」和「秋山玉」，紋飾以花鳥紋居多，花鳥形玉佩多作綬帶鳥銜花卉紋，寓意「春光長壽」。另外，玉飛天的形象也有了較大的變化，出現了穿花飛天的形象，這被後世製作的飛天形象繼承下來。金代玉飛天螺髻高聳，體態豐腴，身繫飄

白玉迦樓羅神鳥把件

遼代，長 5.8 公分。北京中拍國際拍賣有限公司 2010 年拍賣，成交價 8.96 萬元人民幣。

白玉質，圓雕；迦樓羅神鳥即大鵬金翅鳥，為佛教傳說中的一種神鳥，喜食龍。

白玉花卉紋佩

遼代，直徑 4.7 公分。北京中拍國際拍賣有限公司 2010 年拍賣，成交價 3.36 萬元人民幣。

此佩玉質較白，刀工粗獷，佩成圓形，白玉雙層鏤雕花卉紋。

鳳形玉佩

遼代，長7.2公分。現藏於大英博物館。

白玉，局部有沁斑。圓雕，琢一鳳形，頂有高冠，縮頭彎頸，展翅，以陰線表現羽紋，尾延伸三支尾翎，造型飄逸。

帶，徜徉在花卉雲朵之間，令人賞心悅目。

契丹族和女真族都是北方的遊牧民族，漁獵經濟在社會中佔有重要地位。契丹族每年的春、秋兩季各有一次大規模的漁獵捺缽活動。所謂捺缽，是契丹人在春、秋兩季牧場遷徙時所駐紮的行營。女真的金政權取代遼後，承襲了契丹人的舊俗，在每年的春、秋兩季舉行大型的漁獵活動，並將原來的漁獵捺缽改稱為「春水」、「秋山」。「春水玉」和「秋山玉」的名稱，也由此而來。

工藝

遼代玉器的製作工藝繼承於唐代，但以圓雕最為常見，透雕、鏤雕作品相對較少，淺浮雕、俏色等更為少見。細節往往借助陰線刻來表達，刻畫細膩。遼代後期，留皮、俏色製作工藝從北宋傳來，為後世北方玉器的製作奠定了堅實的基礎。

金代玉裝飾品多為片狀，以鏤雕兼陰線刻方法裝飾。鏤雕技法嫻熟，一般為單層鏤雕，也有的採用雙層鏤雕，甚至三層鏤雕，層次分明。陰線刻繼承了唐代遺風，線條剛柔相濟，寬細兼備，但和唐代玉器的線條也有差別，唐代那種剛勁的短陰線基本不見了。「春水玉」多採用上好白玉雕成，浮雕、鏤雕兼陰線刻，工藝複雜，製作精細。

種類

遼、金玉器以裝飾品和具有陳設作用的圓雕藝術品為主，另有少量的玉製器皿。

遼代玉器的具體種類既有充滿民族風情的臂鞲，帶T形和「心」形墜飾的項飾、胸飾、臂飾等，又有來自中原的玉帶板、圈足碗、圈足杯，還有帶有西亞特徵的四曲海棠花式杯、瑪瑙花式碗等，源於佛教的飛天、法輪、金剛杵、摩羯、海螺等。圓雕動物包括熊、天鵝、雁、猴子、蠍子等，還有龍、鳳、鴛鴦、蝴蝶、兔子、荷花等佩飾。

金代玉器主要有花朵形佩、花鳥形佩、荷魚形佩、雙鹿形佩、靈龜伏蓮佩、雙鹿紋帶扣、花朵形環、玉童子、玉爐頂、玉飛天、嘎拉哈、春水玉、秋山玉等。

裝飾類

鏤雕花鳥玉飾

鏤雕的花鳥禽獸玉飾在金代相當發達，這類玉飾外形一般都呈三角形、長方形或圓形，其內因材制宜，以鏤雕表現層次，以浮雕突出重點，以陰線刻畫細部，整

體結構和諧均衡，頗具特色。河北中興古城附近金代陵墓出土的玉藻魚用墨玉製成，畫面為一條鯉魚隱匿於荷葉之中，以陰線刻畫魚鱗及荷葉脈絡，雕琢極精，構圖絕妙，表現出玉匠高超的藝術洞察力。

另外，還發現了許多金代玉龜雕件，這些玉龜除主體紋飾外，還用鏤雕、浮雕刻畫出周圍的環境，如荷花、水草、水波等，造型生動逼真，佈局和諧。

春水玉

所謂的春水玉，其題材以春季狩獵活動場面為主。主體圖案為鏤空的鶻攫天鵝或大雁景象，陪襯以鏤雕的花卉、水草。鶻體態小巧，矯捷勇猛；天鵝則驚慌失措，倉惶躲匿。所謂的鶻，又名鷹鶻，主要生長於黑龍江流域，俗名「海東青」，是女真人心目中的神鳥。它體小機敏，疾飛如電，勇猛非凡，進行人工馴養後，用以捕殺天鵝及大雁。

秋山玉

所謂的秋山玉，其題材以秋季狩獵活動場面為主。主體圖案以虎、鹿為主，附琢以山石、樹林，或單面雕，或雙面雕。虎多作蹲坐凝望狀，鹿有個體也有群體的，多作奔馳狀，這充滿了淳樸的山林野趣和濃郁的北國情調，與傳統的玉器有著本質的區別。

春水玉和秋山玉在內容上雖然大體一致，反映的都是狩獵的場面，但在圍繞主題鶻鵝、虎鹿的基礎上，每件的具體形式卻是千差萬別，絕無重複之感，達到了形散神不散的藝術境界。

玉佩

玉佩是遼、金玉器中的主要品類，其種類繁多，以動物、植物形象為主，另有少量工具形狀的佩飾。

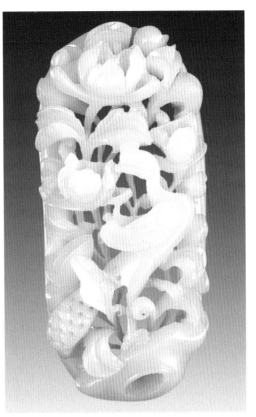

鏤雕孔雀穿花玉雕

金代，長9.4公分。香港蘇富比拍賣公司於2010年拍賣，成交價約88萬元台幣。

白玉質，通體鏤雕一隻孔雀穿行於牡丹花叢之中，工藝複雜，雕琢精細。

鶻攫雁玉飾

金代，長7.5公分。現藏於北京故宮博物院。

白玉，局部有黃褐沁色，器面呈橢圓形，以多層鏤雕和陰線刻紋法琢一海東青啄雁圖。

白玉「秋山」飾件

金代，直徑5.5公分。現藏於臺北故宮博物院。

白玉，全器呈圓形，紋飾圍於一環托內，多層次鏤空呈現一回首鹿於坡石柞樹間。

玉帶板

遼代繼承唐代的用玉制度，對玉帶板的使用有嚴格的規定，只有皇帝有資格使用純粹的玉帶板，其餘的官員最多允許使用金玉帶板、銀玉帶板。和唐代玉帶板不同的是，帶銙通常光素無紋，且帶銙沒有定數，厚薄也略有出入，四角常以銅釘鉚在草帶上。

金代玉帶板的使用情況基本和遼代相同，但制度有些放鬆。其形制通常簡單，帶銙大多光素無紋，帶扣多用金屬製成。

玉器皿

遼代製作的玉器皿數量不是很多，但品質精良。所發現的一件雙鵝帶蓋小盒，長9.3公分，高3.8公分，青玉雕成，蓋子上用淺浮雕和陰線刻畫出一前一後作蹲伏狀的雙鵝形象，鵝頸相互勾連纏繞，雙鵝前端開口鑿空作管狀盒狀，是將動物製成容器的早期實例之一。

另發現了一件水盂，玉料呈青白色，屬於文房用品，高2.3公分，弧腹平底，橢圓形口作四出花瓣狀，通體光素無紋。

象生玉器

動物形玉器

遼代象生玉器以動物造型為主，植物和幾何造型很少，這可能與契丹以遊牧經濟為主、長期與動物為伍有關。其造型古拙質樸，神態自然。動物的種類繁多，既有常見的虎、獅、鹿、馬、猴子、蜥蜴、蠍子、青蛙等現實中的動物，也有龍、鳳等傳統的神獸。

玉人

金代的象生玉器寫實性強，具有濃厚的生活氣息。黑龍江綏濱古城金代墓出土的一件青玉人高5.1公分，寬1.8公分，頭戴短翅紗帽，頸下佩項鍊，身著對襟衣，手執蕉葉，雙腿前後支叉作行走狀。面似兒童，刻畫生動，形象可愛。

玉飛天

玉飛天肇始於唐代，遼代繼承唐代玉器製作的工藝與風格，也製作了許多精美

雙鵝帶蓋小盒

遼代，高9.3公分。現藏於遼寧省博物館。

的玉飛天。

　　內蒙古翁牛特旗解放營子出土的一件遼代玉飛天，青白玉製成，頭戴平頂帽，上身半裸，下著長裙，肩披飄帶，下托如意形雲紋，體態纖細，姿態炯娜，通體鏤空隱起，以纖細剛勁的陰線刻畫細部。這件玉飛天造型優美、雕琢精細，是遼代玉器的精品。從它的形制、紋飾和雕琢技法來看都與唐代玉飛天有著緊密的關聯。

　　玉玩具

　　玉嘎拉哈的外形像羊或狗的髕骨，是女真兒童的佩戴物。中有穿孔，可以隨身佩戴。羊和狗是北方主要供食用的動物，佩戴羊或狗之骨，似有希冀少年福祉不斷之意。

玉人
金代，高 5.1 公分，寬 1.8 公分。
現藏於黑龍江省博物館。

元代玉器

　　元朝是蒙古人建立的政權。蒙古族入主中原以前，幾乎沒有玉器製作。滅掉金、南宋，定都大都後，元吸收漢族、女真族先進的琢玉工藝，玉器製作業迅速發展起來，取得了輝煌的成就。當時，蒙古統治者在大都和杭州都設立了專門的玉器作坊，專向皇室提供宮廷用玉，民營的玉器作坊也蓬勃發展起來。不僅琢製玉佩飾、陳設觀賞品、玉器皿，而且還廣泛將玉器用於建築和傢俱，應用範圍擴大，數量有所增加。

　　景德鎮是元代的製瓷業中心，而大都和杭州是當時的玉器工藝中心，內廷的製玉機構及碾玉作坊規模空前龐大。所製作的玉器吸收了宋、金時期高超的鏤雕工藝，浮雕技法也被運用得出神入化。繼承了宋、金玉器形神兼備的特徵，做工漸趨粗獷，不拘小節，對器物表面的琢磨一絲不苟，而在側面、內壁或底部則不求甚精。繼續碾製春水玉和秋山玉以及從南宋繼承下來的漢族傳統玉器，也製作了玉押、玉帽頂等有時代特徵的用具和裝飾品。春水玉和秋山玉的風格與金代十分相似，但紋飾圖案稍顯繁雜，做工也不及金代細緻。紋飾繼承了南宋玉器製作的工藝，以花鳥、山水、螭虎、海獸等傳統圖案為主，其中的凌霄花最有特色。

　　中國古代玉器一向以小巧玲瓏而著稱，元代玉器在此方面有了較大的改變，形體逐漸向大的方向發展，著名的「瀆山大玉海」是其中的代表，氣勢雄偉，是古代玉器中的傑作，開創了我國大型玉雕的新領域。

　　元代玉器不僅以大取勝，小巧的器物也做工精美，最有代表性的是玉爐頂。元

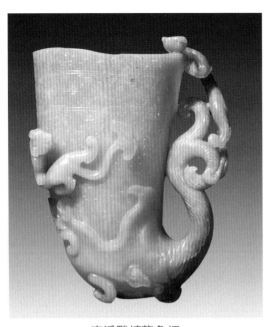

高浮雕螭龍角杯

元代，高15.6公分。香港蘇富比拍賣公司於2007年拍賣，成交價約360萬元台幣。

青白玉，有褐色沁斑。仿犀角形，中空，下漸收束，近底處成捲索形向上攀於杯口，形成執耳，另一側高浮雕兩隻螭龍，器身飾滿勾連雲紋。

鏤空鴛鴦玉爐頂

元代，高5公分。香港蘇富比拍賣公司於2010年拍賣，成交價約133萬元台幣。

白玉，玉質瑩白溫潤。鴛鴦頭在頂部，頂有翎，琢作在荷花叢中穿插遊玩狀，荷花叢花枝繁茂，造型栩栩如生。

代玉爐頂目前所見很多，雕刻工藝類似春水玉和秋山玉，但爐頂均為立體圓雕，形似小玉山子。

另外，元代還繼承了宋代仿製古玉器的傳統，根據商周青銅器的形制仿造了許多玉鼎、玉簋、玉壺、玉尊、玉瓶等，但紋飾仍留有較明顯的時代特徵。

玉 材

元代玉器的玉材主要來自和田及附近的匪力沙，以羊脂白玉為主，另外還有白玉、青玉、黃玉、碧玉、墨玉等，色澤有乳白色、青白色、青色、綠色、黃色、黑色等。

造 型

和唐、宋、遼、金相比，元代玉器形體較大，氣勢恢宏。從雕琢工藝上來看，工藝嫺熟。尤其是在方形玉器的處理上，變硬挺的直角為流動的倭角，剛柔並濟，同時在邊框內外緣刻兩條粗陰線，更使元代玉器的線角顯得十分優美。

元代製作了大量的仿古玉，最有代表性的是玉瓶與玉尊，模仿的對象或是商周青銅尊的造型，或是新石器時代陶瓶的形象，為清代玉器大量仿摹青銅器、陶器開了先河。

元代玉器中的裝飾品多以動物形與花卉形為主題。圓雕為主，片形為次，其他器多屬圓雕，有圓形、橢圓形及隨形。

紋 飾

元代玉器上的紋飾基本繼承了宋、金玉器上的傳統紋飾，但又有所改變。

當時最常見的紋飾有龍紋、虎紋、鹿紋、螭紋、鳳紋、魚紋、鳥紋、人物紋、荷葉紋、水草紋、牡丹花紋、凌霄花紋、天鵝紋、海東青紋等，許多紋飾有明顯的時代特徵。如元代秋山玉上，柞樹葉大而圓，虎紋多為波形的細長尾，虎身有兩排雙陰線紋，後來又變成寓意吉祥的福鹿圖案。春水玉逐漸消除了血腥的場面，改變為鷹擊天鵝、蘆雁荷藕圖。

元代玉器上的龍紋特徵最為明顯，禿尾，鬚髮後飄，腿毛用多道細陰線刻成。蟠螭紋數量增多，給人以再次興起的感覺。蟠螭的頭額寬且高，眉、眼、鼻、口都集中在整個面部的前端，給人以擁擠之感，且大多有飄拂的毛髮。整個身體的造型成爬行狀，前肢彎曲柔弱，後肢一曲一伸，強壯而矯健，和高聳的肩部相互呼應，充滿動感。四肢的關節處都飾有捲雲紋，這是元代蟠螭紋的標誌。尾也作捲雲狀，分兩股，一長一短，左右分開，尾特長，作旋渦狀，長度超過以前各個時期。

工藝

元代玉器在繼承宋、金玉器的琢製工藝的基礎上又有所發展。無論是宮廷還是民間，玉器製作都成為重要的手工業部門，反映出蒙古統治者秉承了漢族的文化傳統，將崇玉觀念和用玉制度繼承了下來。如對玉押的使用，規定只有一品以上的官員才有資格使用，皇帝的寶璽須用玉製成。不過，元代玉器沒有多少創新品種，總體來說是傳統勝於創新，繼承勝於發展。

在玉器製作上，元代玉器的器型有向大發展的傾向，不注意細節的處理，雕工通常粗獷勁逸，器物表面往往留有鑽痕和砣痕，拋光不甚講究。不過，有的器物雕琢特別細心，精細得出奇。雕刻方法包括淺浮雕、鏤雕和圓雕，並均與陰線紋結合，立體感很強。

玉龍紋帶板

元代，尺寸不詳。現藏於臺北故宮博物院。

白玉質，以多層次鏤空技法處理紋飾：中心爲五爪游龍穿雲紋，外圍爲菱花形開光，底襯捲草紋，四角則飾剖面式的朵花紋。此帶板在乾隆時被配以新座，成爲皇帝文房陳設的雅玩。

玉魚

元代，長6.5公分。香港蘇富比拍賣公司於2010年拍賣，成交價約95萬元台幣。

青白玉，有雜質。鱗、鰭、尾均用陰線刻成，線條精細，刀法嫻熟，形態逼真。

鼎盛於明清時代

　　明清時期，玉器工匠們將傳統的線刻、浮雕、圓雕、鏤雕等手法融會貫通，將當時先進的繪畫、雕塑、金銀細工等手法同玉器製作巧妙地結合起來，在傳統紋飾圖案的基礎上又有選擇地吸收外來文化的精華，展現出令人歎為觀止的工藝水準，達到了出神入化的藝術境界。仿古玉器的造型足以亂真，俏色玉器色澤的組合天衣無縫，怎能不令人浩歎「山川之精英，人文之精美」！

明代玉器

　　明代是中國資本主義的萌芽時期。城市經濟高速發展，市民階層的生活水準日益提高，手工業者的勞動熱情被調動了起來。統治者對玉器的製作非常重視，皇家用玉有御用監製，民間的賞玉之風也盛行起來，玉器成為最為常見的裝飾品。在全國各地的繁華市鎮中，玉肆成為必不可少的行業。

　　在中國數千年的歷史中，手工工匠的地位一直很低，一直生活在社會的最底層。無論是商周時期的「百工」，還是元代的「匠戶」，工匠始終由官府統一管理，單獨編立戶籍，常年為上層統治者役作，以微薄的收入養家糊口，並且子孫世代相襲，不得擅離，生活極度悲慘。明代玉器的蓬勃發展首先應歸功於工匠地位的相對上升。明朝建立以後，將工匠們的服役方式分為三種：一種為輪班匠，每3年服役3個月，免除其他差役；一種為住坐匠，為有一定技術的農民，每月服役10天；一種為存留匠，是因特殊原因需在某些地區服役的工匠，由地方官府統一管理，不必赴京應役。服役期以外時間，匠人可以自主經營。

　　明代中葉之後，又實行輪班匠以銀代役的制度，這些措施在一定程度上改善了工匠的待遇和地位，工匠們有了較大的自由，極大地刺激了工匠的生產積極性。

　　明代玉器正是在這種背景下獲得新的活力，結出了異常豐碩的果實，把中國古代玉文化推向新的高峰。

　　然而，明代早期的玉器，並沒有形成自己的風格，主要承襲元代玉器的製作工藝，選材精良，雕琢嚴謹而精美，但不注重對細節的處理，明顯保留有元代玉器的遺風。當時製作的玉器有玉帶板、玉圭、冕飾、玉佩、玉硯、玉杯、玉筆架等。

　　明代中期，隨著文士文化的興盛，出現了具有文人色彩的玉器，造型和紋飾趨向簡略，如青玉松蔭策杖斗杯等。此時玉器製作集中於文風盛行的江蘇、江西、浙江、上海等地，主要有雞心佩、帶鉤、戒指、玉簪、鏤空壽字玉等，器件小巧玲

瓏，充滿文士情趣。而此時，因文人的推崇，秦漢古玉在明代中晚期為世人所珍視，非常貴重。不僅宮廷用玉出現了許多仿古製品，為追逐利益而製作的仿古玉數量更多，雕琢不夠精細，出現了粗製濫造的情況。商業發達，海外貿易頻繁，整個工藝美術為商品生產和外銷所支配，玉器製作出現了商品化的趨勢，玉器體厚重，造型呆板，作工草率，裝飾繁瑣。在紋飾圖案方面，當時流行「圖必有意，意必吉祥」，玉器中出現了大量寓意吉祥的圖案，符瑞吉祥的諧音題材甚為風行。玉文化中的城市庶民、文人的成分與影響正在增強，這是城市商品經濟繁榮、玉器生產商品化的結果。

明代晚期，東南地區社會穩定，城市經濟繁榮，民間富裕，玉器產量繼續增加。當時，蘇州成為中國最重要的治玉中心，著名玉工陸子剛就出自蘇州專諸巷，代表著明代治玉的最高水準。他所琢製的玉器種類繁多，造型豐富多彩，既有玉帶鉤、玉牌、玉佩、玉帶等裝飾品和藝術品，也有玉碗、玉盂、玉壺、玉爵、玉圭、玉鼎等藝術品、玉器皿和仿古玉器。玉壺、玉爵等使用鏨金或珠寶鑲嵌工藝，更顯得絢麗多彩。仿古玉器數量很多，有的製作精美，甚至連乾隆帝也不能辨別真偽。

玉材

明代玉器選材精良，主要為和田白玉、青玉，另有少量碧玉、黃玉和墨玉，玉色有羊脂白色、乳白色、青白色、青灰色、綠色、黃色、褐色、墨色等。

造型

明代早期的玉器有宋元遺風，多用白玉製成，造型粗獷渾厚，多以日常所見的人物、動植物、器物為題材。中期以後，形成了南、北兩種風格。北方以北京所製作的玉

高浮雕螭龍紋角杯

明代，高16.5公分。香港蘇富比拍賣公司於2007年拍賣，成交價約415萬元台幣。

青玉質，有黃褐沁色，器壁飾滿勾連雲紋，並浮雕三隻螭龍攀於器壁。

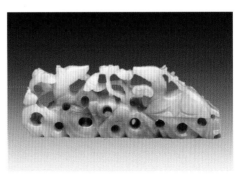

白玉雙鹿筆架

明代，高6.3公分，長20.3公分。現藏於臺北故宮博物院。

白玉，帶褐黃沁紋。器呈長方形，鏤雕湖石，其上伏臥兩鹿及靈芝數枝。雙鹿作口銜靈芝狀，寓意「靈鹿獻壽」。

雲海魚龍紋玉帶板

明代，長18.15公分。現藏臺北故宮博物院。

白玉，主體紋飾爲一條龍首、蛇身、魚尾、有四爪雙足及雙翅的魚龍，以多層次鏤空技法雕花果、海波、捲雲錦地爲襯。

「陸子剛製」合巹杯

明代，高8.3公分。現藏於北京故宮博物院。

青玉質，杯爲雙筒相連式，兩筒間一側鏤雕一鳳爲杯柄，另一側雕雙螭，杯身琢凸起的篆文詩句，其中一側杯口沿琢「子剛製」款識。「合巹」在古時如同現代的喝交杯酒。

器爲代表，追求整體的氣勢效果，大多器型渾厚，刀工剛勁俐落，刀法粗獷有力，不注意對細節的處理，棱角較硬，陰刻線轉折連接處銜接不緊密，浮雕圖案的地子磨的不甚平整，因此有「粗大明」之稱。

「粗大明」僅僅代表了明代北方玉器的製作風格，而不是整個明代玉器的風格。明代南方玉器以蘇州製作的玉器爲代表，選材非常認真，講究工藝技巧，一絲不苟。所製玉器精巧玲瓏，器型規矩，地子平整，邊線流暢，出現「三層透雕法」，鏤雕十分精細，又被稱爲「南細工」。

紋飾

明代玉器上的紋飾多爲花鳥、動物、人物故事等圖案，繪畫的意味很濃，充滿情趣。寓意吉祥的圖案大量出現，如八仙、三羊、梅花鹿、魚龍、福祿壽三星等，寄託了人們的美好願望。仿古器物增多，大量古代紋飾重新開始盛行，如瘦面紋、龍紋、螭紋、穀紋、蒲紋、鳳紋、勾連雲紋等，幾乎是逢古必仿。

明代經濟發達，文化領域呈現繁榮的景象，繪畫藝術得到長足發展。受繪畫藝術的影響，明代玉器上的文人畫風格的題材急劇增多，爲增加玉器紋飾的文化底蘊注入了新的活力。

明代玉器的紋飾雖然繼承了宋元玉器紋飾的風格，但又有很大變化。如龍多方首，陰線刻披髮，龍眼似蝦眼；鳥獸頭部較小、轉折較硬、細部較粗；服飾上常見竹葉紋，仿古穀紋多數不刻穀芽等。

明代玉器上的蟠螭紋數量增多，蟠螭的頭部比元代蟠螭的頭部短，有的有角，有的無角；毛髮有的上衝，有的貼肩，有的飄拂；眼形有蝦米眼、三角眼、圓圈

眼、橄欖形眼等，尤其以雙眼凸出的蝦米眼為多。有的圓身，兩側用斜刀切削，形成直楞線，表示脊柱挺健，以增威勢，這種風格形成於明代，與元代蟠螭有明顯的分別。

工藝

明代普遍使用一種新的治玉工具——水凳，玉匠由傳統的席地而坐改為垂足倚坐於凳上，以雙手操縱控制旋轉性砣具，以雙足踩動踏板使砣具來回旋轉。

這一改進大大提高了生產效率，是琢玉工具史上的一次重大進步。

明代玉器的胎體一般較為厚重，雕工有粗細之分。北方玉器線條粗獷，不注意細節的處理，如玉製器皿的內膛、底部處理不精細，俗稱「北大明」或「粗大明」；南方玉器刀工柔婉，製作細膩，俗稱「南細工」。

明代的鏤雕工藝已經達到了爐火純青的地步，在平面片狀的玉料上能雕出兩層、三層不同的圖案，內部和表面和諧完美，被後世稱為「花上壓花」，連清代玉匠也自歎弗如。

另外，圓雕工藝更加精湛，更臻圓熟、精純，許多作品堪稱圓雕之珍。

浮雕螭紋璧

明代，外徑17.25公分。現藏於臺北故宮博物院。

青玉質，一面浮雕五隻螭龍；另一面刻S形紋六圈。

青玉鳳

明代，高10.2公分。現藏於臺北故宮博物院。

青玉質，局部黃赭色沁斑。圓雕，琢成長尾鳳鳥，背頂牡丹花二朵。刻工精巧，造型優雅。

明代玉器在線條、琢磨等刀工方面，有一個明顯的特徵：在淺浮雕的地子上，往往留有實心鑽鑽過後留下的坑窪，俗稱「麻地」。

明代刀法具有時代風格，刀工粗獷，渾厚有力，生動活潑，寫生味濃厚，出現了浮雕、鏤空做工，還有雙層甚至三層的鏤雕。器物表面玻璃光澤強烈，大件器物的表面也往往留有鑽痕和砣痕。

種類

明代玉製器皿種類繁多，主要有玉杯、玉壺、玉碗、玉盒等時做器皿及仿青銅器器型製作的鼎、尊、爵、匜等仿古器皿。時做器皿高貴典雅，仿古器皿古色古香，極富特色。仿古器皿種類繁多，其中的精品惟妙惟肖，以其獨特的藝術魅力為明代玉雕再添光彩。

禮器類

玉璧

玉製禮器在秦漢時期就開始衰落，唐代以後幾乎絕跡。到了明代，在「法先王」的思想旗幟下，玉製禮器又如雨後春筍般破土而出。當時製作的禮器主要是玉

玉鯉魚

明代，高11.9公分。香港蘇富比拍賣公司於2008年拍賣，成交價約145萬元台幣。

青白玉，有赭色沁斑。沁斑被巧妙地琢成大小一對錦鯉，以陰線刻出鱗身、鰭、尾，形態栩栩如生。

璧和玉圭，大多仿照古製。

明代玉璧的數量不多，用青玉、白玉製成，其形制主要有兩種。

一種一面是淺浮雕螭虎紋，另一面仿自戰國時代的穀紋或雲紋；二是根據古文獻記載中的玉璧式樣加以仿製，璧的兩面均飾有仿戰國、漢代的穀紋或雲紋，然後在璧體的邊沿外增加其他裝飾。另外，明代還開始出現八卦紋飾的玉璧。

玉　圭

玉圭是明代極為重要的禮器，考古發掘出土的明代玉圭數量較多，一般均放置於裝潢精美的盒內，其形制相當規整，均為上端呈三角形的長方形玉片，紋飾主要是穀紋，另外還有「山」形紋、中間起脊的「雙植紋」等。

裝飾類

玉組佩

在「賦玉以德」的年代，佩玉是古代士大夫標榜自己處世清白的習俗。玉組佩在春秋戰國時期廣為流行，秦漢時期逐漸衰落下去，唐宋時期幾乎不見了。到了明代，這一華麗的佩飾重新出現了，成為玉裝飾品中的代表，是官吏冠服制度中不可或缺的重要組成部分。從現在發現的明代玉組佩來看，主要由鉤、珩、瑀、璜、琚、沖牙等不同部件組成，形狀有葉形、雲形、雞心形、菱形、長方形、橢圓形，各部件之間還有玉人、魚、蟬、兔、鴛鴦等象生小玉部件。其間以數百顆玉珠串連，人行則玉件鏘然相擊，清脆悅耳。

據《明史·輿服志》記載，皇帝使用的玉組佩有「玉佩二，各用玉珩一，瑀一，琚二，沖牙一，璜二，瑀下垂玉花一，玉滴二，琢飾雲龍紋描金。自珩而下繫組五，貫以玉珠。行則沖牙、二滴與璜相

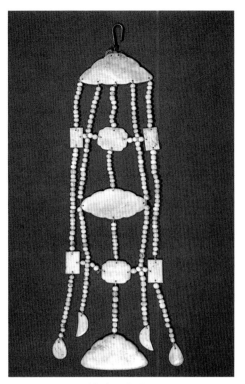

描金玉組佩

明代，通長49.4公分。現藏於北京定陵博物館。

此件分五層玉飾，由236顆玉珠連綴而成，五層玉飾由上而下分別為珩、瑀、琚、玉花、玉滴、沖牙，並飾有描金紋樣。

玉　璧

明代，外徑5.42公分。現藏於臺北故宮博物院。

青玉質，局部微褐。一面琢淺浮雕大小螭紋，另一面琢淺浮雕如意雲紋。

觸有聲。金鈎二」，定陵出土的7組玉佩充分證明了這一點。

玉頭飾

明代玉頭飾的種類很多，主要有玉釵、玉簪等。明代玉釵和玉簪的釵身和簪身多為金質，釵頭和簪頭則以鑲嵌有多類紅、藍寶石的玉為主體，或雕琢成佛像，或雕琢成花瓣形，有些則刻成「佛」、「壽」等祥瑞字樣。金、玉、寶石交相輝映，光彩奪目。

動物形玉佩

明代以動物為題材雕琢的佩飾非常多，是佩飾中的大類。此類動物佩有三種形式：一是以個體獨立圓雕動物為主要表現形式；二是以動物結合植物、人物等雕琢的佩飾；三是以動物圖案為題材裝飾的玉佩飾。

明代動物佩主要有牌飾、墜、片飾等，其題材也很豐富，既有仿古神獸類玉雕，也有家畜類、野生動物類玉雕。其中，仿古神獸類主要為傳統的辟邪、龍、鳳題材，這也是清代玉雕中的主流紋飾。不過，這類神獸仿古玉雕已失去戰國、漢代神獸那種強健有力的風格，而呈現柔弱、圓潤、肥胖的特點，風格也趨向誇張、溫和、呆板。

植物瓜果形玉佩

明代的植物瓜果佩題材很多，有瓜果、蓮花和蓮籽等，也常與魚、鳥等組合起來。不過，因產量巨大，工藝有所下降，製作比較粗糙，線條簡練平直，構圖也較簡潔。多以簡潔明快的線條來表現植物瓜果的基本特徵，對花果的細部加工不夠精細。拋光也較粗糙，溝槽之處很少拋光，仍保留解玉砂留下的痕跡。

玉墜飾

玉墜是歷代玉器中必不可少的裝飾物。明代玉墜製作精美，種類繁多。明定陵出土的一件金環鑲寶玉兔耳墜為明玉飾件的精品，玉兔高2.4公分，長耳短尾呈站立姿勢，兩眼為鑲嵌的紅寶石，前肢抱杵，下有臼，作搗藥狀，造型生動，取意於神話傳說中的月宮玉兔，充分顯示了明代玉匠豐富的想像力和高超的技藝。

玉犬

明代，長7公分。香港蘇富比拍賣公司於2010年拍賣，成交價約220萬元台幣。

白玉質，乳白瑩潤，琢一圓雕獵犬作伏臥狀，雙眼凸出，兩耳下垂，尾巴捲曲貼於右側大腿，形態恬靜可愛。

玉帶板

玉帶板在唐代就受到統治者的重視，對其使用制度有嚴格規定。到了明代，玉帶板成為官場禮服必不可少的組成部分，使用制度更加完善。據《明史·輿服志》載：「凡帝王、一品、公、侯、伯、駙馬，或皇帝特賜方可用玉帶。」這是洪武十三年對玉帶板使用資格的規定。永樂時期，規定前腰13銙，後腰7銙，第一次為玉帶板訂立了標

準，人們把這種20塊的玉帶板稱為制式玉帶板。

明代玉帶板同唐宋時期結構基本一致，係由鞓、銙、䤩尾及帶扣組成。帶銙質料以和田羊脂白玉居多，質地細膩光潤。平面形制多為長方形、方形和桃形，有素面和飾紋兩種。有紋飾的，多運用「花下壓花」的鏤雕技法製作出多層圖案，巧奪天工，紋飾包括雲龍紋、海水江崖紋、鹿紋、獅紋及各種花鳥蟲魚、百子圖等。其中，穿雲龍紋是明代玉帶板上的代表紋飾。

子剛牌

陸子剛是明代傑出的琢玉大師，他的玉雕被稱為「吳中絕技」，所雕玉牌飾被稱為「子剛牌」。

陸子剛治玉喜用透雕、圓雕、浮雕、剔地陽紋、陰線刻等技法，將印章、書法、繪畫藝術融入到玉雕藝術中去，並且常常把地子磨成砂狀，糙如磨砂玻璃，俗稱「磨地

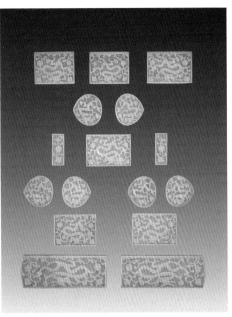

白玉穿花龍紋帶板
明代，現藏於大英博物館。
白玉琢成，共16塊，其中圭形兩塊，長條形兩塊，桃形六塊，長方形六塊。除兩塊長條形雕飾花卉紋外，其餘均雕有穿花龍紋圖案。

仿子剛牌
清代，高4.4公分。香港蘇富比拍賣公司於2010年拍賣，成交價約550萬元台幣。
白玉質，瑩白溫潤，正面雕孫策持戟像，外圍以抽象龍紋為裝飾，背面鐫刻題詩。

子」。子剛牌是其眾多作品中最有代表性的一種，正面呈方形或長方形，寬厚敦實。所選玉料全為潔白無瑕、瑩潤細膩的和田羊脂白玉，花紋圖案出類拔萃，集天然美與藝術美於一身，代表了明代玉雕的最高水準。

子剛牌通常兩面雕刻。一面琢山水、花鳥、人物、走獸圖，雖用琢玉工具碾出，仍不失畫家的筆墨情趣；一面雕刻詩文，龍飛鳳舞，彷彿是名書法家直接書寫其上，並琢有子剛印款。子剛牌在明代就受到朝野上下的極端推崇，尤其受到文人墨客的喜愛，售價高且供不應求。當時，有的玉匠受利益驅使，就開始仿製子剛牌，且落子剛款。清代、民國時期直至現代，仍有人在仿製子剛牌，也落子剛款。這類玉牌，人們常將其稱為「子剛款牌」。

仿古玉器

玉鼎

「玉鼎」一詞在宋代文獻中就有記載，宋人龍大淵在其著作《古玉圖譜》中就有玉鼎的圖譜。從理論上說，商周之時即應有玉鼎，但目前還尚未有此類考古發現。從宋人文獻描繪的玉鼎中可知，當時的玉鼎與商周青銅器相仿。玉鼎仿製最好的當屬明代仿品，既有古銅鼎的韻味，工藝又很精細，線條簡練古樸。

玉尊

明代的仿古玉器在宋代的基礎上又有很大的發展，仿製水準已達到亂真的程度，對清代的仿古玉器產生了深遠的影響。

玉尊是明代仿古玉中的一大類器皿，這一時期玉尊造型各異，有的是按照宋人圖譜仿製的，有的是按照宋代瓷器或銅器仿製的。明代的仿古玉尊較清代有古韻，紋飾也較簡潔，體現出復古的特點。

玉觚

觚是商周時期重要的青銅飲酒器，玉觚與青銅觚器型相同或相近，為飲酒器或用於插花的觀賞陳設器。宋代龍大淵的《古玉圖譜》中有關於玉觚的描述，明代有大量觚的玉仿製品。仿品製作較為自然、逼真，其器型、紋飾較凝練、粗獷。這類玉觚玉質較佳，有黃玉、碧玉、白玉等。

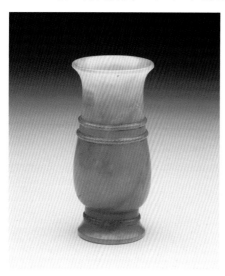

青玉小瓶

明代，高8.6公分。現藏於臺北故宮博物院。

青玉質，仿銅尊造型，器較小，侈口、直頸、鼓腹、圈足。頸、足飾繩紋。

玉器皿

玉杯

玉器皿對玉料的要求高，琢製難度大，隋唐以前一直較為少見，宋元時期數量有所增

加。直到明代，玉器皿才大量出現。

明代玉器皿一般壁體較厚，造型雄渾，不拘一格，鏤雕、浮雕、線刻等多種手法緊密結合，製作異常精美，是明代玉器中的代表性器物。其中，玉杯是最常見的明代玉器皿。

明代玉杯雕琢細緻，品種較多，形制各異，造型奇特。有的玉杯一側或整個杯外雕有極為繁複的裝飾，鏤雕部分體積較大，有的超過杯的容器部分，技藝極高。有的玉杯置於盤式金銀托盞上，托盞上滿嵌各色寶石，華美異常。

玉合巹杯

合巹杯是古代婚禮上用來喝交杯酒的專用杯子。兩杯相連，中間相通。明代玉雕中最為精美的就是陸子剛製作的合巹杯。

玉執壺

明代玉執壺形式多樣，有荷花式、竹節式、八方式等，圖案裝飾豐富多彩，多為吉祥、祝福的圖案，如八仙慶壽、松鶴壽星等。有些壺上還雕有「壽」字，一般在壺蓋上均立雕出壽星、仙桃等裝飾。

玉盒

明代玉盒多為方形，形制古樸，盒蓋和四壁多飾以花鳥、山水圖案，有些還題有詩句，意境高雅，充滿詩情畫意，側面或飾以花卉，或飾以雲雷紋。

玉花插

花插是用來插花的器皿。目前見到的數量較多的是明代的玉花插，造型凝重，胎體粗厚，結構簡練緊湊，以靈芝形、玉蘭形最為常見。

文 房 用 具

玉筆架

明代不僅製作了數量眾多的玉製器皿，還琢製了一定數量的實用器物，主要有

青玉觚

明代，高20公分。現藏於臺北故宮博物院。

青玉質，雕琢成仿青銅器「觚」造型，微撇口，長直頸，鼓腹，高撇足。脛部以回紋填地，陰刻蕉葉紋、獸面紋，腹飾獸面紋，足為回紋。

青玉螭耳杯

明代，高7.5公分，口徑7.1公分。現藏於北京故宮博物院。

青玉質，呈青褐色。杯身以陰線刻梅、竹、松紋，雙耳為鏤雕螭龍。

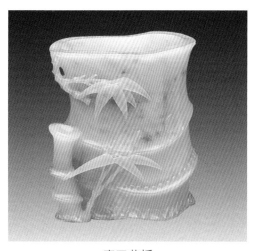

青玉花插

明代，尺寸不詳。現藏於臺北故宮博物院。

青玉質，色灰白泛青，局部雜褚斑。琢作筒形，以竹節爲造型，一側有短竹節、竹葉，上方竹葉旁刻有御製詩。

青玉八仙圖執壺

明代，高27公分。現藏於北京故宮博物院。

青玉質。蓋紐鏤雕壽星騎鹿，蓋緣、口沿及足部皆飾有山字紋，頸部用陽紋刻有草書題詩，器身雕飾八仙、花草及山石等圖案。

玉筆、玉硯、玉筆洗、玉鎮紙、玉印盒等文房器具，造型簡潔，紋飾淡雅。

明代的玉製筆架以「山」形為典型樣式，也有動物形。山形筆架多為三峰，峰柱短而粗，架筆時，筆架不會翻倒。

玉筆管

筆是文房四寶之首，用玉製作筆管的歷史十分悠久。明代製作的玉筆數量較多，但完整保留下來的數量很少，現在可以見到的只有玉筆管和玉筆帽。這些玉筆管或玉筆帽大多光素無紋，也有的器身上以陰線刻或淺浮雕出螭紋、梅花紋、荔枝紋等，紋飾疏落，風格粗放。我們現在能見到的最早的玉筆管就是一件明代的青玉質筆管，該筆管及筆帽上雕螭紋，螭頭呈方形，螭的小腿細長，作爬行狀，紋飾以淺浮雕方式琢出，似貼片。

玉硯

用玉製硯的歷史悠久，但數量不多，因為玉硯不宜發墨，不利於書寫，主要作用是搓磨朱砂，這從玉硯上殘留的朱砂痕跡可以推測出來。明代玉硯造型端莊大方，渾厚樸實，一般不加以飾紋。器型有長方形、抄手形、橢圓形、圓形、蟬形等。

玉筆洗

玉筆洗是數量較多的玉製文具，其造型多為植物形式，如荷葉形、桃形、瓜形等，以荷葉形玉筆洗最具典型。明代的荷葉洗一般是以一張捲曲的荷葉作洗身，荷葉邊緣或凹或凸，高低錯落，葉內用陰線表示葉脈，外壁高浮雕蓮蓬、荷花或鏤雕交錯彎曲的枝梗作把。除植物樣式的玉筆洗外，還可見方形、圓形、橢圓形等。

玉印盒

明代玉印盒取材少有上等玉料，器型以方形為主，也有圓形、倭角形，有些玉

青玉螭耳玲瓏洗

明代，高12公分。倫敦蘇富比拍賣公司於2010年拍賣，成交價約45萬元台幣。

青玉，圓口、深腹、圈足，鏤雕三螭，均爲耳。

青玉硯

明代，通高4.2公分，長16.2公分，寬9.2公分。現藏於山東省博物館。

青玉質，琢成長方形硯臺，前端爲弧形，硯池爲橢圓形，光素無紋。附有木雕座。

盒內留有鑽孔痕跡。常見紋飾爲蟠螭、雲鶴、梅花、山水人物、壽字花鳥等，以淺浮雕或陰線刻工法雕琢。

玉鎮紙

明代玉鎮紙造型既有以動物爲題材的，也有以人物爲題材的，如臥嬰式、婦兒式等，內容多採用傳統典故或吉祥圖案。

象生玉器

玉雕動物

明代的象生玉器發現較多，種類繁雜，大小懸殊，用途各異。一般來說，較大的多爲陳設藝術品，較小的多充當玩賞物或佩飾部件。

玉臥鹿

明代，高7.5公分。香港蘇富比拍賣公司於2010年拍賣，成交價約300萬元台幣。

白玉質，圓雕，琢一臥鹿，昂首，雙目前視，四肢彎曲，伏臥在地。

明代玉雕動物刀法剛勁有力，線條棱角分明，但磨工較差。有的器物表面磨製得非常光亮，但在轉角處或細部處理上較爲粗糙。

用圓雕手法製成的動物，肌肉飽滿，風格寫實，形象生動，比較注重對細部的刻畫，力求逼真。和清代玉雕動物相比，明代的略顯粗壯，紋飾簡潔，細部的造型略顯粗獷。其頭部通常較小，棱角較多。常見的動物形象有龍、鳳、蟒、鶴、鹿、虎、獅、牛、馬、兔、羊、猴、飛魚、鴛鴦、蝙蝠等，圖案造型通常有諧音隱喻之意。如馬背上蹲立一猴寓意「馬上封侯」，蝠鹿表示「福祿」，羊表示「吉祥」，魚表示「有餘」等。

玉雕人物

玉雕人物在明代象生玉器中也占了很大比例，題材廣泛，主要有神仙、佛教人

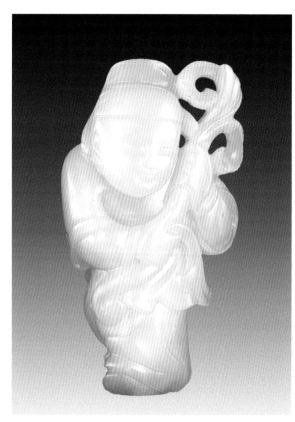

玉童子

明代，高6.2公分。香港蘇富比拍賣公司
於2010年拍賣，成交價約180萬元台幣。

白玉質，局部有褐色沁斑，圓雕，童子頭
戴巾帽，雙手捧一長枝，形象生動、可愛。

物、劉海、高士、仙女、胡人、童子等。其中，壽星和佛教人物占了很大比例，這些人物通常為大頭、長臉、小鼻，衣裙較少，用陰線刻畫細部。

明代盛行玉雕童子，童子的形象類似宋代的荷花童子，但造型變化較多，且年歲較長。服飾上常有竹紋褶痕。

清代玉器

清代康乾盛世，連續對新疆準噶爾部和回部用兵，取得了巨大勝利，將新疆完全置於中央統治之下，品質優良的和田玉沿著古絲綢之路暢通無阻、源源不斷地輸入內地。

葉爾羌玉與和田玉都產自崑崙山中，兩者的品質沒有區別，許多人乾脆將其同稱為和田玉。葉爾羌玉的玉儲量大，體積大，這為雕製大件玉器提供了原料。「大禹治水圖玉山子」、「會昌九老圖玉山子」、「關山行旅圖玉山子」等宏偉巨製，原料都產自葉爾羌的密勒塔山。

清代平定新疆後，規定新疆每年向中央政府進貢兩次玉料。乾隆三十年（1765）後，和田地區每年進貢的玉料多達二三萬斤，主要包括青玉、碧玉、白玉、黃玉、墨玉，而羊脂白玉仍是玉中極品，能工巧匠們因材施藝，創造了不少曠世絕作。

清代皇室對和田玉的開採和使用採取獨家壟斷措施，嚴禁民間私採。不過，當時全國玉肆林立，玉器受到人們的普遍歡迎，嚴禁私採的政策不可能得到嚴格執行。出於利益驅使，走私和田玉的情況屢禁不止，官府只能採取默許的態度。上至封疆大吏下至平民百姓，都加入玉料走私大軍，每年輸入內地的優質玉料不可計數。充足的玉料，為清代玉器走向鼎盛奠定了必要的物質基礎。乾隆皇帝對玉器的喜愛達到癡迷的程度，非常重視玉器的製作，這更起到了推波助瀾的作用。皇家重視，民間普及，中國社會安定，城市繁榮，玉器作坊星羅棋佈，治玉名匠層出不窮，把中國古代玉器推向以大、多、精為主要標誌的鼎盛時期。

當時，由皇家直接控制的玉器作坊有十處，京師內的養心殿造辦處和內廷如意館更是皇帝經常造訪的地方。另外八處分佈在蘇州、揚州、杭州、江寧、淮關、長蘆、九江和鳳陽，由內務府管理的織造、鹽政、鈔關等衙門監督，經常接受造辦處所派的「欽定」的琢玉任務。

尤其是蘇州，自明代以來就是全國的琢玉中心，技術全面，工藝精湛，專諸巷更是名匠輩出，即使京師的造辦處和如意館，也經常邀請蘇州名匠加以指導。

除實力雄厚的官辦和由官府控制的玉器作坊外，全國各地的大小城市裡幾乎都有規模不等的民間玉器作坊，這些玉器作坊琢製的工藝水準雖沒有官辦玉器作坊高，但數量之大卻不可小覷。這些民間作坊製作的玉器選材不夠精細，工藝也略顯粗糙，但更充滿生活情趣，更貼近大眾的生活。

乾隆時期，當中國玉器製作正踏上頂峰時，一支外來的玉器異軍突起，突然闖入清宮玉苑，受到了乾隆皇帝的極端推崇，其獨特的造型和琢玉工藝對宮廷玉器作坊和民間玉肆產生了一定衝擊，這就是痕都斯坦玉器，簡稱「痕玉」。

清代所說的痕都斯坦，大致位置在今印度北部、巴基斯坦大部和喀什米爾地區一帶。由於這一地區當時被莫臥兒帝國統治，痕玉又常被稱為「印度玉」或「莫臥兒玉」。痕玉大約是在乾隆二十四年（1759）清軍平定回部叛亂之後作為戰利品帶入清宮的，乾隆皇帝對這種充滿伊斯蘭藝術風格的外來品交口稱讚，愛不釋手，甚至認為聞名

秋山行旅圖玉山

清代，高130公分，重超過500公斤。現藏於北京故宮博物院。

係葉爾羌青玉，乾隆皇帝命宮廷畫家金廷標據料形繪《秋山行旅圖》，然後由揚州玉工及北京宮廷玉工鼎力合作，歷時十年完成。此玉山取深秋山林景象，配以登山行旅，使玉料特點、題材、內容融為一體，具有很高的藝術價值。

白玉單耳葉式杯

清代，高4.5公分。現藏於北京故宮博物院。

係痕都斯坦白玉，器件輕薄，呈花葉形，一側有單耳雕，呈葉蔓形，形態生動，清麗素雅，極富裝飾性。

天下的蘇州玉雕也沒有痕玉精美。他一方面下令到處搜尋痕玉，一方面在造辦處專設仿痕玉的工種。但因為沒有掌握痕玉關鍵性的琢製技巧，造辦處仿製品多似是而非，時稱「西番作」。當時製作的具有痕都斯坦玉器風格的作品有碧玉菊瓣盤、青玉茄式洗、白玉葉式杯、白玉雙環碗和青玉雙耳碗等。

以輕薄見長的痕都斯坦玉器造型別致，雕琢精巧，圖案紋飾具有較強的寫實性和濃郁的生活氣息。不過，這種玉器在造型、紋飾方面完全局限在花草果葉的範疇內，種類只有實用器具和少數的裝飾品，表現手法單調，總體來說遠不如中國傳統玉器的博大精深。

當時不僅有外來的痕都斯坦玉器，仿古之風也很盛行，甚至達到了登峰造極的地步。質樸渾厚的清代仿古玉器與玲瓏剔透的時做玉器交相輝映，相輔相成，共同組成了絢麗輝煌的清代玉器文化。

清代的仿古玉器是在總結宋、元、明三代的基礎上發展起來的，但清代仿古玉器仿古而不泥古，青出於藍而勝於藍，將中國古代仿古玉器的水準推向了最高峰。當時製作的仿古玉器，其形制或參照宋、元、明金石學著錄中的造型，或直接依照舊器物的造型進行仿製，還有的部分借用古代器物的造型，將不同時代的器型有機地融合在一起。至於上面的紋飾，分為仿古紋飾和具有本時代特徵的紋飾兩種。造型和紋飾完全仿製古代的器物，惟妙惟肖，達到了以假亂真的境界。若不是刻有「大清乾隆仿古」或「乾隆仿古」等款識，許多專家也辨認不出究竟屬於哪個朝代。

乾隆晚年仿製的商周彝器，更是數千年來仿古玉器的巔峰。這類器物或全部照青銅器式樣仿製，或局部採用青銅器造型，或在青銅器造型的基礎上進一步發展變化形成新的風格，無論哪一種都以其渾厚質樸、端莊典雅、古色古香而令世人為之傾倒。

獸面紋三足爐

清代，高21公分。香港蘇富比拍賣公司於2010年拍賣，成交價約1050萬元台幣。

白玉質，口呈圓形，無蓋，腹面淺浮雕仿古饕餮紋，口外兩側各凸雕鹿銜靈芝，下接爐耳活環，爐底三足，皆為獅頭。

白玉夔龍紋盞

清代，通高7.6公分。香港蘇富比拍賣公司於2009年拍賣，成交價約750萬元台幣。

白玉質，由盞托及盞兩部分組成。托為四瓣花形，中心凸起盞座，座飾蓮瓣紋。盞圓口，深腹，兩側有夔龍形耳。

玉 材

清代玉器的用料主要是和田玉，數量最多的是白玉和青玉，另有碧玉、黃玉、墨玉等。

造 型

清代玉器是中國玉器製作史上的最高峰。它不僅全面繼承了歷代琢玉工藝的優秀遺產，而且借鑑繪畫藝術、石雕藝術、金銀

細工藝術及外來藝術的精華，製作出了形體巨大的玉山子、玉甕、玉屏風等精美的陳設品，薄胎器皿和在玉器上壓嵌金銀花紋的技術更是對古代琢玉技術新的發展和貢獻。

清代玉器在造型風格上給人以一種新的感覺。琢磨出來的玉器地子平，線條直，方圓合於規矩，從不拖泥帶水，乾淨俐落。動物、植物等裝飾性圖案的棱角雕琢硬朗，邊角處似有鋒芒，表面沒有明代玉器那樣的玻璃光澤，而呈脂肪或蠟狀光澤。其總體特徵是失去了古樸之意，但仿古玉器，尤其是對青銅器造型的仿製，又呈現出新的氣象，給人以古色古香的感覺。

紋飾

玉器鑑定行業有這種說法：「清玉無新紋，清玉有美紋。」是說清代玉器沒有創新的紋飾，但對歷代的各種紋飾加以總結，進一步修飾和美化。可以說，清代玉器的紋飾集古代玉器紋飾之大成，達到了玉器裝飾藝術的巔峰。

清代玉器中，一些常見的器物上往往飾以形式多樣的花鳥草蟲、人物山水、歷史故事、神話傳說以及寓意吉祥如意、福祿壽喜之類的圖案或文字，同古玉相比顯得很繁縟，但同現代玉器相比則尚屬簡約。仿古玉器上的仿古紋飾準確精當，流行紋飾則體現出時代特徵。

表現人物故事、山水、庭院、花鳥的圖案在清代玉器中占了很大比例，這些作品竭力追求繪畫效果，構圖方法和設計思路明顯受到清代院畫的影響，風格接近於工筆劃，有的又融入了油畫和阿拉伯圖案因素，豐富飽滿。

在清代玉器中出現的傳統紋飾包括吉祥紋飾、植物紋飾、動物紋飾、幾何紋飾等。

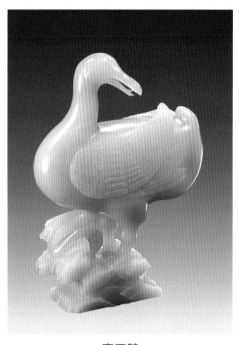

青玉鴨

清代，高23.5公分。香港蘇富比拍賣公司於2010年拍賣，成交價約800萬元台幣。

青玉質，雕一立鴨，鴨頭較小，張嘴，可見舌頭，身體肥碩，站於角石之上。

山石桃花花插

清代，高22公分。香港蘇富比拍賣公司於2010拍賣，成交價約2700萬元台幣。

白玉質，長方形侈口，長頸，短腹。頸兩側飾有象形耳，另兩側刻乾隆御題詩。瓶左側一山石上長出一梅花枝，一直延伸到瓶的右側。附紫檀木座。

青玉達摩渡江圖山子

清代，高22.9公分。現藏於三藩市亞洲藝術博物館。

青玉質，有褐色斑。利用皮色，以深雕、鏤雕等技法琢成山石、流水、松樹，並雕達摩祖師踏一根蘆葦飄然渡江的情景。

白玉描金錦葵圖硯屏

清代，高15.6公分。香港蘇富比拍賣公司於2007年拍賣，成交價約300萬元台幣。

白玉質，一面以描金繪錦葵圖案，另一面以隸書刻乾隆御題詩。

吉祥紋飾有龍鳳紋、如意紋、萬字紋等，植物紋飾有蕉葉紋、花卉紋、花果紋、蓮瓣紋、葡萄紋、松竹梅紋等，動物紋飾有獸類、禽類、鳥類、昆蟲類等，幾何紋有弦紋、繩索紋、方折紋、回紋、水波紋等。

工藝

清代是中國玉器製作史上的高峰，工藝水準發展迅猛，尤其是乾隆時期，雕工高超，紋飾繁縟，風格多樣，技法集歷代之大成，是清中期玉器製作的代表，清中期玉器因而也被人們稱為「乾隆工」。

乾隆時期宮廷玉器的製作工藝極為繁瑣。特別是一些形制較大的器物，首先要經過選料、畫樣，然後再經鋸鑽、做坯、飾紋、拋光等工序。仿古玉尚須做舊，有些玉器上還要刻款。一般來說，具有不同技能的人分別負責一道工序，實行分工合作。

在具體的操作中，將傳統的陰線刻、陽線刻、隱起、俏色、浮雕、半浮雕、鏤雕等技藝發揮得淋漓盡致：線如直尺，圓似滿月，倭角圓潤光滑，鏤雕玲瓏剔透。即使在器物的內膛、側壁或底足等次要部位也一絲不苟，從整體到細部都給人一種和諧圓滿的美的享受。

乾隆時期的玉器精雕細琢，幾乎件件是精品。總體風格可以用「精」、「細」、「密」、「滿」四字概括，即鏤雕務精、碾琢務細、構思務密、紋飾務滿。線條的確是用到了出神入化的地步。線條不僅平直圓潤，角度規整勻稱，轉折流暢自然，並且都是一氣呵成，結合綿密，絕無斷刀或續刀的接痕和毛碴。

乾隆玉器刀工精細，剔地陽紋整齊劃一，地子非常平整，圖案在同一個平面上凸起；淺浮雕製作的圖案結構起伏跌宕，動感

碧玉周穆王八駿圖筆筒

　　清代，高21.4公分。香港蘇富比拍賣公司於2007年拍賣，成交價約3200萬元台幣。

　　碧玉質，器外壁多層次浮雕周穆王與八神駒在山間逗留的情景。傳說中周穆王駕車用的八匹駿馬，能日行萬里巡視周朝之領地。

白玉鏤雕鳳紋環佩

　　清代，直徑5.4公分。香港蘇富比拍賣公司於2010年拍賣，成交價約210萬元台幣。

　　白玉質，有赭斑。桃樹枝圍成環，內鏤雕鳳凰立於桃花叢中。

十足；高浮雕圖案異常緊密，不失清晰；鏤雕圖案層次繁縟，有強烈的立體感。所有玉器表面的拋光工藝精細，器表光潤細膩，大多呈現出脂肪狀或蠟質光澤。

種類

　　清代是中國玉器製作史上的最高峰，保存下來的玉器不計其數，僅北京故宮博物院就收藏有數萬件，品種最為完備，人物、山子、器皿、花鳥、玉飾件、文玩用品等應有盡有，既有時做玉器，也有仿古玉器，其中以器皿、陳設

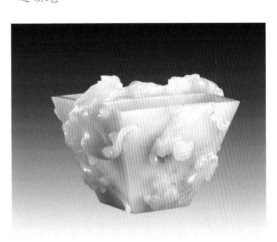

白玉螭龍紋洗

　　清代，高10.5公分。香港蘇富比拍賣公司於2010年拍賣，成交價約220萬元台幣。

　　白玉質，方形，平底，器壁高浮雕九隻螭龍，「九螭」寓意皇族興旺。

類的地位最為顯著。這些玉器製作異常精美，工藝水準高超，在造型方面除繼承傳統器型的特色外，還湧現出一批頗具特色的仿生、仿建築題材的作品，代表了清代乃至中國古代玉器的最高成就。

青玉璧

清代，直徑28.4公分。香港蘇富比拍賣公司於2010年拍賣，成交價約2950萬元台幣。

玉色泛青灰，器面內層浮雕乳丁紋，以繩紋為界，外層浮雕夔龍紋。

碧玉雕山水人物玉山

清代，高24.3公分。現藏於臺北故宮博物院。

碧玉質，略帶赭與沁斑及瑕紋，以多層次浮雕琢九老優游林間，或對奕，或觀景，或賞畫，姿態各異；並刻有御製詩一首，題曰：會昌九老圖。

禮器類

玉璧

清乾隆時期推崇古制，在一些規模較大的祭祀、朝覲、大典活動中經常用到玉製的禮器。仿古禮器主要有璧、琮、圭等。

璧多仿漢制，其紋飾有穀紋、蒲紋及變形的夔龍紋等，常見的一種璧是在璧面上起弦紋一周，內圈遍飾穀紋或蒲紋，外圈雕獸面紋。有些則直接在璧面上雕刻獸面紋或四靈紋，與漢代的同類玉璧異常相似。這些仿古璧均選用優質玉料，精雕細琢，古樸端莊，很多也被用來作陳設品。

玉琮

琮一般仿照良渚文化的器物，如清宮收藏的一件上寬下窄、通體浮雕八組獸面紋的琮，造型、紋飾與良渚文化瘦高型琮如一模所出，但其玉料為清代常用的透閃石軟玉，且琮的中部玉質極新，表面留有清晰細密的磨痕，並呈現出清代玉器拋光所特有的油脂狀光澤，由此可推斷當為清代作品，這是仿古琮的代表作之一。

玉圭

仿古圭戚斧鉞等禮儀用品在清宮仿古玉器中極為常見，如在乾隆時期製作的一類宮廷仿古玉圭上，不僅題有「乾隆年製」的款識，而且有「地字二號」、「元字三號」、「洪字七號」「火字七十五號」等千字文順序號。如「地字二號」和「黃

青玉圭

清代，高20.5公分。現藏於臺北故宮博物院。

青玉，有片狀灰斑。正面淺浮雕波濤紋，邊飾有捲草；背面陰刻字。

白玉學士圖山子

清代，高28公分。紐約蘇富比拍賣公司於2008年拍賣，成交價約130萬元台幣。

白玉質，局部有褐斑。以浮雕、鏤雕等技法雕刻山石、流水、亭台、雲霧、松、柳、桑等景致，而眾多學士或賞景，或對弈，或與童子嬉玩，一派祥和的景象。

「字三號」仿古玉圭，形制相同，近似梯形，與山東龍山文化的玉鏟頗為相近。正面飾3道弦紋，人首和獸面與龍山文化時期幾乎完全相同。

陳設類

玉山子

玉山子即圓雕山林景觀，玉料上面分別雕出山林、水草、人物、禽獸、飛鳥、樓閣、流水等，層次分明，各具形態，從取景佈局到層次排列，都表現出繪畫的章法。

清乾隆時期，玉器製作業空前繁榮，出現了以玉山子為代表的大型玉雕作品，形式多樣，既有反映道教神仙題材的，又有反映佛教故事題材的，其中以反映山水、樓閣、人物題材者居多，場景真實自然，大有微縮景觀之感。

清代著名的玉山子除「大禹治水」外，還有「會昌九老圖」、「秋山行旅圖」及「採藥圖」、「採玉圖」、「觀瀑圖」、「赤壁泛舟圖」等，各具形態，無不顯示出當時治玉水準的高妙。

另外，還有的玉山子形體較小，適合作文房內的擺設用具，用整件樹木、瓜果、動物等作為題材雕琢而成，創作形式新穎，工藝水準也較高，反映出鮮明的時代特點。

玉甕

玉甕的歷史悠久，元代的「瀆山大玉海」是其代表。往往形制巨大，雕刻精美，與其說是不能實用的酒具，不如說是用來陳設觀賞的玉山子的一種。

乾隆時期的大型玉雕除各種造型的山子外，還有雲龍玉翁和九龍雲甕等，也都是重達四五千斤的作品。

玉屏風與插屏

玉屏風和插屏在清代非常盛行，存世作品很多，但製作風格及用玉形式已發生較大變化。通常屏風或插屏的主體框架結構為木質，中間插入或鑲嵌玉石板。玉石板有的是具有自然山水花紋、奇石圖案效果的幾何形制，有的則浮雕動植物、人物及山水圖案等，還有的是將名貴古玉鑲嵌在屏座內，古色古香。這種將玉石與木材相結合的藝術品，顯得典雅華貴，令人賞心悅目，極具裝飾效果。

玉如意

玉如意在魏晉時期就出現了，直到明

玉如意

清代，長43公分。香港蘇富比拍賣公司於2007年拍賣，成交價約4300萬元台幣。

白玉質，頂及柄面淺浮雕細膩的火龍吐珠紋，柄兩面利用色皮飾雲蝠紋。

玉插屏

清代，高15.2公分。香港蘇富比拍賣公司於2007年拍賣，成交價約450萬元台幣。

白玉質，有赭色沁斑。此器利用赭斑刻畫出山形、浮雲、松柏，右側半支船隱於山的背後，一老者循著小徑走上岸來。

清時期才廣為流行。一般為長條狀，側面呈S形。一般長尺許，一端是翹起的如意頭，中間是適宜手握的柄。還有一種三鑲玉如意，即以紫檀、琺瑯、金銀等材料作柄，柄首、腰、尾均嵌鑲玉飾，珠聯璧合。

玉如意是古代王公貴族相互饋贈的貴重禮品，可以用來陳設，因此做工精細，選材精良。清代的玉如意數量很多，通常選用品質優良的和田玉製成，上面雕鏤精美的紋飾。其紋飾可分為福壽類圖案、吉祥類圖案、文人相聚類圖案等。其雕刻方式除高、淺浮雕方式以外，還有陰線刻等，大多精雕細琢。如意頭的形式多樣，呈靈芝形、雙柿形等，而柄多呈枝幹狀。

玉雕童子

清代人物形象玉雕作品中，以壽星、童子最為多見，風格和此前相比有了較大的轉變，人物更加趨向豐腴飽滿，頭部變大，個子矮小，身體變胖，特別是嬰戲童子造型，是典型的大頭娃娃。這與此期的其他藝術品中的人物圖像是相輔相成的，人物形態更誇張，表情更豐富，給人以憨態可掬之感。

單體人物與多體人物組合雕刻的形式很普遍，祈福納祥是選材的主流，具有社會性與民俗性。

玉佛像

清代宮廷中還常雕刻一些儒、佛、道教人物形象，常見的有佛祖、羅漢、高僧、八仙、麻姑、壽星等。一般來說，這類題材的作品並不含有宗教意義，只是作為一種象徵吉祥美滿的陳設品而已。

玉佛像多為圓雕作品，最典型的形象是結跏趺坐，結禪定印端坐蓮花座上。身披長衣，胸部飾纓絡和束結飄帶，頭頂肉髻，雙耳垂肩，雙目微閉，嘴角含笑，神態安詳。玉佛像造型端正，線條流暢自如，拋光精

青玉四臂觀音像

清代，高16.3公分。紐約蘇富比拍賣公司於2007年拍賣，成交價約450萬元台幣。

此像頭戴華冠，髮髻高束，寶珠頂嚴，面龐豐腴，眼瞼微垂，相容寂靜含笑，上軀袒露，佩戴瓔珞釧環，主臂二手施手印，後二臂右手持法器，左手持蓮花，端坐於碧玉蓮臺上。

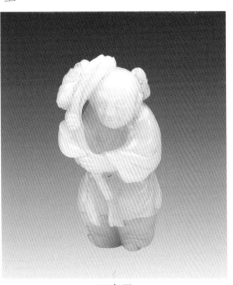

玉童子

清代，高7.22公分。現藏於臺北故宮博物院。

玉色青白。孩童雙手環於胸前，捧荷花束，花束高過童子，靠於前額，雙足微頃，造型逗趣。

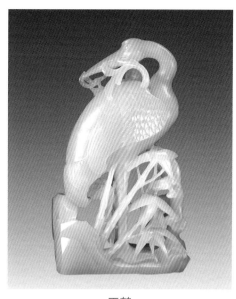

玉鶴

清代，高16.5公分。現藏於三藩市亞洲藝術博物館。

青玉質，琢成鶴形，嘴銜一萬壽菊（寓賀壽之意），立於翠竹枝邊。

青玉麒麟

清代，高13.2公分。現藏於臺北故宮博物院。

青玉質，琢一麒麟，龍首，馬蹄足，有魚鱗。背上背頁書卷，這種麒麟背頁書卷的造型，有「麒麟頁書」之稱，象徵學問成就。

細，顯示出高超的琢玉工藝。

需要注意的是，清代玉器中出現了大量的玉佛手，做工精細，也是陳設類中的精品。

玉雕動物

清代的象生玉器數量很多，主要包括仿動物和仿植物兩種造型。動物題材多為一些象徵吉祥如意的龍、鳳、麒麟、辟邪等神鳥異獸，造型富於想像，善於捕捉動物的瞬間神態，但神韻與漢代相去甚遠，唯玉質多半較精。

另外，還包括寓意吉祥的家畜、家禽及魚、象、熊、鶴、猴、雁、鷹、鵪鶉、雙獾、蝙蝠、鴛鴦等動物。這些動物形玉雕寄託了人們的美好願望，諸如吉慶有餘、三羊開泰、馬上封侯、太平有象、福祿壽喜、金蟾吐寶等祈福納祥的含義，都蘊含在內。玉匠注重對紋飾線條及細部的刻畫，造型較拘謹，風格呈豐滿肥碩的特點。

從雕工上考慮，清代玉器的製作風格有精粗之分。宮廷用玉精工細作，民間則簡潔粗率。民間玉雕動物因屬商品性質，製作較簡潔，不太注重對動物神態及細部的刻畫，用簡練的線條體現動物的基本形態及特點。

玉雕植物

植物造型在乾嘉時期應用極為廣泛，一般的杯、碗、盤、盒、洗等多琢成荷花、菊瓣、海棠、石榴、葵花、貝葉等花葉形狀，花插則多琢成松椿、梅椿、竹筒等形狀，極具古樸蒼勁之感。有些作品甚至將動、植物造型結合在一起，也獲得了始料未及的成功。

玉孔雀

清代，高5.7公分，長11.4公分。現藏於三藩市亞洲藝術博物館。

青白玉，琢成孔雀形，頭頂高冠，收翅，長尾，以陰線刻出羽毛紋理。

仿建築類玉雕

仿建築式造型是將傳統的建築形式應用到玉雕藝術中，大大增強了玉器的藝術表現力，具有很強的感染力，也體現出濃厚的民族風格。

清代的仿建築類玉雕較多，這類作品的主體形狀極為普通，但在局部卻借用古建築中的簷頂、臺階、洞門等來表現主題。

玉 船

玉船在明代就已產生。這種玉雕題材有兩種形制：一是片狀圖案，可作鑲嵌用，也可以為小型佩飾；另一種是立體圓雕形器，器型通常較大，可作為陳設擺件。

清代玉船上一般有篷，人物搖槳，船上載有象徵吉祥或財富的物品。還有的在船上雕琢眾多的人物形象，如八仙等。還有的乾脆雕琢成船形山子，上面不僅有山林、花草、流水、樓閣，還有人物、動物等。玉質精良，雕工細膩，整個作品玲瓏剔透，更加鮮活，具有很高的藝術水準和工藝價值。

玉佛手

清代，長22.8公分。紐約蘇富比拍賣公司於2007年拍賣，成交價約1150萬元台幣。

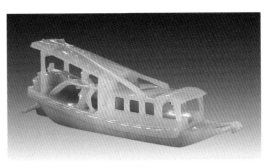

玉船

清代，長18.4公分。紐約蘇富比拍賣公司於2008年拍賣，成交價約39萬元台幣。

裝 飾 類

玉 璧

清代統治者崇尚古制，選用質地精美的和田青玉和白玉製作了許多玉璧，用於祭天和玩賞。除帝王所用的禮器和玩賞品外，民間也製作了許多仿古璧和繫璧，作為陳設品和裝飾品。

清代裝飾類玉璧大多為小型璧，璧身較厚，中間的孔較小。上面的紋飾多樣，既有仿製古代的穀紋、蒲紋、蟠螭紋、龍鳳紋、雲紋等，也有帶有時代特色的花草紋、闊帶幾何紋和含有吉祥寓意的動物圖案等。除常見的玉璧形制外，還獨創了中間帶活環套的雙聯璧。另有仿戰國的出廓璧，異常精美，也是純粹的裝飾品。

清代中期，考古之風興盛，收集到大量商周及秦漢玉璧，這些玉璧不僅成為仿製的對象，許多無紋飾的也被琢磨上紋飾，在當時屬於典型的「老玉新工」，是改製舊玉。清代後期，玉璧的質料較差，做工粗糙，雕琢不成章法，只求其形，不求其工，工藝水準大大下降。

瑗形佩

清代，直徑12.5公分。現藏於大英博物館。

青玉，有褐色沁斑。琢成一龍蜷曲成環，首尾相接；巧用皮色成為內外緣之裝飾，內以浮雕刻出龍頭及鱗身。

玉環與玉瑗

在清代，玉環和玉瑗的情況同玉璧基本一樣，沒有禮器的功能。當時製作的玉環、玉瑗有兩種：一種是因仿古而製作的工藝品，僅作陳設、賞玩使用，形制稍大，上面琢有仿古的穀紋、蒲紋、蟠螭紋、龍鳳紋等，但紋飾有古之形而無古之意，線條趨向圓潤，缺乏剛勁有力的風格；另一種屬於製成玉環和玉瑗的形態，純粹是作為裝飾品使用，形制稍小，形態複雜，有仿古式的，也有做成當時風格的，上面的紋飾也非常複雜。

人物佩

明清時期，玉雕人物佩十分盛行，種類繁多，數量也很多，人物形象主要有老人、童子、神仙、婦女等。在這些人物佩中，最有特色的是童子佩。此時的童子神態真實自然，身體較前代更加矮小豐滿，頭大，臉胖，笑容滿面，憨態可掬。童子通常作嬉戲狀，間或與婦女、老人組合構圖，人物雕刻細膩，神態表情寫實，做工較精，很有情趣。

雞心佩

清代的雞心佩是仿製漢魏時期雞心佩的產物，達到了以假亂真的地步，不僅在造型、紋飾上與漢代雞心佩惟妙惟肖，而且在雕琢技法上也採用漢代玉佩中常見的若斷若續的游絲跳刀法，確實能達到令鑑賞家「耳目失聰」的效果。

動物佩

動物佩在明代較為流行，雖然對細節處理簡單，但工匠們注重對動物的造型、神態的刻畫，粗獷中見神韻。到了清代，動物佩的製作工藝進步了，工匠們將大量的精力投入到對局部的處理上，動物造型顯得肥碩、僵化，紋飾顯得繁縟、柔弱，呈現出圖案化的趨勢。題材多為寓意吉祥、幸福的動物形象，如龍、鳳、羊、猴、魚、馬、牛、雙獾、鴛鴦、蝙蝠等。

清代玉雕崇尚「以玉為主」的原則，主張多保留玉材，儘量利用玉材原有的玉皮、玉色，玉匠們對玉雕動物的雕琢隨形就勢，形象更顯飽滿。與其說是動物玉佩，不如說是動物形圖案裝飾品。

植物瓜果佩

植物瓜果類佩飾題材豐富，在佩飾中佔有很大比重。素有「四君子」之稱的梅、蘭、竹、菊及其他象徵節操的作品很多，佛手、蓮子、壽桃等象徵祈福納祥的

青玉觀音坐像

　　清代，高25.4公分。倫敦佳士得拍賣公司於2010年拍賣，成交價約200萬元台幣。

　　青玉，有雜質。立體圓雕。頭披髮巾，在髮結中飾一坐佛。眼皮下垂，微笑，胸前飾纓絡。著長衣，手隱於袖內。盤坐於蓮臺上。左邊為淨水瓶，右邊為經卷。

佩飾風行一時。另外還有各種樹葉形、瓜果形片狀佩飾，有的作為頭飾的組成部分。

　　清代植物瓜果佩中，青玉和白玉占主導地位，琢工有精、粗兩種。宮廷用玉做工比較講究，民間略顯粗率。通常設計構圖簡潔，線條平直、簡練、明朗，細部製作不精。

白玉母女擺件

　　清代，高10.8公分。香港佳士得拍賣公司於2009年拍賣，成交價約140萬元台幣。

　　白玉，玉質瑩潤。琢一對母女，母親站立，女兒坐於繡墩上。二人頭髮皆高高盤起，母親頭頂利用俏色形成裝飾，寬鬆的長衫以陰線表現衣裳紋理，流暢飄逸。

玉帶鉤

　　清代，帶鉤因沒有實用價值而退出了歷史舞臺，但仍製作了一定數量的玉帶鉤，作為裝飾與把玩的仿古器物，以慰懷舊之情。

　　清代玉帶鉤做工比明代精巧，拋光度也很高，鉤頭多樣，別具匠心，藝術水準較高。紋飾多樣，既有傳統的龍紋、鳳紋、蟠螭紋，也有當時流行的動植物紋飾，紋飾精細繁縟，形體大小不一。不過，無論是工藝水準還是藝術水準，都缺乏漢代嚴謹、流暢的風格，均難以與漢代玉帶鉤比肩。但就玉質來說，多用和田白玉、青玉和翡翠製成，玉質遠遠超過漢代。

玉桃

清代，厚1公分，寬10公分。現藏於臺北故宮博物院。

青玉，色白帶青。全器琢成雙桃，桃附枝葉，桃上飾五隻蝙蝠。

青玉帶鈎及環

清代，現藏於臺北故宮博物院。

白玉，色青白。作成四瓣海棠形，一作鈎，一作環，兩者背面皆有凸起圓紐；鈎飾以桃、水仙，環飾以靈芝、水仙，具有「芝仙祝壽」的吉祥寓意。

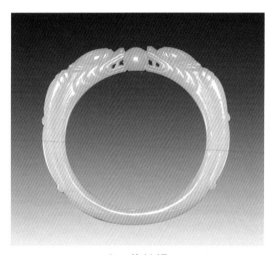

白玉龍紋鐲

清代，最寬口徑8.05公分。現藏於臺北故宮博物院。

白玉，雕雙龍搶珠，龍身圈圍相接而成器。

玉手鐲

早在唐代，玉手鐲就已經很普遍，截面多為圓柱體、扁圓體，大多光素無紋。到了清代，幾乎所有的玉手鐲上都有紋飾。

當時，無論達官顯貴，還是市民商賈，都有佩戴玉手鐲的習慣，而且人們往往把玉手鐲的作用與愛情聯繫起來，賦予其一種美好、浪漫的情懷，在婚禮中流行以玉手鐲作定情物或聘禮等。

玉扳指

玉扳指在滿清貴族中很是流行，乾隆帝更是對玉扳指情有獨鍾，一生寫下不少於50首詩詠頌扳指。當時宮廷造辦處製作的玉扳指非常精美，外圍多雕琢成浮雕紋飾，如狩獵圖、宴享圖、丹鳳朝陽圖等，有的刻「古稀天子」、「萬壽無疆」等字樣，有的還琢有詩文、山水畫等紋飾，還有多種不同材質製成的扳指成套使用。民間玉扳指很多，材質不同，有瑪瑙、翡翠、珊瑚、水晶、琥珀等多種，以直筒素面居多。

玉簪

玉簪是清代婦女的主要頭飾，種類繁多，數量龐大。當時的玉簪主要有兩種形式：一種為一端捲起的寬扁條狀，一種為細長圓錐狀。寬扁條狀玉簪上常琢有花卉、動物、瓜果圖案等；細長圓錐狀玉簪上常裝飾有繩紋狀、花卉形等。不過，最常見的是用表示吉祥的文字來裝飾，玉簪上的吉祥文字有「比翼雙飛」、

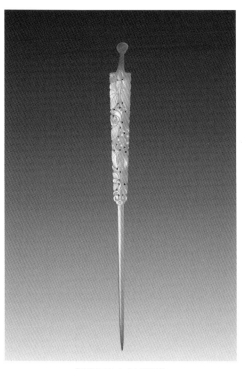

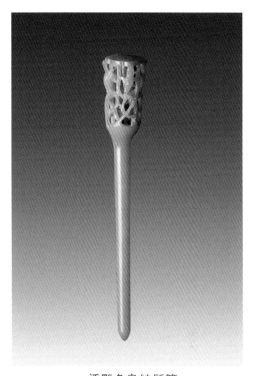

透雕花卉紋髮簪
清代，長 17.1 公分。現藏於三藩
市亞洲藝術博物館。

透雕魚鳥紋髮簪
清代，長 12.4 公分。現藏於三藩
市亞洲藝術博物館。

「龍鳳呈祥」、「萬壽無疆」、「玉堂高貴」。材質複雜多樣，多為白玉、青玉，
也有用翡翠製成的。還有的髮簪用金銀製成，簪頭鑲嵌用寶石或玉石製成的花鳥、
瓜果等圖案。

玉器皿

玉杯

玉杯是清代宮廷中的主要玉器皿，數量眾多，形態各異，有高足杯、荷葉杯、
斗形杯、鐘式杯、單柄杯、雙耳杯等，大多用白玉、青玉製成，也有用翡翠、碧
玉、瑪瑙等製成的，大多數帶有盞托。其中，數量較多的是單柄杯和雙耳杯。單柄
杯一般為螭龍柄；雙耳杯則有雙龍耳或雙花耳，也有變形的雙夔耳，頂部有伏鹿或
獸面裝飾。但無論是哪種杯子，做工都很精細，拋光非常工整。

清代還仿製了許多先朝的玉杯，達到了以假亂真的境界。

玉碗

玉碗是清代宮廷中的主要生活用具，所製作的玉碗數量超過任何一個朝代。此
外，民間的玉器作坊也製作了大量的玉碗，以實用為主，對材料的選擇不夠嚴格，
造型簡潔樸素，大多光素無紋，且多為矮小的敞口型。不過，其中的精品可以和宮
廷玉碗相媲美。

清代的宮廷玉碗選材精良，做工考究，追求器物的形式美。乾隆年間製作的玉

碗是清代玉碗中的精品，雕琢工藝精益求精，鏤雕、透雕、高浮雕、活環等多種複雜的技法都被運用到玉碗的製作中，紋飾繁縟華麗，有龍鳳紋、花卉紋、花果紋、動物紋等，極少光素無紋。有的碗上還雕琢有描金的御題詩，有很高的文物價值和藝術價值。

玉盤

明清宮廷製作玉盤選料多為優質的白玉、青玉或碧玉，製作較精細，有的還琢有紋飾。清代玉盤的形式很多，其中包括從痕都斯坦傳入的薄壁玉盤。這種玉盤的器壁非常薄，可以透光，而且製作工藝精湛，藝術價值極高。

玉花插

用玉製作花插，由來已久。清代的玉花插數量繁多，造型複雜，大多用和田白玉、青玉製成，另有少量的用黃玉、碧玉和青白玉製成，還有一部分用瑪瑙、水晶等製成。

清代玉花插的琢製工藝主要有兩種：一種是追求工筆劃效果，寫實工細，一絲不苟；一種是追求玉本身的質感，簡潔明快，造型豐實，刻畫生動，拋光細膩，立意完美。其形制多為樹樁式，並用鏤雕、透雕、高浮雕手法琢磨出樹枝、樹葉、花鳥等紋飾，結構複雜。另外，還有梅花形、玉蘭形、蓮花形、靈芝形、白菜形、雙魚形等形式，

碧玉高足杯

清代，口徑11.7公分。香港蘇富比拍賣公司於2010年拍賣，成交價約180萬元台幣。

碧玉質，有雜質。圓侈口，圈足。通體光素。

青玉菊瓣碗

清代，口徑14.8公分。現藏於北京故宮博物院。

青玉，玉質佳，碗呈菊瓣式，碗壁琢三層瓣紋，兩面皆有雕紋，碗心琢一朵菊花。

多為常見的動物、植物形狀，格調高雅清新，給人以美的享受。

玉盒

玉盒製作使用較早，明清時期使用最為廣泛。清代的玉盒通常為盛放首飾或化妝品的容器，形式多樣，造型精巧，有圓形、方形、花卉形、蔬果形等多種形式。王公貴族和富商大賈的家眷所使用的玉盒不但選材優良，而且工藝精細，大部分琢有紋飾，其紋飾以花鳥、動物、人物為主，反映了此時以喜慶、吉祥如意為題材的時代特點。

鏤空雕花玉盒

清代，口徑8.3公分。紐約蘇富比拍賣公司於2010年拍賣，成交價約280萬元台幣。

青白玉，色呈青灰。橢圓形，通體鏤空雕飾，琢月季、玉蘭、牡丹等纏枝花紋。

青玉雕玉蘭花花插

清代，高22.3公分。現藏於臺北故宮博物院。

青玉，有淡赭斑。器壁浮雕數朵玉蘭花，利用皮色琢成枝葉，構思巧妙。

文房用具

玉筆管

清代的玉筆管大多為細長圓柱形，有的為實心，有的為空心。其裝飾技法多樣，有的用淺浮雕琢磨出花紋圖案，有的用鏤雕法刻畫出山水紋、人物紋、動物紋、花卉紋和傳統的雲龍紋。北京故宮博物院收藏的一件山水紋斗筆，長30公分，筆桿用白玉製成，鏤雕山石流泉，古樹花草，一童子於泉邊洗硯，一高士持筆仰立，欲題詩崖壁。上端用碧玉裝飾，下端以碧玉為斗。整件作品構圖巧妙，雕工精細異常，是清代的傳世精品。

玉筆洗

玉筆洗是清代文房用具中較為豐富的玉器品種，傳世數量較多。和明代的情況相同，清代玉筆洗的樣式以植物形狀為多，最常見的是荷葉形玉筆洗，通常用一片捲曲的荷葉為器身，荷葉邊緣或凹或凸，高低錯落。外壁用高浮雕、透雕技法琢磨出荷花、蓮蓬或鏤雕交錯彎曲的枝梗作把，器內用陰線表示葉脈，生動逼真，精美異常。另外，還有桃形、瓜果形等植物形狀的玉筆洗，也生動傳神。

清代玉筆洗多用和田玉琢磨而成。除植物形玉筆洗外，還有的作圓形、橢圓形、方形等，通常附有童子形、螭龍形雙耳，製作規整，器型典雅華貴，紋飾異常繁縟，造型優美。不過，民間製作的玉筆洗材質稍差，造型簡約，工藝也較為粗

糙，上面的紋飾充滿鄉土氣息，別有情趣。

玉筆架

清代的玉製筆架有圓雕的山峰狀、簡單的「山」字形以及群嬰嬉戲等形式，千姿百態，名目眾多。就選材來說，權貴豪門用具多用和田青玉、白玉雕琢而成，民間文人使用的筆架材料龐雜，但也不乏精品。

玉筆筒

因清代文人書畫風盛行，所以精美高貴的玉文具也就多了起來。玉筆筒是清代玉製文房用具中的代表品種，選料精良，琢磨格外精細。外壁大多用浮雕手法琢磨出表現園林景致、山水漁樵、文人雅士、植物花卉的情景，有明清繪畫藝術的風格。有代表性的有「歲寒三友圖」筆筒、「觀瀑圖」筆筒、「狩獵圖」筆筒及春夜宴桃李園筆筒等。

玉筆筒的製作深受當時竹雕、木雕藝術的影響，器外紋飾雕琢精細，或似薄地陽紋，或似竹雕留青，或近似透雕。就造型來說，有的為仿生形，如樹木、瓜果形，還有的在筒外壁琢有山水詩文，更體現了文人的風格，有很高的藝術欣賞性。

玉硯

清代玉硯的種類繁多，以青玉、白玉、碧玉、翡翠、瑪瑙等為原料，造型豐富，最常見的是仿古「鳳」字形硯，另外還有龍鳳蕉葉隨形硯、臥鵝式硯、鳳背硯等。其紋飾也以動植物紋飾最為常見，有花葉紋、蝙蝠紋、雲紋等。

白玉筆架

清代，高2.9公分，長6.1公分。現藏於臺北故宮博物院。
白玉，琢呈山形，造型爲連綿的三座山峰。附木座，木座爲海棠花形。

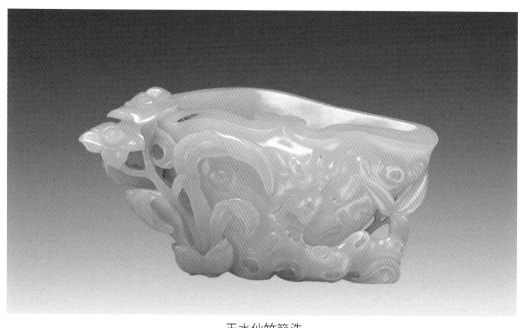

玉水仙竹節洗

清代，高7.5公分。現藏於臺北故宮博物院。

玉呈青白色，器扁而深，外壁雕如竹根瘤結，一側鏤空浮雕水仙、竹葉。

玉鎮紙

清代玉鎮紙的品種繁多，一般在器表上高浮雕龍螭紋，邊沿或刻有回紋，雕琢精細。其中以象生類鎮紙最為精緻，是匠師們發揮想像力與創造力的結果，人物、動物、植物、建築景觀等各有表現，精工細作，惟妙惟肖。

玉墨床

清代是文房雅玩的鼎盛時期，玉墨床從單純的承墨用具，發展到既實用又可供賞玩的藝術品。當時製作的玉墨床大體有兩類：一類形狀扁薄，其下有木座，墨床上大多有平雕花紋；另一類則為立體形狀，造型富於變化，有的取書卷式，有的仿傢俱式，古樸而精雅。

另外，還有一種玉墨床是用舊件改製的。如明代的素面玉帶板，將它鑲嵌在紫檀上，就成了一件雅致的墨床了。

玉印

清代皇帝的私人用印數量很多，大多

碧玉竹林七賢圖筆筒

清代，高17公分。紐約蘇富比拍賣公司於2007年拍賣，成交價約950萬元台幣。

碧玉質，有瑕斑及暗色墨點，筒外壁採用多層次浮雕技法，細緻入微地刻畫竹林七賢圖：松竹、山石，草木茂盛，七賢士在侍童陪伴下飲酒、賦詩，閒逸自在。

玉硯

清代，長14.3公分，寬9.5公分，厚2.7公分。現藏於臺北故宮博物院。

玉色灰白，有赭斑。器呈長方形，墨池側爲圓弧形，面琢鳥紋，硯壁一面琢雲紋，其他三面均琢龍紋。

數用和田青玉、白玉製成，其形制比以往歷朝皇帝私人用印都大，以顯示皇帝的尊嚴。印紐除傳統的龍紐、龜紐外，還有獅子紐、鳳鳥紐等，製作特別考究。

玉印盒

清代的玉印盒玉料精良，多見上等白玉，器型以圓形爲多，製作規範、嚴謹，盒內外琢製圓潤光滑，喜用淺浮雕，紋飾繁瑣、精細，與明代玉印盒風格相異。

仿古玉器

玉鼎

鼎是商周時期最重要的青銅禮器，或圓形三足，或方形四足，表面裝飾有充滿神秘色彩的饕餮紋、獸面紋、渦紋等。清代仿古之風盛行，不僅製作了數量眾多的青銅鼎，還製作了一定數量的玉鼎作爲宮中的陳設品。

清代玉鼎選材精良，工藝精湛，但表面往往裝飾有當時流行的紋飾，徒有古之器形，缺乏古之神韻。線條圓潤，缺乏古代青銅器應有的力度。不過，其雕工

青玉書卷式墨床

清代，長7.2公分。現藏於北京故宮博物院。

青玉，玉色泛黃，有赭色斑。書卷式造型，兩邊足一外捲，一內收，床面浮雕四隻蝙蝠，中央飾勾連花紋。附紫檀木座。

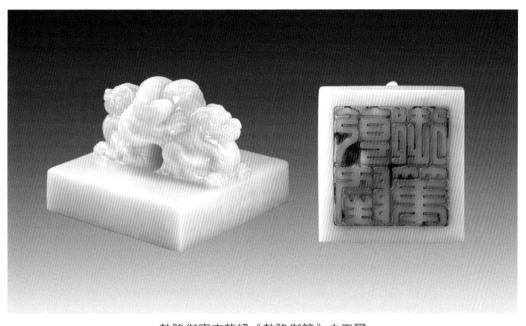

乾隆御寶交龍紐《乾隆御筆》白玉璽

　　清代，印面邊長12.5公分。香港蘇富比拍賣公司於2008年拍賣，成交價約2800萬元台幣。

　　白玉質，質地溫潤，通體潔白緻密，且印面是所有乾隆帝名號璽中最大的一方。

之精細，紋飾之繁縟，充分體現了清代高超的琢玉工藝，有很高的藝術價值和收藏價值。

玉壺

　　清代仿古玉器蓬勃發展，依照商周青銅壺的形制製作了大量的玉壺。這些玉壺大多有蓋，蓋子的形態千姿百態，截面多呈橢圓形，也有長方形，或上部寬，下部窄，或上部窄，下部寬，形式多樣。有的外側有成排的凸起，稱為「出脊」。有的附有雙耳，雕琢成各種動物的形狀，有的還使用了工藝複雜的活環技術。

　　此外，還有瓶形壺及體小腹大的茶壺形態。前者以紋飾繁縟、造型奇巧而著稱，多為宮廷陳設賞玩之用；後者以實用為主，主要用於泡茶，有時兼作酒具使用。

　　清代玉壺選材精良，以素面白玉壺居多，碧玉、青玉也占一定比重。

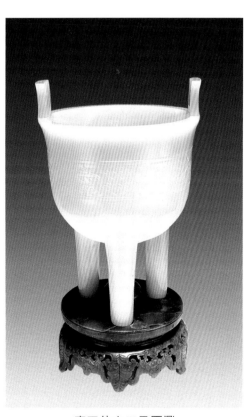

青玉仿古三足圓鼎

　　清代，高6.6公分，口徑11.7公分。現藏於三藩市亞洲藝術博物館。

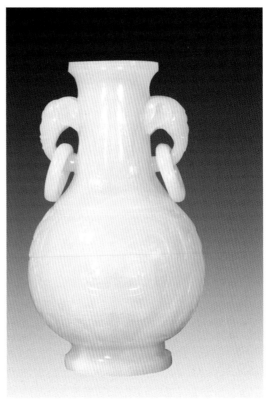

青玉扁方壺

清代，高19.4公分。現藏於臺北故宮博物院。

玉色青白，全器作方形，有蓋、長頸、折肩、斂腹、有圈足。頸邊有二耳，作立雕回紋。頸部淺浮雕回紋與三角葉紋，腹部有獸面紋，以回紋爲地。腹部上下緣則飾如意捲雲紋。

白玉龍紋雙耳瓶

清代，高19.6公分。香港蘇富比拍賣公司於2007年拍賣，成交價約750萬元台幣。

玉尊

清代仿古思潮氾濫，崇古昧今蔚然成風，效法古制已成爲一種時尚。出於對商周青銅文化的崇拜，依照青銅尊的式樣製作了一定數量的玉尊。這些玉尊的形制基本和青銅尊相同，但添加了當時流行的植物紋，稍顯浮華，缺乏古青銅器之莊重，有古器之形而無古器之神韻。

清代的仿古玉尊在宮廷中一般作爲欣賞與陳設器，很少作實用器。就工藝來說，採用了當時常用的浮雕、鏤雕、透雕手法，有的還使用了工藝複雜的活環技術，代表了當時高超的治玉水準與時代風格。

玉瓶

出於對商周青銅文化的崇拜，仿古風氣日盛，清代用玉仿製了大量的青銅器型。其中對古代青銅瓶和瓷瓶的仿製更爲突出，體現出高超的琢玉水準。

清代仿製的玉瓶通常有兩種：一種是完全仿照古代青銅器型，瓶身通常爲扁方形，有雙耳，或帶活環，腹外鼓，還有的仿自宋代龍泉窯、哥窯瓷瓶的造型。另一

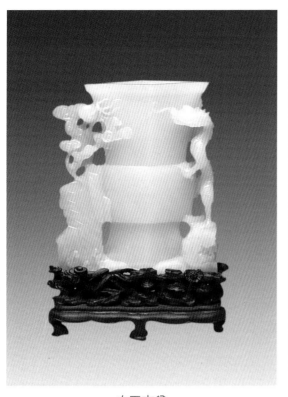

白玉方尊

清代，高11.5公分。現藏於臺北故宮博物院。

侈口，口作菱形。器一側浮琢一龍立於石上，一側浮琢山石，石上有靈芝與祥雲拱珠，器下則琢海浪爲底，整體呈現龍搶火珠的場景。

青玉蟠龍雲鶴紋海棠式觚

清代，高15.7公分。現藏於臺北故宮博物院。

觚形作四瓣海棠花式。沿壁浮雕連貫紋飾，口沿一龍攀附，其下尚浮雕雲鶴、靈芝。

種是根據古代某一階段的風格而製，形制複雜，裝飾紋飾較多，但多為清代流行紋飾，體現出清代玉器的特點。

玉觚

觚是商周時期的一種青銅酒器，侈口，細腰，小腹，長身，圈足。清代仿製的玉觚造型基本如此，選用優質的和田白玉、青玉和碧玉為材料精雕細琢而成。器身上多添加當時流行的紋飾，紋飾較明代繁縟，線條圓潤豐滿。不過，這僅有古代青銅觚之形，少有古之韻味。北京故宮博物院收藏的玉龍首活環觚通體作海棠花式，頸側鏤雕一對銜環龍首，質樸渾厚，高大挺拔。

玉簋

簋是商周時期的一種青銅禮器。清代崇古，製作了一定數量的玉簋作為陳設品。北京故宮博物院收藏的一件碧玉獸面紋簋完全模仿商周青銅簋的造型和紋飾，端莊典雅，是仿古玉的代表作之一。

碧玉獸面紋簋通高17.5公分，口徑21公分，侈口圈足，上有器蓋，口沿部有一對鏤雕雙獸首銜環耳，腹部遍飾仿古獸面紋，蓋頂為盤狀紐，紐下飾前後兩組相

同的獸面紋。器底陰刻隸書「大清乾隆仿古」款識。

玉 觥

觥是商周時期的一種青銅酒器，形制複雜，種類繁多。清代仿製的碧玉龍紋觥則仿青銅觥形，腹部在勾連雲紋綿地上浮雕一龍，首尾浮雕凸出器外，造型特異，底部陰刻隸書「大清乾隆仿古」款識。

青玉簋

清代，高6.8公分。現藏於臺北故宮博物院。

青玉，帶褐色斑及瑕紋。圓口，碩腹，圈足，雙耳，矮圈足。耳作鏤雕龍首狀，下接活環，器腹琢飾簡化獸面紋。

玉梅把杯

清代，高4.8公分。現藏於臺北故宮博物院。

青玉，仿青銅「觥」的造型，有流、把手、圈足。器身光素無紋，把手雕梅花兩枚及枝幹。

辨偽存真
——和田玉器的鑑定

　　自古以來，仿製古代玉器的方法主要有兩種：

　　一種是用舊玉琢磨，就是利用流傳下來的或早先出土的舊玉再次進行加工以仿製古代某種價值高的玉器，這些流傳下來的或早先出土的玉器，通常紋飾或玉器本身就已殘缺，仿製者按照古代玉器的造型或紋飾進行改製，也叫「舊玉新工」；

　　另一種是用新玉直接仿製古代玉器，關鍵是致殘和造沁，這也是玉器作偽常見的方法。這種做法由來已久，積累了數千年的經驗，偽製的手段非常高明，某些作品連許多專家也不能辨其真偽。

和田玉鑑定的基礎知識

對和田玉器的鑑定，總的來說分為新玉和舊玉兩大類。新玉的鑑定側重於品種的真假、質地的優劣和雕工的精細與否，而舊玉的鑑定就麻煩了。除新玉鑑定的幾個基本要求之外，還要能夠識別玉器的製作年代和在歷史上的價值。

古玉辨偽的前提

鑑定古代玉器，是一門非常專業、非常嚴謹的學問。現在擁有較高鑑賞能力和高深鑑定能力的人，都非常注意學習和借鑑前人的經驗，並虛心向當代的鑑定專家學習，並熟知中國歷代玉器的材質、造型、紋飾、工藝等特徵。

現在，隨著收藏市場的不斷升溫，越來越多的人參與到古代和田玉器的收藏和投資中，但都離不開對和田玉的鑑定。要想提高自己的鑑賞和辨偽能力，必須做到以下幾點。

第一，必須要對和田玉的材質特徵了然於心。究竟是不是用和田玉製成，是和田玉中的什麼品種，品質如何，這些不僅影響玉器本身的價值，也影響玉器的雕琢水準。

第二，豐富自己的知識，熟悉中國歷史，清楚知道歷朝皇帝的年號和當時的社會狀況、生產水準、藝術特色，還要研究中國玉器史，熟悉各時代的玉器紋飾、造型特徵、紋飾特徵、工藝特徵、材質特徵等，追蹤現代考古學的最新發現。

第三，更多地接觸不同品種、不同朝代的和田玉器實物，認真的研究。當然，這一點有較大難度，普通人不可能有如此的際遇，有此機會的是那些研究所、博物館、拍賣行、玉器行裡的專業人員，他們「近水樓臺先得月」，可以由對大量實物進行研究，有得天獨厚的條件，積累了豐富的經驗。所以，玉器收藏愛好者或投資者要虛心向他們請教。此外，認真研究圖片畫冊，注意聽各類講座，仔細觀察博物館藏品，利用閒暇時間去古玩店或古玩市場對各種真品或贗品進行比較研究等，都是提高自己辨偽能力的很好途徑。

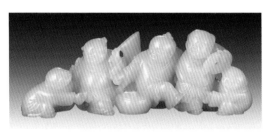

青白玉鏤雕嬰戲筆架

清代，長16.2公分。紐約蘇富比拍賣公司於2008年拍賣，成交價約100萬元台幣。

童子題材在唐代器物中開始較多出現，宋、元時代多為獨立的或雙童立雕，明代增加了母子題材，而群童玉器則在清代較為流行。

第四，如果有條件，虛心向治玉工匠請教，熟悉現代治玉特點、琢玉方法，這對深刻領會各時代玉器的治玉工藝特點有不可取代的作用。

當然，關於和田玉的辨偽知識不是簡簡單單就能說明白的，但最關鍵的還是以上幾條。

和田玉器鑑定的常用術語

水頭

玉石的透明度通常分為透明、半透明、微透明和不透明四種。其中，和田玉和獨山玉屬於微透明，是中國古代玉器的主要用料。

透明度是衡量玉石品質好壞的重要依據。透明度好，可以將質料的細膩、色彩的美麗襯托得更加引人注目，因而在玉器評定中佔有重要地位，同時也是玉器鑑定中的主要依據。每一種玉石透明度的變化都在一定的範圍內，超出變化的範圍是不可能的。在此範圍內，有一個最佳透明度標準，不透明固然不好，但太透明也並不見得就一定好。

在玉器行業內，透明度又叫「水頭」，是檢驗玉器品質好壞的主要指標。對於一件材料好的玉器，會用「水頭足」、「池子靈」或「坑靈」來評價，反之會說「沒水頭」、「池子悶」或「悶坑」。水頭足的玉器，要比沒水頭的價值高出很多。

綹

玉石上的自然裂紋主要是受到冷熱變化

白玉鸚鵡棲枝洗

清代，高 14.6 公分，口徑 10.8 公分。現藏於三藩市亞洲藝術博物館。

白玉，玉質瑩白，琢一圓形水丞，架於梅枝之上，口邊站一隻鸚鵡探頭飲水，另一隻棲於梅枝上。

青玉撇口碗

清代，高 5.9 公分，口徑 9.6 公分。現藏於臺北故宮博物院。

器壁有清楚的白綹。碗口外撇，弧形壁，碗壁較高，有圈足。

和壓力變化形成的，沒有特定的方向和規律。常見的裂紋形式很多，主要有龜背紋、斷裂紋、破碎紋、炸心紋、包裹紋、炸驚紋等。這些裂紋對玉器的製作影響很大，最好不要採用有裂紋的玉材，但這樣的材料數量很少。

在玉器製作行業內，裂紋被稱為「綹」，極微弱的裂紋稱為「紋線」、「水線」。製成的玉器上是不能帶裂紋的，因而在玉器製作時要將裂紋除掉，或者將其

玉雕猴子戲馬

清代，高7公分，長12.1公分。現藏於三藩市亞洲藝術博物館。

青玉質，有沁紋。立雕一馬，一猴子扯馬繩，另一猴子騎上馬背，取「馬上封侯」之寓意。

避開，這在玉器行叫「除綹」、「躲綹」或「遮綹」。帶「綹」的玉器容易開裂，藝術價值極低。

土咬

因土壤對玉器的侵蝕而形成的孔被稱為「土咬」，如同蛀蟲蛀過一般，也叫「蛀孔」。自然形成的蛀孔通常呈外小內大的不規則狀，蛀孔周圍有一白化過渡層，孔內呈網狀，或有砂粒，或有均質膠體。

沁紋

玉器上質地脆弱的紋絡和裂綹處更容易受沁，形成顏色較深的沁紋，多呈凹陷現象，且有向周圍擴散之勢。依據沁紋的形狀，人們通常將其分為牛毛紋、亂柴紋、螞蟻腳和釘金沁。牛毛紋的沁紋呈同向排列，如牛毛般細密；亂柴紋的沁紋呈樹枝狀不規則延伸；螞蟻腳的沁紋細如蟻跡，呈不規則網狀；釘金沁是說受沁處呈點狀凹陷，有黃褐沁色沉積，猶如釘狀。

還有鐵沁，是地下水中鐵質氧化後順著玉石較疏鬆的紋理沁入內部，形成紅褐色或褐黃色的沁。

坑

和田玉的產地在新疆崑崙山區，其分佈範圍很大，具體產地不同，品質也有很大差別。人們在開採和使用和田玉的過程中，經過長期實踐，積累了豐富的經驗，能從玉的外表判斷玉的產地和品質，後來人們就習慣以產地——「坑」，作為玉質優劣的代稱，如說「坑子好」，就是品質好的意思。

盤玉

什麼是「盤玉」呢？剛出土的古玉，表面被蒙上一層土鏽，遮蓋住了五顏六色的沁色。盤玉是手或肌膚與古玉摩擦，一些有沁色的玉器因人體的摩擦會產生顏色變化，這類顏色變化被人們稱為「盤色」，可使色澤晦暗的玉石整舊如新，並使玉石的顏色發生很大變化。沒有沁色的古玉，久盤後會有細膩的光澤。《玉說》中介紹：「盤舊玉法，以布袋囊之，雜以麩屑，終日揉搓撫摩，累月經年，將玉之原質盤出為成功。」

舊玉

所謂舊玉，就是盤覆後的「土古」。李迺宣《玉說》：「方今好古淹雅之士，每以舊玉為奇珍。舊玉者，入土復出之玉也。玉之入土，或因逃亡散失，或是落水沉沒，或值滄桑致掩，或係埋藏失掯，或山崩遭覆，或地裂被埋，隱閉窮泉，歷劫出世，經人工以法盤成，便為舊玉妙品。」由此可知，「土古」與「舊玉」的主要

區別在於，入土後復出的均為「土古」，但只有盤覆後的土古才被稱為「舊玉」，也叫「脫胎玉」。就是說玉器經人工長期把玩盤摩後，玉質晶瑩亮潤、色澤愈發鮮豔的一種變化，猶如羽化成仙，脫出凡胎。

白化

和田玉被埋入土中後，經過漫長的歲月，受到埋藏環境地下水及其所含礦物質的影響，其表面結構發生變化，透明度喪失，顏色變白，這被稱為「白化」。

包漿

和田玉器的包漿就是以玉器為載體的歲月遺痕，是在悠悠歲月中因灰塵、汗水，把玩者的手澤揣摩，或者土埋水浸，衣物皮膚經久的摩挲，甚至空氣中塵埃的吹拂，層層積澱，逐漸形成的表面皮殼的亮光，顯露出一種溫存的舊氣，與剛出爐的新貨那種刺目的「賊光」、浮躁的色調、乾澀的肌理相對應。

宋舊

所謂「宋舊」，就是宋代玉賈所造的仿古玉器，多有「宣和」、「政和」等字，沁色以紅色居多。

喇叭孔

新石器時期到戰國時期，鐵製工具出現之前，所用的鑽孔工具硬度不夠，雖然能慢慢鑽出孔洞，但工具本身也因耗損而越來越細小，形成上大下小狀如喇叭的鑽孔，俗稱「喇叭孔」。

管鑽痕

管鑽在新石器時代末期就出現了，管鑽孔內具有螺旋形擦痕。鑽孔較深的，需要兩面對鑽，穿孔兩端大中間小，剖面呈蜂腰狀，銜接處對接不齊，形成臺階痕；一面鑽，往往有喇叭孔。這都是工具落後造成的。鐵製工具出現後，管鑽痕才慢慢消失了。

管鑽曾在商代玉器上廣泛應用。殷墟婦好墓出土的玉琮、玉璧等都屬管鑽孔，其孔形特點是孔壁垂直、光滑，兩面孔徑大小差別極不顯著。兩面對鑽的「台痕」已不見，證明管鑽技巧的嫻熟。

舊玉螭紋璧

漢代，外徑8.8公分。現藏於臺北故宮博物院。

青玉質，有絡，並帶灰青赭斑，璧一面立雕雙螭，一面淺浮雕幾何雲紋。

白化玉蟬

秦代，長3.7公分，寬2.1公分。現藏於臺北故宮博物院。

青玉質，琢作蟬形，線條簡單，玉質大部分已白化。

薄 意

薄意，即極淺薄的浮雕，因雕刻層薄而富有畫意，故名。原是壽山石雕的專用名詞，玉器行業中借用該詞。

游絲毛雕

游絲毛雕始於春秋戰國，盛於漢代，漢代以後失傳，是一種多條細陰線並列使用的刀法，其效果為細線如髮絲，似斷不斷，若隱若現，婉轉飄逸，猶如古畫上的游絲描，故名。

勾撤

勾撤是琢玉工藝之一，就是按照圖案紋樣勾出陰刻線條，線條深而似溝，這就是勾，然後把陰刻線一側的壁，碾磨成一定的坡度，剖面為三角形，叫做撤。採用勾撤法雕琢的玉器，線條多為直線，轉彎處角度很大，似方折，剛健有力。

跳刀

到了漢代，戰國時期已經成熟的「游絲毛雕」技法達到了爐火純青的地步，構圖準確，細紋刻畫精細入微，線條走勢婉轉透逸，但若斷若續，後世稱之為「跳刀」。這種線條在玉璧、玉人、佩飾上大量出現，有的還配以極小的細線刻圈，是識別漢玉的主要標誌。

龍馬紋長方形玉飾

漢代，長8.8公分，寬4.4公分。現藏於湖南省長沙市博物館。

白玉質，透雕龍馬紋穿雲紋，獸頭的鬃毛及尾部的細毛以陰線裝飾，即所謂「游絲毛雕」。

漢八刀

「漢八刀」是漢代玉器加工工藝中特有的一種琢玉技法，即採用簡練的線條進行刻畫，刀法粗獷有力，刀刀見鋒，剛勁挺拔，神態逼真，線條無刀痕殘留，主要用於玉豬、玉蟬、玉翁仲等器物中。

生坑

所謂的生坑玉器，是指剛出土或出土後未經盤磨的玉器。與之對應的是熟坑玉器，指未經入土或早年出土後經人工盤磨的玉器。

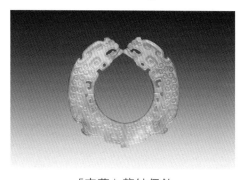

「宋舊」龍紋佩飾

宋代，孔徑6.3公分。現藏於臺北故宮博物院。

青玉質，全器琢為兩龍相向，兩龍雙首相向、尾部相連。龍身均琢雲紋為飾。

象鼻穿

象鼻穿又稱「牛鼻穿」，在新石器時代就出現了。在玉器的同一平面上鑽一對穿孔，內部相通。

通心穿

通心穿又稱「通天眼」，鑽孔時從器物的頂部直接鑽到器物的底部。

剔地平雕

先在玉料表面設計主紋，把主紋外的地子均勻琢低在一定深度，將主紋凸顯出來，這被稱為「剔地平雕」。

此外，雕刻技法中的圓雕、俏色、留皮等也經常作為鑑定術語出現。

玻璃光與蠟光

劉大同在《古玉辨》中形容古玉變相時說過：「玉出土，有形如瓷片者，有形如瓦片者……有帶玻璃光者。此種形形色色，愈古愈怪，真令人難測。」這裡提到的玻璃光，實則是玉器本身發出的光澤，色澤白中泛青，猶如「瑃色」，「瑃色」即冷脂肪色。蠟光近似玻璃光，但白中泛黃，接近「玵色」。帶玻璃光和蠟光的部分，是古玉未受沁的部分。遍身玻璃光或蠟光，是未曾受沁的古玉。

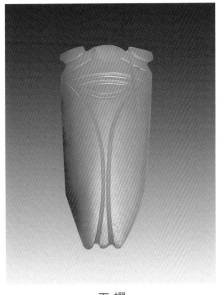

玉蟬

漢代，長5.5公分。現藏於臺北故宮博物院。

青玉，琢一蟬形，蟬上刻線俐落，是所謂「漢八刀」風格的刻法。

和田玉玉質的描繪方法

質地的好壞，是評價和田玉品質優劣的關鍵。關於和田玉的質地，評價時主要從內部結構、透明度、包裹體、瑕疵、絡裂等方面入手。不過，行業內對和田玉品質的描述非常複雜，說法不盡相同。現從實用的角度著手，總結和田玉品質描述用語如下：

細潤無瑕

細潤無瑕是對優質和田玉的描述，就是說玉材的質地緻密，細膩滋潤，油脂光澤。

細潤

細潤是對品質較好的和田玉的描述，玉材的質地緻密，細膩滋潤，油脂光澤，可有少量石花。

玉帶板

明代，長5.8公分，寬5.6公分。現藏於臺北故宮博物院。

青玉，局部白化。正面以剔地平雕法琢一隻身軀極細的龍，左上角雕魚、右上角雕馨，下方雕兩株靈芝。

細

細是對普通和田玉的描述，玉材的質地較細，但滋潤不足，礦物結晶稍粗，有顆粒感，或有「僵」、「瓷」等特性，光澤度較差。

微花

微花，是說玉材的內部有微小的點狀物、絮狀物或局部不明顯的「石花」、

鏤空雙鳳紋玉佩

戰國，高4.5公分，寬8公分。現藏於臺北故宮博物院。

青黃玉，有石花，邊緣處略有白沁。半圓形，上方琢成一璜，滿飾雲紋，下方鏤雕一對玉鳳。

「蘿蔔紋」等，須仔細檢查才能發現。

有花

微花，是說玉材的內部有點狀物、絮狀物或「鹽粒性」，局部有較明顯的「石花」、「蘿蔔紋」、「水線」，或質地不均勻等，肉眼觀察很容易發現。

有石花

有石花，是說玉材內部有較多絮狀物、白色或其他顏色「石花」以及很明顯的「蘿蔔紋」、「水線」等，玉質受到較大影響。

有綹

是說玉材內部有少量呈定向分佈或交錯的解理、裂理、絮狀礦物排列等，但尚沒有裂開。

有裂

是說玉材內部有解理、裂理，已有明顯裂開，完整性已經受到影響。

鑑定和田玉顏色的因素

對於珠寶商來說，「色差一等，價差一倍」，是句非常有道理的話，而對於高檔的和田玉來說，如果在顏色上出現差別，那麼其反映在價差上就不止一倍。因此，和田玉的顏色對其經濟價值有很大的影響。

那麼，如何鑑定和田玉的顏色呢？總的說來有以下幾點：

光源

對和田玉進行鑑定時，光源至關重要，因為和田玉在不同的光源下會呈現出不同的色調。在鑑定時最好選擇自然光源，但陽光過於強烈也不行，要避開日光直接照射；若光線過弱也不行，需要用日光燈輔助，日光燈的色溫為5000～7000開爾文，接近日光的色溫。

一般不使用燈光，玉石界有「燈下不觀色」的行話。

背景色

鑑定和田玉時，不僅要有合適的光源，且鑑計時器物的背景也至關重要，對鑑定的結果有很大的影響。通常，周圍的環境以中性的白色和灰色作為基礎色調，將所要鑑定的和田玉器物放在白布、無光白紙上，要求螢光較弱，平整耐髒，也不宜有強烈的反光。鑑定不同器物，都要在相同的背景下進行操作。

厚度

和田玉的本質是微透明狀，因此物品的厚薄不同，顯示出來的顏色也不同。厚的物品顯示的顏色要深，薄的物品顏色較淺。要對玉材的顏色進行鑑定，最好選擇

厚度在5～8公分之間，不足或超過部分應
採取技術措施對顏色的深淺進行估測。

建立參照標本，是鑑定和田玉顏色的關
鍵之一。按顏色來說，和田玉的品種繁多，
但相近的顏色之間並沒有截然分明的界限。
為更加科學地對其進行鑑定分類，要分別選
擇淡青、灰白、黃綠三種色調中的兩種或三
種，建立比色標準樣品，以保證羊脂白玉一
白玉比色底限的穩定；建立黃玉一青白玉的
分界線以確保黃玉鑑別分類的穩定。其他顏
色種類也應建立參照樣品庫，以便比對參
照。

顏色的鑑別分類應由受過系統訓練的有
經驗的檢驗人員進行操作，檢驗人員應該熟
悉和瞭解行業傳統。未經專門訓練的人員很

青玉壽星

清代，高18.5公分。倫敦蘇富
比拍賣公司於2007年拍賣，成交價
約140萬元台幣。

難識別顏色微小的差別，也不會考慮到鑑別分類時的一些注意事項和行業傳統，在
接近分類界限時和觀念上會產生較大的誤差。

此外，對和田玉進行顏色比對時，要注意不同人的眼睛對灰、黃、淡青等色調
的敏感程度不同，比對試驗顯示不同的人員存在顏色視差、色盲或色弱現象；注意
早晨、中午、下午不同時間自然光色溫不同；注意樣品擺放的前後位置、正反、方
向的不同；注意樣品透明度對顏色的影響；注意樣品上糖色、瑕疵、局部帶有其他
顏色等情況對顏色觀察的影響。

鑑定古代和田玉器的常用方法

傳統鑑定法

對古代和田玉的鑑定，最常用的方法是傳統鑑定法。這種方法大概在宋代就出
現了，經元、明、清時期的不斷完善，直到現在，並傳播到世界各地。

掌握傳統鑑定法一般有兩種管道：

第一種就是根據文獻中的記載，對照古代和田玉器的形制、紋飾，進行考證。
採用這種方法的代表是清代末期的金石學家、著名畫家吳大澂，他以《周禮》為憑
據，認真考證，寫成《古玉圖考》一書，詳盡描述了高古玉器的名稱、形制及其功
用。他在：「余得一玉，必考其源流，證以經傳歲月既久，探討益廣。」說明書中
所列諸多玉器均經辨偽，故自曰：「唐宋以後，仿製之器多，而求玉之真者不可辨

仿古玉璧

清代，外徑28.9公分。現藏於臺北故宮博物院。

青玉，玉色泛白，器面紋飾以凸弦紋爲界，內層浮雕乳丁紋，外層浮雕八組蛟龍紋。

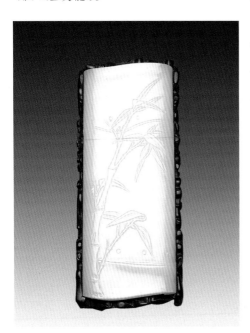

白玉詩意臂擱

清代，尺寸不詳。現藏於臺北故宮博物院。

白玉質，長方形，左右兩側內捲，作竹片剖成一截的形狀。正面琢竹，圖像極富畫意。

焉。」事實上，他亦為贋品所困惑而不能解脫。從這一角度來看，吳大澂上述方法並非傳世古玉的辨偽法，而是一種學究式的鑑定古玉的考證法，故亦有人稱之為「經學式」研究。

第二種方法是多接觸、多見識古代玉器，透過玩弄摩挲古玉，積累這樣或那樣的感覺，久而久之便從諸多感覺中得到一些辨偽和鑑定的心得與標準，這種辨偽標準一般說都缺乏客觀依據，往往是主觀的臆斷，這就是從前古玩商、收藏家的古玉辨偽法。從前，北京琉璃廠古玩店或珠寶店裡的徒弟學藝，除了受到師傅的言傳身教，主要是靠自己的觀察和分析得出結論，進而掌握鑑定知識。不過，一般的古玩店或珠寶鋪收購、出售的古代玉器不會有自古到今完整的成套玉器，不可能每個朝代的器物都齊全，所以獲得的經驗往往是支離破碎的，難以系統化、條理化。為了賺錢，往往將其感覺和經驗蒙上一層離奇的、古怪的、臆說的、蠱惑的色彩，如屍沁、水銀沁等。凡在土中五百年則體鬆受沁、質似石膏，二千年則形如朽骨，三千年則爛為石灰，六千年不出世則爛為泥等等，就是他們臆想出來的。

以上兩種鑑定方法都有局限性，但不會隨著技術的進步而退出歷史舞臺，因為其中的某些方法有一定的道理，是屬於實戰性的。即使現在，鑑定古玉器時仍要借鑑其中的合理成分，尤其是有關辨偽的古文獻。因此，對傳統的鑑定方法要持科學的態度，批判的繼承，選擇性的接受，既不應全盤肯定，也不應全盤否定，而要接受其合理的可用的部分，用於當今整理、鑑定古玉的工作中。

科學鑑定法

傳統鑑定古代玉器的方法都有一定的局限性。因此，現在對古代玉器的鑑定主要採用科學和傳統相結合的方法，將近現代考古發現、研究成果和古文獻相結合，

一方面對各時代和田玉器的品種、材質、造型、紋飾及工藝等不同特點有充分的認識和瞭解，另一方面要對仿古玉器製造的歷史及製作工藝有充分的認識。

要想對古代和田玉器進行準確而科學的鑑定，主要從以下幾個方面著手。

看材質

不同的時代所製作的玉器，其材質也不盡相同。關於和田玉，夏代開始進入中原地區，但非常稀少，只在二里頭文化遺址中有發現。商代開始使用較多。因此，新石器時代的中原地區諸文化，不可能出現和田玉器。

商代使用的和田玉多為青玉，玉色發暗而有沁色，一般用來製作佩飾。此外，多數的玉器用岫岩玉、獨山玉、綠松石、瑪瑙、水晶等製成。

西周時期，玉器的品種及玉材都很複雜，玉佩玉質多為和田玉，又以青玉為多，玉色於青中泛黃，也有白玉作品，但色澤昏暗，有沁色。春秋戰國時期，和田玉的用量明顯增大，其中玉質多為青玉和黃玉，白玉較少見。

漢代，張騫通西域，後又將西域納入大漢的版圖，和田玉開始大量進入中原地區。除青玉、黃玉、墨玉外，白玉開始興盛，成為玉中上品。

三國兩晉南北朝是中國玉器製作史上的低谷期，所發現的玉器數量不多。到了隋唐時期，玉器製作以和田白玉為主，還有一部分青玉製品。

宋代的傳世和田玉器數量很多，主要有白玉、青玉兩種材科，又以白玉作品為多。其有許多上等白玉，玉質溫潤，色澤如「截肪」，較之唐代所用白玉高出一籌；青玉作品也有一定數量，從顏色上看，又要分為兩類：一類青中泛灰，另一類青中泛綠。

遼、金、元時期的和田玉器以白玉、青

白玉龍形觽
戰國時期，長7.8公分。現藏於華盛頓佛利爾美術館。

青玉螭紋出廓璧
東漢，高21.8公分。現藏於華盛頓佛利爾美術館。

青玉獅耳活環三足爐
清代，高25公分。現藏於華盛頓
佛利爾美術館。

青玉釋迦摩尼佛像
清代，高15.9公分。現藏於華盛
頓佛利爾美術館。

玉為主，間或有其他玉料。

從發現的明代和田玉器來看，主要為青
玉、白玉作品，青玉顏色發暗，似陰天之天
色。此外還有少量碧玉作品。

清代的和田玉器，常見的有青玉、白
玉、碧玉。因年代不長，一般沒有沁色。

不過，在鑑定古玉時，要特別注意識別
玉料的品質。俗話說：「好玉不作舊。」作
舊的玉以次玉為多，有綹裂或含雜質的玉質
地粗糙，軟硬不均，蝕變的沁色深淺不一，
可深入內部，有與古玉同樣的沁色效果，所
以作舊多以次玉為主。

看質地

和田玉的質地不僅對新玉的價值影響很
大，對古代和田玉的價值也照樣重要。質地
好的羊脂白玉，正如陳性《玉紀》中所言：
「體如凝脂，精光內蘊，質厚溫潤，脈理堅
密。」意思是說首先要「體如凝脂」，油油
的，糯糯的，酥酥的。再則要「精光內
蘊」，光澤蘊含在裡面，就像一個人，氣質
內在而不外露。由於「體如凝脂」和「精光
內蘊」，所以又使人覺得它「質厚溫潤」。
「脈理堅密」是指它的質地結構堅實細密，
反映在感性的認識上，一是外觀很細膩，二
是堅硬不吃刀。

看顏色

和田玉的顏色非常重要，也是鑑定古玉
的關鍵之一。通常說來，質地相同或相近的
和田玉，白玉最貴。不過，白玉的顏色較
多，顏色的純潔與否對其價值影響較大，白
中閃青或白中帶灰，都會影響到玉的價值；
白得不滋潤，俗稱「死白」，同樣也影響它
的價值。

看刀工

俗話說「玉不琢不成器」，和田玉器的刀工至關重要，是評價玉器的核心內容
之一，其重要性有時要超過「色」。再則，因不同時期雕琢工藝和工具的不同，刀

工也是鑑定古玉的關鍵。

對刀工的鑑定主要從以下三個方面著手：

第一是看刀工的新舊：從夏代開始，中原地區就開始使用和田玉製作器物，直到現在，已經有四千餘年的歷史了。不同的時代，因使用的工具和人們的審美觀念不同，玉器的刀工有很大差異，所製作出來的紋飾也不盡相同，器型也有所差異，由此就可以判斷做工的新舊，從而推斷出作品的製作年代。玉器的年代越久，它所蘊藏的歷史文化內涵也越珍貴，珍貴的程度往往會超過玉器本身的價值。一般情況下，在時代、玉質相同的前提下，有刀工的價值肯定要超過素面的很多。但早期曾崇尚「大器不琢」的素面玉器，這種古玉的價值更高，也應該引起重視。

第二要看刀工的內容：刀工代表了一個時代人們的審美情趣、工藝水準，從刀工上不僅可以看出當時玉匠的工藝水準，而且可以看出他們的藝術智慧。凡是有創意、藝術感染力強或內容獨特的，價值就高。

第三要看刀工的精細程度：做工越是精細，所下功夫也越深，越費時費力，價值自然也越高。

看紋飾

和田玉器的製作歷史悠久，不同時代的紋飾有不同時代的特徵。如著名的鳳鳥紋，歷代都有雕琢，但不盡相同。如：

商代的鳳鳥紋寫實與誇張並存，鳳鳥玉器均閉嘴，瞪目，高冠上飾鰭齒紋，捲尾，昂首凝視，眼睛多作「臣」字眼，多用翎紋和羽毛紋作裝飾。

西周的鳳鳥紋線條優美流暢，小巧玲瓏，生動可愛，喙部與商代相比變長變尖而向下勾，頭冠從華麗多齒的高冠演變為長條形往前下方勾的鳳冠，善於採用細陰

人面紋飾

龍山文化，高 4.6 公分，寬 4.1 公分。現藏於華盛頓佛利爾美術館。

「三多」玉雕

清代，高 10.2 公分。現藏於三藩市亞洲藝術博物館。

三多是以佛手、桃、石榴組合的紋飾，其中佛手寓意福氣，桃寓意多壽，石榴寓意多子，三者結合，寓意多福、多壽、多子。

鳳紋佩

戰國，長7.9公分，高4.8公分。現藏於臺北故宮博物院。

白玉質，大部有濃淡不一的赭斑，琢作鳳形，身彎曲呈「S」形，羽毛捲揚，姿態生動。

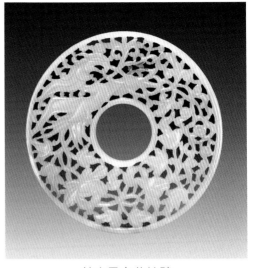

鏤空鳳穿花紋璧

元代，直徑9.3公分。現藏於北京故宮博物院。

青白玉，璧內鏤雕鳳凰穿花紋，雕琢精美，風格華麗。

線和一面坡、粗陰線相結合的粗細陰線雙勾法來刻畫主題，線條剛勁，形象生動。

春秋戰國時期的鳳鳥紋溫順秀麗，造型上一改商周時期的神秘和嚴謹，猛禽形象的鳳鳥紋已較少見，代之出現的是修頸、長腿、溫順秀麗的鳳鳥紋形象，優美清秀，動態輕盈。

秦漢時期的鳳鳥紋基本上繼承了戰國時期鳳鳥紋的造型，鳳鳥長冠、修頸，鳳眼呈圓形，顯得格外秀媚而有神，有所變化的是鳳的形象輕盈娟秀，多作飛鳴起舞的動態，表現了「鳳飛鳴則天下太平」的含義。

隋唐時期的鳳鳥紋活潑而瑰麗，生動而優美，大多是歡快、喜慶、翩翩起舞的造型，整個鳳鳥紋畫面洋溢著幸福、明朗、和平、寧靜的氛圍。

宋代的鳳鳥紋有下凹圓點眼，三條陰刻線組成的三角形眼，雙翅用陰刻線和翎毛紋裝飾，陰刻線密而纖細，每條陰刻線條條見底，比唐代的更深。

元代鳳鳥紋飾在製作技法上一般都較為粗獷，但眼睛非常美麗，是人們所崇尚的迷人的鳳眼，眼睛好似在微笑。

明代鳳鳥紋的造型大多盛行與花草相結合雕琢成雙層透雕的吉祥圖案，眼形基本上和元代相似，但裝飾羽毛和尾部的陰刻線緊密而零亂。

清代鳳鳥紋飾細膩，裝飾華麗繁縟，常與牡丹花卉結合，有鳳穿牡丹等富貴吉祥寓意，大多採用陰線或陽線勾勒、平凹、突起、鏤空、俏色、拋光、碾磨等技法製成。

總之，瞭解並牢記不同時代和田玉器上的紋飾特徵，對和田玉器的鑑定至關重要。

看器型

和田玉器的器型非常重要，因為每個時代都有不同的器型特徵，以此作為判斷

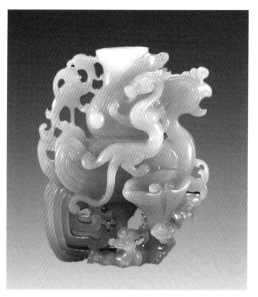

鳳形尊

清代，高14公分。現藏於三藩市亞洲藝術博物館。

青白玉，琢一圓尊置於鳳凰背上，單側攀一螭龍，鳳足下雕靈芝，尾部上方亦雕一鳳倚於尊壁。

白玉飛天

唐代，長7.1公分。現藏於北京故宮博物院。

白玉，鏤雕一男性飛天，嬌媚又似女性，赤露上身，肩披飄帶，下托祥雲，造型飄逸、生動。

真偽的因素，無論是傳統鑑定法還是科學鑑定法都將其作為關鍵。

和田玉器的器型，各朝代均有不同。

從目前的考古發現看出，商周時期的生產工具有玉刀、玉斧、玉鏟；兵器有玉鉞、玉戈、玉璋；禮器或裝飾器有玉璧、玉環、玉琮、玉圭、玉璜、玉琮、玉勒子、玉簪等。這時期還出現了玉魚、玉龜、玉獸面、人首佩等，其中以玉魚為最多。

春秋戰國時期，常見的器型有玉琮、玉璜、玉環、玉瑗、玉璧、龍形佩。其中以玉璧、龍形佩最多見。由於戰爭的頻繁和銅劍的出現，與劍配套的玉劍飾也相應出現。玉帶鉤也是這時期首創的器型。

漢代玉器，玉璧、玉劍飾、玉帶鉤較多，而雞心佩、玉舞人、玉蟬、玉翁仲、玉剛卯是漢代首創。除了這些佩飾外，漢代還常見有單體動物玉件，如虎、馬、豬、羊、熊等。而實用的容器，如碗、杯、勺、水盂等也相繼出現。

隋唐時期，除繼承前代的器型外，還出現本朝代創新的品種，如玉帶板、玉飛天及各種類型花形佩。而動物類的臥駱駝、腫骨鹿臥馬等也是這時期首創的器型。

宋元時代，玉器除了仿古銅器器型而作的玉瓿、玉尊、玉爐等外，以玉帶扣、雙耳杯、單耳杯、龍紋佩、花鳥佩、玉魚佩等最為常見。

明代玉器除常見的羊、獅子、麒麟、獨角獸、虎、魚等動物型玉佩，瓜果、花卉等植物型玉佩，以及玉山子、玉簪等之外，還製作了大量玉杯、玉碗、玉壺、玉盞托等實用器皿，玉帶板、玉帶鉤、鑲嵌件、玉牌等裝飾物，仿古銅器有玉瓿、玉

青玉環把有蓋樽

明代，高13.3公分。倫敦蘇富比拍賣公
司於2007年拍賣，成交價約55萬元台幣。

青玉質，琢成圓體杯，由杯和蓋組成。
蓋頂正中有一個圓形平頂鈕，上飾水渦紋，
蓋的外沿有三個臥羊，間距相等。杯身滿飾
穀紋，上隱起龍紋和鳳紋。

樽、玉爐、玉簋等。蘇州玉工陸子剛
所做的子剛牌是明代最出名的玉飾
件。

清代玉器品種極其豐富，除了繼
承前代所有的品種外，還增加了不少
的實用品，如餐具、屏風、鏡屏、煙
壺、煙嘴等。玉如意、玉鎖牌、玉劍
飾、玉花牌、玉扳指、玉瓜果、玉人
物、玉獸類特別多，痕都斯坦玉器也
進入中國。

除了以上所說的材質、質地、顏
色、雕工、紋飾等諸多要素外，玉器
尺寸的大小、品相的好壞也是評判白
玉成品價值高低的標準。

一般來說，在其他條件相同的前
提下，尺寸大的總是比尺寸小的價值
高；品相好、完整無缺的總是比品相
差、有殘缺的價值高。

黃玉寒山拾得

清代，高6.4公分，長14公分。現藏於三藩市亞洲藝術博物館。

寒山與拾得兩位大師，是佛教史上著名的詩僧，此二人行跡怪誕，言語非常，相
傳是文殊菩薩與普賢菩薩的化身。此件黃玉質，琢二人乘一扁舟，持掃者為寒山，持
扇者為拾得。

古玉的鑑定

　　製造仿古玉器在中國有非常悠久的歷史，春秋戰國時就已經出現了。到了宋代，隨著金石學的興起，古玉的需求量劇增，市場不斷擴大，而出土的古玉器畢竟有限，這促使了仿古玉器的大量製作，仿製古玉成了許多人的專業，各種作偽的方法層出不窮，流傳至今的宋代仿古玉器真假難辨。

仿古玉與偽古玉

仿古與造假

　　現在，許多人把仿古玉與假古玉等同看待，這是錯誤的。

　　所謂仿古玉，就是透過模仿前朝玉器或其他器物的器型加工碾琢而成的玉器，模仿和仿效古代器物的造型、紋飾和古樸的風格，是出於懷古、崇古和追思古人的目的，純粹從藝術鑑賞的角度出發而製作的，但必然以間接的方式反映出本時代的藝術風貌，有的甚至還要加年款，如乾隆時期製作的仿古玉，有的有「乾隆仿古」落款。

　　偽古玉又叫假古玉，與仿古玉不同，是純粹的假貨。純粹以追逐高額利潤為目的，刻意地按照古代精美玉器的形制去仿造加工，不僅追求造型、花紋的逼真，而且還挖空心思，由特殊的技術手段對玉器表層進行作舊處理，企圖以假亂真。

　　仿製古玉究竟從何時開始，現在已無法考證。根據文獻的記載和考古發現證明，大約在春秋戰國時期就已經出現了，唐代就有一定數量的仿古玉。唐玄宗執政期間，為了祭拜天地，在禮玉失傳、又缺少大規模玉材的情況下，命令手下按《周禮》上描述的古代琮、璧形式縮小仿製。對現代人而言，這種玉器是唐代的文物；以先秦器論，它們就是不折不扣的贗品。

　　大規模的仿製古代玉器，是從宋代開始的。當時，因宋徽宗極端崇古，宮廷仿製了大量古代玉器。隨著金石學的興起，古玉的需求量劇增，市場不斷擴大，而出土的古玉器畢竟有限，這促使了仿古玉器的大量製作，仿製古玉成了許多人的專業，各種作偽的方法層出不窮，流傳至今的宋代仿古玉器真假難辨。

　　需要指出的是，偽古玉的歷史幾乎和仿古玉的歷史完全相同。比如北宋時期，內廷玉作琢磨的仿古玉器，是出於景仰古代玉器古樸典雅的風格，純粹從藝術鑑賞的角度出發，只在器物的次要部位做少量傷殘，力求保證器物的整體風格不受損害；民間作坊的仿古玉器，大多是為了牟取暴利，不惜損害玉器的本來面目以達到

仿古玉鐘

明代，高17.8公分。現藏於臺北故宮博物院。

白玉質，帶濃淡不一赭色沁斑。器作古銅器編鐘形，鐘口呈弧狀，鐘面飾幾何化的仿古紋飾，浮雕雙圈紋飾取代古銅鐘上凸起的枚。附玉環佩飾。

青玉獸面紋卣

宋代，高6.4公分。現藏於安徽省博物館。

青玉質，器圓口，溜肩，鼓腹，圈足。肩兩側各置一耳，耳下各雕一螭龍，頸部飾龍紋，腹部飾獸面紋。卣是古代的盛酒器，盛行於商周時期。

以假亂真的目的。

明清時期，復古思潮氾濫，厚古薄今蔚然成風，效法古製成為一種時尚，仿製古代玉器更趨氾濫，方法不斷更新，手法越來越高，這種風氣一直延續到現代。當時製作出來的仿古玉器幾能亂真，有的曾使當今諸多專家不能辨其真偽，作偽水準達到了登峰造極的地步。

仿古玉器的特徵

但是無論仿古玉器工藝多麼高超，它畢竟不是原物，不同的時代有不同的工藝水準，有不同的琢玉工具，而且人們的審美理想、審美情趣是受特定的社會生活、文化氣氛和時代精神等因素的作用和制約的，所以仿古玉的產生也必然與當時的社會環境、文化氛圍及社會需求有著密切的關係。

宋代，隨著金石學的興起，人們對古代玉器更加重視，仿古之風油然而生。當時的仿古玉器，大多採用古代青銅禮器的造型和紋飾，以追夏商周三代之遺風。仿製的三代玉器，形制採用鼎、壺、觚、簋、卣等青銅禮器的特徵，以獸面紋、夔龍紋、雲雷紋等青銅紋飾為主，但很多仿製玉器上夾雜有一些本時代的圖案，使之相互融合，同時出現在一件器物上。也由此可見，當時的玉匠在製作過程中似乎並未刻意作假，只是將古代的造型和圖紋，根據當時人們的審美需求進行雕琢，以滿足皇親國戚、文人雅士喜愛古風的雅興。可以說，這種仿古玉應是當時皇家貴族、達官顯貴、文人墨客的玩賞之物，具有一定的時代特徵和美學價值。

從宋朝大規模仿製古代和田玉器開始，後世歷朝都有仿製前代玉器的情況，形成了中國古代玉器中的重要品類。這些仿古玉器是以古代玉器為藍本進行模仿，是一個歷史階段模擬另一個歷史階段的產物，無論是雕琢工藝還是藝術風格都不可能達到完全相同，其本質是以間接的方式反映本時代的特徵，時代的烙印

根深蒂固，代表本時代的琢玉水準，價值和本時代的時做玉基本相同。再者，仿製古玉的技術難度很大。經長期埋藏的古玉會出現沁斑等特殊的現象，玉匠在選材時就必須把握住這個特點，往往要選用那些蒼黃、雜色、蔥色或有邊皮的類似出土玉器的玉材。若沒有合適的材料，必須用染色等特殊的技法製出古玉上特有的沁色。為了模仿古玉傷痕，古代玉匠們還發明了砣碾鑽鑿、細砂磨劃和敲擊等多種致殘方法。這些染色、致殘的方法，大大豐富了中國玉器製作的工藝。

製作偽古玉則不同。自古以來，偽製古代玉器的方法主要有兩種：一種是用舊玉琢磨，就是利用流傳下來的或早先出土的舊玉再次進行加工以仿製古代某種價值高的玉器，這些流傳下來的或早先出土的玉器，通常紋飾或玉器本身就已殘缺，偽製者按照古代玉器的造型或紋飾進行改製，也叫「舊玉新工」；另一種是用新玉直接偽製古代玉器，關鍵是致殘和造沁，也是玉器作偽常見的方法。這種做法由來已久，積累了數千年的經驗，偽製的手段非常高明，某些作品連鑑定專家也不能辨其真偽。

瞭解仿古玉器的製作方法，有助於對古代玉器的鑑別。

碧玉三足爐

清代，高 14.8 公分。現藏於臺北故宮博物院。

碧玉質，作仿古鼎式，雙衝冠耳、盤口、深腹、蹄足，帶蓋，器與蓋皆出脊六道。蓋紐飾鏤空蟠龍，蓋、腹飾雷紋地獸面紋，足飾獸面。

仿舊玉杯

清代，尺寸不詳。現藏於臺北故宮博物院。

白玉質，色泛灰黃，佈滿褐色沁斑，有綹及璺。圓口，口沿有兩道弦紋，斂腹，足外撇。全器光素無紋。

歷代仿古玉器

宋代仿古玉

宋代是大規模仿製古代和田玉器的開始，但因年代久遠，至今所發現的宋代仿古玉器數量不多，也可能是仿製得惟妙惟肖，將許多宋代仿古玉當做真正的遠古玉器了。

宋代皇帝好古，尤其是宋徽宗極其提倡仿製古代玉器，官方為重修禮樂而「詔求天下古器」，並頒佈了各種相關制度，使得朝野獨鍾古器，大大地推動了仿古器物的生產。宋徽宗時，置議禮局，造宣和殿，向民間搜求古器，一時將此風推向鼎盛。

再則，文人、學者和官員對古物的雅好是當時收藏風氣的主導。他們對古代

舊玉璧

宋代，外徑16.6公分。現藏於臺北故宮博物院。

青玉質，有深赭色沁。玉璧兩側淺浮雕勾連捲雲紋。

器物的重視，更多著眼於挖掘歷史文化的目的。在他們的古器研究中，器物的作用被提到了「載道」的哲學高度，他們期望由古器的收藏著錄來發揚古意，將其傳諸後世，其中滲透著一股強烈的歷史責任感，認為器物的著錄正是經世致用思想的表現。

仿古器物出現的另一個原因是古玩市場的存在。宋代商品經濟發達，玉器是當時的重要商品，市場上出現了專門販賣玉器的商店，這些商店販賣的玉器，除了應時作品之外，還包括仿古玉器。

有皇家宮廷的極力推崇，有官府文人的追隨好尚，又有市井民間的趨之於利，風氣既成，朝野尊尚，繁盛一時。

金石學的興起，也對仿古玉器的製作起到了推波助瀾的作用。目前，所發現的宋代考古書籍主要有《三禮圖》、《考古圖》、《宣和博古圖》等，這些書籍對古代青銅鼎彝之器頗有研究，並涉獵玉器。不過，當時對於古玉的認識才剛剛起步，準確的認識僅限於部分劍飾、飾玉及為數不多的器皿、禮器。可以說宋代的仿古玉器主要表現在仿青銅器方面，並有一定數量的仿古佩玉、劍飾、帶鉤及玉禮器。

關於玉器的紋飾，也多仿製占代紋飾。宋代學者張世南在《遊宦紀聞》中對仿古玉器上的紋飾及器形有記載：「其製作則有雲紋，雷紋，山紋，輕重雷紋，垂花雷紋，鱗紋，細紋，栗紋，蟬紋，黃目，飛廉，經餐，故摘，虯龍，徽鳳，熊虎，龜鼉，鹿馬，象寫，延犧，鉈鳥，雙魚，蟠螭，如意，圈絡，盤雲，百乳，鸚耳，貫耳，愜耳，直耳，附耳，挾耳，獸耳，虎耳，獸足，瘦足，百獸，三幅，腹草，瑙草，篆帶，星帶，輔乳，碎乳，立更，雙變之類，凡古器制度一有合此，則以名之。」

瞭解這些，對識別宋代仿古玉器有一定的參考作用。

明代仿古玉

先秦玉器在明代極受推崇，玉器工匠為適應收藏、玩賞古玉器的社會風氣，還大量製造了古色古香的偽贗古玉器。這些玉器中的精品充分體現了明代仿製古玉的水準，工藝精美的仿古玉，甚至連乾隆皇帝這樣嗜玉如命的鑑賞家也不能辨別出真假來。

明代仿製古玉的水準極高，許多治玉名家也將其作為一種必須掌握的技能，仿沁、致殘等手段都達到以假亂真的程度。如著名的琢玉大師陸子剛，不僅擅長時做之玉，而且對仿古玉也有極深的造詣，所琢古玉「工致侔古」、「與古尊彝同」。對如此高超的仿製水準，當時的著名學者高濂也不由感慨：「近日吳中工巧，模擬漢宋螭玦鉤環，用蒼黃、雜色、邊皮、蔥玉或帶淡墨色玉，如式琢成，偽亂古制，

每得高值！」

明代仿古玉的數量繁多，許多已經不能夠鑑定具體屬於哪個朝代。當時，人們製作的仿古玉器大致可以分為三種方法：

第一種，造型和紋飾完全仿自古代玉器，成功運用各種做舊手段達到真假難辨的目的。這類玉器是仿古玉發展到高級階段的必然產物，具有獨特的風格和藝術魅力，對清代仿古玉產生了相當大的影響。

第二種，造型和紋飾都帶有明顯的時代特徵，但由致殘、仿沁等做舊手段來偽造。這類作品在民間比較盛行。

第三種，繼承宋元仿古傳統，以古代玉器或者青銅器為藍本仿其外形，而紋飾卻帶有鮮明的本時代特徵，這類仿古玉在明代最為常見。

仿古角形杯

明代，高14公分。現藏於臺北故宮博物院。

青玉質，多處帶深褐色斑，有綹。杯身似犀角，尖錐形的器底雕成一隻張口的獸頭，頭頂的捲尖角，可作為器口向上時的底部支撐；此獸似無身軀，二股獸尾捲繞而形成這件角形杯的把手；器壁飾滿各種仿古的雲紋、菱格紋等。

清代仿古玉

清代遺留下來的和田玉器中，仿古玉器佔有很大比重，自新石器時代直到明代，各個時期的器物都被仿製，所仿製出來的玉器力圖體現出古代玉器的藝術風格和工藝特點，但難免有本時代的痕跡。

仿製古玉最關鍵的技術是做舊，包括致殘和染色兩部分。

清代宮廷玉匠們積累了豐富的做舊經驗，致殘大致又可分為砣碾傷殘、砂磋毛道和敲擊致殘三種。乾隆皇帝喜愛古玉，卻不願仿古玉因做舊而損及整體的完美，故題「乾隆仿古」款識的玉器多在器物的足部做少量傷殘。

染色是仿古玉的方法中最重要也是難度最大的一種。漢代出土玉器上通常帶有赭黃斑狀土沁，清代玉匠採用烤色的技術仿製的赭黃土沁足以以假亂真。另外一些玉皮色深且表面粗糙，與舊玉之色頗相近，往往被保留下來以冒充古玉。清代玉匠還常用膩子做出假沁色，主要有黑、赭、土黃等色，有些粘結於器物表面，有些填入裂縫中，有些在器表鏨出小坑然後將膩子補入。清代玉匠仿造沁色可稱得上是用心良苦，在一定程度上確實也取得了十分顯著的效果。在清代玉器中還常見一些經過改造的舊玉，有些是將雕琢粗糙的古玉徹底翻新，使其益發精美別致；有的在原本無紋或紋飾較少的古玉上新琢紋飾，使其藝術價值更高。

清代宮廷中，曾經收藏有許多先秦玉器，這為仿製這些古代玉器提供了依據。當時所仿製的先秦玉器在造型、紋飾、藝術風格等方面幾乎達到了以假亂真的水準，只是在工藝上失去了先秦時期手工操作的古拙之意，顯得精緻有餘。而經過做

仿古雲紋璧

清代，直徑14.7公分。現藏於臺北故宮博物院。

青白玉，滿布褐斑。璧一面琢捲雲紋，一面琢穀紋。

仿古獸紋玉飾

清代，長18公分。現藏於臺北故宮博物院。

青玉質，青綠色帶大片褐斑。整器鏤雕作類似雲紋之變形夔龍。

仿古鬲

清代，高9.75公分，口徑8.8公分。現藏於臺北故宮博物院。

玉色青灰，雜黑斑點，器面局部呈黃褐色。器仿古銅鬲，爲古時炊具。口緣飾回紋，腹以雷紋爲地，以蹄足爲單位，分飾三組獸面紋。

舊處理的作品幾乎和真物一模一樣，幾欲亂真。

清代的考古學非常興盛，對漢代玉器的研究達到了很高的程度，因而也仿製了大量的漢代玉器。仿製最成功的是漢代玉璧，因其體大而便於陳設，或作爲禮器。所仿製的漢代玉璧，以穀紋璧、蒲紋璧和變形獸面紋璧居多。所仿製的穀紋璧和蒲紋璧，在造型和工藝上竭力追求漢代特點，但不做做舊處理；變形獸面紋璧則不然，鼻、眼表現得更細緻、更複雜，面部還增加了變形雲紋加以裝飾，給人以一種似漢而非漢的感覺。

清代還仿製了許多漢代玉佩，這些玉佩很大一部分是在漢代玉佩的基礎上加以變化，在造型上較漢代玉佩更加複雜，如宜子孫璧形佩，尺寸稍小於漢代玉佩，但更加精美。也有一些玉佩同漢代作品非常相似，如雞心佩、蟠螭佩，與漢代作品幾乎一模一樣，無論是造型還是紋飾，都仿製得惟妙惟肖，器身上的勾雲紋飾也用游絲跳刀方法雕刻而成，線條若斷若續，一絲不苟，有的被鑑定家誤認爲漢代作品。不過，這類作品多不做舊，仍然保留清代宮廷玉器特有的蠟樣光澤，或用清代宮廷玉作特有的人工烤色法焙燒仿古顏色。

此外，清代還仿製了許多漢代的玉酒器、玉獸、玉鳥、玉劍飾等，這些作品一般不進行做舊處理，在雕法、拋光等方面保留著清代玉器的特徵。若經過做舊處理，就和漢代玉器很難分辨出來了。

因唐代玉器本身就少，因此清代仿製的唐代玉器也就很少，主要有玉飛天、玉舞人、玉佛像和玉文具等。

清代宮廷仿製的宋、元玉器數量和種類都較多，主要有仿宋代玉人、玉杯、玉佩，仿元代玉爐頂、玉帶扣、玉帶鉤，這些仿製

品的製作極下功夫，不僅追求形似，而且在工藝上和細微局部的加工上都具有宋、元風格。仿明代玉器最典型的是仿「子剛」款玉器。

總之，清代仿古玉器仿古而不泥古，主要有三種類型：其一為參照宋、元、明金石學著錄中的造型；其二為直接依照舊器物的造型進行仿製；其三為借用古代器物的造型，將不同時代的器型有機地融合在一起。

乾隆時期仿古玉器惟妙惟肖，達到了以假亂真的境界，將中國古代仿古玉器的水準推向了最高峰，這時期的仿古玉器多刻有「大清乾隆仿古」或「乾隆仿古」等款識。

仿「子剛」款玉壺

清代，高10公分。現藏於臺北故宮博物院。

青玉質，帶褐色瑕斑。壺腹雕飾詩文一圈。底有「子剛」篆款。

常見的古和田玉偽造法

古玉改作

古玉改作不易被識破，且能以次充好，因此被作偽者經常使用。

從古代流傳下來的古玉大件，器型完整者總是鳳毛麟角，出於各種目的，改作者儘量按原來器物的造型及紋飾改作成零星小件，或對殘器進行補整，對容易暴露廬山真面目的斧鑿之痕，重點進行染色、褪光。如一塊已經破碎的玉璧，玉賈認為如果照原樣出售，大多無人問津，或即使有人願意收藏，買方也不可能出高價，就根據其殘破情況進行改作。如缺一半則將尚存的部分改作璜；如缺一小部分則改為玦；如內口殘缺則磨去一層改為瑗；若是外邊殘缺，則磨去一層改為環。

至於補整，也不少見，如一件繫璧破碎了，則截取完整部分而以顏色相仿的玉甚至是金銀補之。這種方法，在愛玉成癖、嗜古成風的中國很早就屢屢被發現。

古玉後雕

所謂的古玉後雕，是指利用未成器型或器型不規整、雕琢不精的古玉進行加工。將素面的器物，或一面有紋飾一面素紋的古玉器重新切磋，雕琢紋飾。素面的玉斧、玉圭、玉璧、玉璜，乃至玉琮等古玉器是被較多選用的器物。利用新發現的古玉，或加工粗糙的古玉仿造古玉器。據調查，採用這種作偽方法製作的玉器，有時高達偽製器的十分之一。

還有的採用拼接的方法進行造假，就是把幾個不同器物的局部湊到一起，組成新的作品，這樣的作品在鑑賞時，無論看到哪一個局部都使人覺得對，但整體風格

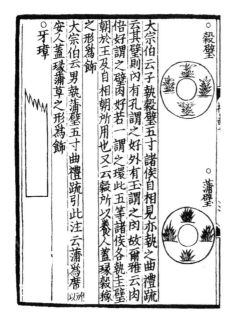

《三禮圖集注》內頁（局部）

《三禮圖集注》是宋代學者聶崇義考訂多種古代《三禮圖》所纂輯。其書有圖有解說，書中所繪圖象雖「未必盡如古昔」，但援據經典，考釋器象，具有重要的參考價值。

不倫不類，有時還會出現將不同時代風格的作品拼到一起的現象。

新玉臆古

新玉仿古與古玉改作的區別，顧名思義，一為新玉，一為古玉。新玉仿古也可以分為二種，我們稱之為「新玉臆古」和「新玉摹古」。

宋代開仿古之先河，所仿古玉似古非古，有時甚至是不倫不類。這在考古資料嚴重缺乏、斷代知識剛開始積累的宋代，確實是難免的。後代仿古者，包括宮廷仿製，也往往採用宋元時代的考古圖錄，如《考古圖》、《古玉圖譜》等摹繪的許多古玉形狀、紋飾進行仿製。如根據宋聶崇義的《三禮圖集注》中的玉璧圖仿造古玉璧，刻若干株蒲草的所謂蒲紋玉璧，琢幾棵稻穗的所謂穀紋璧，此類「傑作」早已貽笑大方。

由於此類圖錄缺乏考古依據，許多又是「拍腦袋」發明，一些稍有考古知識的人就能明辨，但是由於時代久遠，器物本身已成了研究仿古玉器的重要資料，因此它們也不乏研究保存價值。由於這些仿古玉器是主觀臆造（創造）的產物，我們稱之為「新玉臆古」。

新玉臆古的作品略有一點古器的意味，但帶有很大的想像成分。其造型奇特，工藝頗為古樸，使人感到不知為何物，不知為何用，而出售者又能編造出很多故事。

新玉摹古

新玉摹古是完全根據出土玉器的形制、紋飾用新玉摹仿製作的仿古玉器。在這類贗品中尤以宮廷玉匠精心仿製的玉器最難識別。因此，必須更認真謹慎地對待。

清朝宮廷對漢代玉器的鑑定和認識極負盛名，所以仿古玉器也以這一時期為多。仿造者從器型紋飾乃至雕琢技術都刻意模仿，甚至能逼真地模仿出漢代玉佩上的游絲跳刀方法，線條若斷若續，往往使一些有經驗的鑑定者也受騙上當。

現在，由於治玉者中一些人手中無真玉可仿，因而變換方式，照圖冊仿製。市場上能見到很多仿照圖錄製成的玉器，如仿商代玉人、玉鳥，仿漢代玉馬、玉獸，仿戰國玉璧、玉璜、玉佩等。有的參照古代器物或圖錄中古代器物的局部進行造假，造假者為了掩飾造假的意圖，使自己的作品不易被別人識破，在仿古時有意將

器型或紋飾加以變化，這類作品給人一種看不明白的感覺。

模糊做舊

　　這是新玉做舊的一種方法。模仿古代和田玉器的形式製成，但參照物的紋飾不夠清晰，或者模仿得不夠準確，有意識地將玉器表面紋飾做得模模糊糊，細部紋飾似有似無，很像古玉受蝕的樣子。這類作品上往往出現不該模糊的紋飾反而模糊不清的情況，尤其是一些仿古璧、璜，上面的穀紋模糊，是人為而致。

　　事實上，古玉器中紋飾模糊的作品是有的，但數量很少，而且模糊紋分佈得又很合理，鑑別時需注意分別。

五彩斑斕話沁色

沁色——出土古玉的「身份證」

　　出土古玉被行業人士稱為「古土」。《古玉辨》又說：「凡出土之古玉，通名為古土。輕者為土蝕，曰土鏽；重者曰土侵，曰土斑。皆因地氣所蒸。受土吃有深有淺，故現此形。若無此形，便非入土年久之物。亦有入土未舊而即出者，僅含有土氣。用開水煮之，土氣自退，依然與傳世古無疑。每有土鏽深厚，深入肌理，用刀刻之不易削去者，蓋因土有沙性，沁入玉理，合而為一，不易盤出。即盤出，也不及色沁之光潔，耐人摩挲也。」

　　古玉被長時間埋藏在地下，土壤中所含的礦物質便漸漸滲透到玉裡，使原來的玉色和玉質都發生變化，這種情況被稱為「受沁」。

　　受沁的情況要經百年以上才能出現，但因不同地方土壤所含的礦物質成分不同，埋藏的時間長短不同，土壤中所含的水分多少不同，再加上玉質本身的不同，受沁的情況也不同，呈現出來的顏色也不盡相同。

　　自然形成的沁色，從表到裡由深及淺，富有層次感。比較好的玉質，從「開

舊玉夔蟠龍璧

　　清代，外徑9.2公分。現藏於臺北故宮博物院。

　　圓璧形，有數尾浮雕龍紋，穿越於璧間。附木座。

舊玉福壽桃

　　清代，高15.7公分。現藏於臺北故宮博物院。

　　青玉質，有璺、赭斑。全器以桃實為形，滿附枝葉，造型寫實。

青玉花瓶

　　宋代，高 14.5 公分。現藏於臺北故宮博物院。

　　青玉質，色青灰，有大片赭沁。腹部剖面為橢圓形，長頸，有一立雕螭盤於其上。

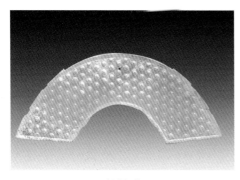

穀紋璜

　　戰國，長 12.2 公分。現藏於臺北故宮博物院。

　　青玉，有水沁。璜壁雕飾排列整齊的穀紋，質美工精。

窗」處往裡看，沁層更有立體感。如果是「彩沁」，沁紋與蝕斑處通常更為明顯，層次過渡自然。兩種以上的沁色，常會發生顏色取代與覆蓋現象，比如黑色覆蓋紅色、紅色取代土沁色、水沁覆蓋糖沁色等。在器表呈連續分佈時，不會因刻痕而中斷，刻痕內呈現同一沁色，或因沉積較深而色稍重。不受沁處的刻痕內，則多有粉狀白化，或呈原生色。一般來說，刻工比較繁複的地方比打磨光滑的平面更容易受沁，沁色會比較深，但與周圍沁色之間還是會有所過渡與交待。

　　玉器受沁時，表面結構會遭到破壞，呈現出不同的情況。受沁淺者為蝕斑；起伏不平者為「橘皮紋」；深入玉中者為蝕孔，也叫「土咬」；局部受侵蝕嚴重，朽爛如枯骨、膏泥者叫「唐爛斑」——因唐代及以前土古玉上常見，故有此稱。另外，還有灑朱點、蛤蟆皮、魚籽斑、冰裂紋等。

沁色的形成奧秘

　　玉器長時間埋藏在土中，大多受到地熱、地壓、土壤酸鹼度和所含礦物質元素的影響，顏色會發生變化，所產生出來的顏色叫「沁色」。沁色主要與玉材、玉質、地理環境、土壤成分、介質環境、埋藏時間等因素有關。其色彩絢麗斑斕，豐富多彩，歷來受收藏家、鑑賞家珍愛，也是鑑定真偽、斷定年代的重要依據。

地理環境的影響

　　自古以來，人們對古玉沁色的形成原因做出種種猜測，不斷進行研究。普遍認為，地理環境對沁色的形成影響很大。地理環境因素中對沁色影響最大的是土質。

　　清代鑑定家劉心瑤在《玉紀補》中說：「西土者，燥土也；南土者，濕土也。燥土之斑乾結，濕土之斑潤縟。乾結者色易鮮明，潤縟者色終暗淡。土斑而有斑痕者，少土物也；無土斑而有斑痕者，水坑物也。西北亦有濕土，東南亦有燥土。近水則濕，遠水則燥也。」將土質對沁色的影響進行了詳盡的描述。總的說來，西北

內陸地區氣候乾燥，土壤以弱鹼性為主，出土玉器沁色較輕，種類較少，以黃褐色的土沁為主；東南沿海地區氣候濕潤，土壤以弱酸性為主，出土玉器以白色的水沁為主，種類繁多，以雞骨白為主。當然，無論是東南還是西北，對沁色影響最大的地理環境因素主要還是土質。

埋藏環境的影響

古人在斂葬時，除玉器外，出於不同目的，往往會在屍身旁放置石灰、朱砂、銅器、水銀、鐵器等不同的物質。這些物質長時間和玉器埋藏在一起，其物理性質和化學性質對玉器的顏色也會產生很大影響。例如新石器晚期的墓葬中，人們有往棺槨底部鋪設朱砂的習俗，朱砂長時間和殉葬的玉器存放在一起，朱砂的紅色沁入了玉器的肌理，玉器表面會出現「孩兒面」、「寶石紅」、「朱砂紅」等各種絢麗的色彩。

商周時代殉葬不僅用玉器，而且使用青

青玉執壺

清代，通高 27.2 公分。現藏於臺北故宮博物院。

青玉質，帶灰白及黑色沁斑。壺子母口，梨形腹，管狀流，龍紋曲把，撇足，帶蓋，蓋鈕為立雕轉首小獸，蓋面則琢如意雲紋。圈足與流管上琢飾起伏波浪紋。

銅器。銅生鏽呈綠色，綠色的銅鏽和玉器接觸，有可能在玉器表面形成綠色沁。白玉受到含有鐵質土壤的酸化作用，就會變成琥珀黃、深褐色或黯黑色。如果是其他顏色的玉器受到含鐵土壤的酸化作用，沁色一定是玉材的原生色再加上黃、褐或黑色，所產生的新的色澤，自然不會和原來相同。

葬具不同的影響

中國古代的斂葬方式，除將屍體簡單包裹或直接掩埋在土中外，通常使用棺槨，常見的棺槨主要是石棺和木棺。

用石棺斂葬的方法常見於石器時代。石棺堅固耐用，但因契合不嚴，細沙或泥水滲入棺中，往往造成玉器底部的沁色重，上部的沁色輕。用木棺斂葬的方式最為常見，但木棺不耐用，時間一長就會腐爛，腐朽的棺材和泥土混在一起，就造成了滿沁的現象，如同直接掩埋。後來斂葬方式有了改變，用石砌或磚砌的墓室安放木棺，棺槨即使朽盡塌陷，只要墓室不塌，玉器也只有接觸地面的一面受沁。

不過，並不是所有的入土古玉都有沁色。一個是時間長短的問題，時間短就不可能受沁。另外，有的玉器埋藏在環境乾燥的地方，玉質堅硬緻密，再因保存得好而沒有與土接觸，受沁的機率就很小，有些根本沒有沁。不過這樣的例子實在是少

之又少。

千變萬化的沁色

古玉的沁色複雜多樣，五彩斑斕。除品種繁多的單色沁之外，還有各種巧沁和多色沁。多色沁如天地玄黃、群仙上壽、萬福攸同等，可謂變化神奇。

玉器的沁色五彩斑斕，其色彩之多，範圍之廣，千變萬化。古人認為，古玉之美就美在沁色，有「玉得五色沁、勝得十萬金」之說。所謂的「五色沁」，一般是指白色的水沁、黃色的土沁、紅色的血沁、綠色的銅沁和黑色的水銀沁。

據文獻記載，古玉有十三彩，即醬紫斑、靈芝紫、棗皮紅、鶴頂紅、石榴子、黑漆古、水銀沁、金貂顏、梨花白、娥眉黛、鷓鴣斑、熊膽綠、甜黃等，巧妙利用比喻，生動形象。另外，還有的以沁色形成的圖案來描繪沁色本身，如蟠龍鬧海、金星望月、天地玄黃、群仙上壽、日貫長虹、萬福攸同等，不一而足。

通常認為，古玉的沁色大致可以分為白、黑、紅、黃、綠、青、紫七種。不過，每種顏色又分為不同的具體品種。白色沁有雞骨白、象牙白、魚肚白、梨花白、羊脂白、糙米白、水沁等；黑色沁有陳墨黑、純漆黑、膏藥沁、黑漆古、水銀沁等；紅色沁有朱砂紅、棗皮紅、雞血紅、鶴頂紅、石榴紅、血沁等；黃色沁有栗子黃、黃花黃、小米黃、桂花黃、黃楊黃、甜黃、老甜黃、土沁等；綠色沁有松花綠、蘋果綠、熊膽綠、銅沁等；青色沁有竹葉青、蟹殼青、鼻涕青、蝦子青、澄潭水蒼、雨過天青等；紫色沁有茄皮紫、玫瑰紫、紫檀紫、醬紫斑、紫靈芝等。

石灰沁

石灰沁為白色沁，也叫水沁，古人認為其為玉器受石灰沁入而成。清代劉大同《古玉辨》中說：「受石灰沁者，純白曰『雞骨白』，微黃曰『象牙白』，微青曰『玉骨白』。輕者，色紅豔如碧桃，名曰『孩兒面』。」

青玉直紋簋形小爐

清代，通高12.8公分。現藏於臺北故宮博物院。

玉呈青灰色，簋形爐，有大片赭沁，有璺。二耳作立雕象鼻形，口沿下有立雕小獸首，頸部飾蟠螭紋及棱脊，腹部則滿布直棱紋。

黃土沁

人們習慣稱黃色沁為土沁或黃土沁，古人認為其為玉器受土沁入而成。劉大同《古玉辨》中說：「受黃土沁者，色如甘栗，名曰甜黃。黃色沁系還有米黃色、雞蛋黃、秋葵黃、老酒黃、黃花黃、黃楊黃、鱔魚黃、虎皮黃等。」

松香沁

古人認為松香沁為玉器受松香沁入而成。劉大同《古玉辨》：「松香沁受松香沁者，色如蜜蠟，名曰老甜黃。」

銅沁

綠色沁為銅沁，古人認為是玉器受銅鏽

沁入而成。劉大同在《古玉辨》中說：「受
銅沁者，色如翠石，名曰鸚哥。銅器入土，
年未舊即生青綠色，年久則尤甚，玉與之
鄰，為其傳染沁入，復原時，比翠石更嬌
潤。」「銅沁還有松花綠、蘋果綠、蕉牙
綠、瓜皮綠等。」

血沁

紫紅色沁為血沁，古人認為是殉葬玉器
在地下受屍血沁入而成。劉大同在《古玉
辨》中說：「受血沁者，其色赤，深者名曰
醬紫斑。」「或云血不能沁玉，以人死血枯
竭，必因地氣所蒸，與他物混合為一，方能
沁入玉內作深紫色也。此一說也。」

水銀沁

古人認為黑色沁為水銀沁入而成，是古
玉中較為珍貴的色沁。劉大同在《古玉辨》
中對水銀沁進行了詳盡的描述：「地中水銀
所沁，有淺黃色牛毛紋者，有露白點冰片紋
者。」「水銀沁大者成片，小者成塊，細者
成線。」「常見古玉黑白分明，一半大坑水
銀所沁，一半地中水銀所沁。」「地中水銀
輕如流水，所沁者形似魚腦凍。」「大坑水
銀所沁者則成黑漆古矣。」「水銀沁，三代
之物為最多，秦漢次之，兩晉以後則不多見
矣。」

靛青沁

古人認為青色沁為玉器受靛青沁入而
成。劉大同在《古玉辨》中說：「受靛青沁
者，色如天青，名曰玳青，此係青衣之色。
傳染沁入玉理者，深如藍寶石者，名曰老玳青。」

似沁非沁

古玉器表的「飯糝」、「玉窗」、「玉皮」、「烤皮」、「綹裂」、「蝕
斑」、「土吃」等，與沁色非常相似，把它們與「沁」區分開來，是鑑賞識別古玉
的一個重要方面。

飯糝

「糝」的原意是飯粒。有的玉質中呈現出不規則的絮狀白斑，如同煮熟的大米

瓜形鼻煙壺

清代，高4.9公分。現藏於三藩
市亞洲藝術博物館。

白玉質，有大片黃土沁，琢一瓜
形小壺，利用俏色工藝將色皮琢成一
隻蝴蝶攀附在瓜壺上。「瓜」因滿腹
種子而有「子孫萬代」之寓意。

玉壺

清代，高10.8公分。現藏於三藩
市亞洲藝術博物館。

青玉質，有大片深淺不一的松香
沁。琢成一茶壺，光素無紋。

玉雕「三羊開泰」

　　清末至民國，高 4.4 公分。現藏於三藩市亞洲藝術博物館。

　　青白玉，有大部沁斑，琢三羊臥姿造型，三羊一大兩小，母子神態親昵，滿含溫情，寓「三陽開泰」之意。

黃玉螭紋筆洗

　　清代，高 5.7 公分，長 16.5 公分，寬 10.8 公分。現藏於三藩市亞洲藝術博物館。

　　黃玉質，有水銀沁斑。琢一筆洗，高浮雕三隻螭龍等距攀於器壁。

稀飯，在行內叫「飯糝」。其本質是玉器長時間在水中，分子結構發生了變化，類似雞骨白沁，但絕對不是沁。因其形狀如白色的竹花，也有人把它稱作「玉花」、「玉英」、「玉液」、「玉雪」、「玉糝」等。

玉窗

　　因玉器本身的質地和外界因素的影響，大部分受沁，而也有的地方沒有受沁，沒有受沁的地方被稱為「玉窗」，顯露出玉的本色，也稱「玉池」、「玉膚」。

烤皮子

　　清代乾隆和嘉慶時期，為了豐富玉器的形色，盛行留皮巧雕玉器。有的玉器沒有留皮，就用火燻烤，類似仿製古玉的「提油法」，製作出黃色、褐色和黑色的玉皮，行內稱為「烤皮子」。所烤的部位，有的為綹裂和瑕斑，玉質稍微低劣，不排除是為了掩飾綹裂和瑕斑。也有的是為了仿製古玉，用這種方法製作惟妙惟肖的沁色。

火燒玉

　　「火燒玉」的概念有兩種：一種是無意識地被火燒過的玉器，如天災人禍；一種是有意識地用火燒過的玉器，如為了仿古。

　　人們早在新石器時期就知道，用火燒的方法能夠改變玉的顏色。用火煆燒白玉時，在不同的溫度下會呈現出不同的色澤，如象牙白、雞骨白、黑漆古等。

古玉沁色的偽製

偽製沁色由來已久

　　中國偽製古玉的歷史十分悠久，人工造沁的歷史也同樣悠久。《山海經》是先秦古籍，是一部富有神話傳說的地理學書籍，同時也是一部科技史，記載了許多先秦時期的科技發明與創造。其中的《南山經》中有這樣一段話：「有木焉，其狀如穀而赤理，其汗如漆，其味如飴，食者不饑，可以釋勞，其名曰白䓘，可以血玉。」所謂的「血玉」就是染玉。而權威人士經過考證，認為最遲在晉代，人們已

掌握了染玉方法。

到了宋代，仿古之風盛行，宮廷和民間紛紛仿製、偽製古玉，開創了中國歷史上大規模仿製古玉的先河。明清時期，更是仿製古玉的高峰期。明代高濂在《遵生八箋》對當時偽製古玉的情景作了描述：「近日吳中工巧，模擬漢宋螭玦、鈎環，用蒼黃、雜色、邊皮、蔥玉或帶淡墨色玉，如式琢成，偽亂古制，每得高值。」

仿製是因崇古，偽制則是為了獲利。但無論是仿製還是偽製，都脫離不了「假」字，都離不開人工造沁。

青玉獸面紋三足爐

清代，通高 14 公分。現藏於臺北故宮博物院。

玉質，帶褐黃色人工染沁斑紋。口沿琢回紋一圈，器腹兩面雕飾獸面紋，雙耳作紐絲紋。附玉頂紫檀木蓋。

傳統造沁方法

人工染色雖可亂真，但細心辨析還是能準確識別的。如偽造的「雞骨白」乾枯似石，缺乏玉特有的溫潤感；人造血沁仔細嗅來有一股血腥味，且迄今的考古發掘得到的玉器中未發現有此種沁色，至於用提油法上色的玉器，油膩感很難消除。此外，觀察色沁是否正好在玉器的瑕斑處，也是辨析的便捷途徑。

玉雙龍耳杯

清代，高 4.9 公分，口徑 8.2 公分。現藏於臺北故宮博物院。

青白色，帶黑斑，浮雕一龍一螭，螭染黑，層次分明。

老提油

「老提油」的方法在北宋時期就出現了。清陳性《玉紀》中記載：「虹光草出甘肅大山中，其汁能染玉。用草汁入碯砂少許，抹於玉之紋理間，用新鮮竹板燃火逼之，則深入玉之膚理，紅光自面透背。時人謂之得古法，賞鑑家偶失於辨，或因之獲重價焉。此等今頗少識家，呼為『老提油』者是也。」

這種方法造出來的沁較為難辨。清劉心瑤在《玉紀補》說：「顏色亦鮮明奪目，唯色皆成片，無牛毛、蚌殼等紋。」

新提油

《玉紀》中說：「比來玉工，每以極壞夾石之玉染作。欲紅，則入紅木屑中煨之，其石性處即紅；欲黑，則入烏木屑中煨之，其石性處即黑。謂之『新提油』。」

《玉紀補》則說：「先用色染，再放於滾油鍋中炸透，然其色外浮，縱有血絲亦浮於外面，甚有紅白相間，即玉賈所謂『豬油燉醬』者，細察中發空色，不似真舊，光由內吐，俗謂『油炸鬼』是也。」

造黑斑法

一種方法是將玉器用水煮熱，架在鐵算上，用火燒。邊燒邊抹蠟油，沒有時間

限制，直到黑斑製成為止。

另一方法是用被水打濕的舊棉花將玉包好，用柴火燒。火不要太大，舊棉花乾時再用水澆，澆水時要注意冷熱均勻，以免玉器破裂。等黑色浸入玉質而不是浮在上面發白，就算成了。造出的黑色斑以占整個玉的1/3為美，顏色呈現出深淺不同的，稱為妙品。

造黃土鏽法

在玉器上塗滿膠水，然後埋入黃土裡。埋葬時間越久，所生的黃土鏽也越真。目下地攤上尤多此類「古玉」。

造血沁法

第一種方法：將假造好的玉器放置在火中燒熱後取出，抹上血竭或其他紅色顏料。等玉器涼下來後再燒再抹。如此反覆直到顏色沁入玉中，所成沁斑就像真品了。

第二種方法：拿一定數量的血竭、紫草、透骨草與玉放入一個罐內，罐中注滿水，然後用火煮幾天，直到顏色已沁入玉內後才取出來，再用錯草將玉的表面錯去一層，然後再塗上一層川白蠟，這樣假玉就與舊玉中帶血沁的相同了。

第三種方法：將血竭一兩、蜜陀僧一兩、硇砂數分，全部研成細末，一同放在罐內，滿注脂油。再將用杏乾水煮過的玉器放入油罐內，放在微火上煮。數十天之後，顏色已沁入玉內即可取出，將表面上浮光抹去，上一層川白蠟就可以了。

仿古玉尊

清末民初，高11.1公分。現藏於三藩市亞洲藝術博物館。

玉色灰白，佈滿「牛毛紋」紋，有綹。琢作仿古尊形，圓口，粗頸，肩一側置耳，圓腹，圈足外撇。光素無紋。

羊藏玉

把玉埋入羊腿皮內，主要用來偽造「傳世古」。《古玉辨》中說：「玉器小者，用刀割生羊腿皮，置於其中，再用紅線縫之，不使出血。經三年後取出，玉帶紅綠，宛如舊物。但盤熱時嗅之，微有腥味。」

烏梅水玉

用烏梅水煮玉，主要用來偽造「水坑古」。《古玉辨》中說：「質鬆之玉，作成古物，用重烏梅水煮一晝夜，其鬆處被烏梅水搜空，宛如水激之痕，再用提油法上色，儼然『水坑古』矣。但玉質太鬆，其水激之痕終究不如真者之出於自然不著形跡耳。」

草灰—烏梅玉

利用草灰加烏梅水煮玉，主要用來偽造「牛毛紋」沁。《古玉辨》：「玉之有牛毛紋……今之偽造者，每用草灰水稍加烏梅煮之竟日，乘熱取出，置之風雪中一夜，使玉紋凍

裂，質堅者紋細如法，再加提油上色，以偽牛毛紋。」

琥珀燙

琥珀玉以琥珀為染色顏料，將其塗入玉質原有綹縫中；或用金鋼鑽在玉上刻畫出斑點，在斑坑填入琥珀質染料，再用溫火燒烤。

火燜法

偽造雞骨白法，將新玉用炭火燜烤，在炭火未冷卻時，用涼水潑在玉上，玉取出後與受地火影響的古玉相似，呈雞骨白色。只是這種偽造出的「古玉」由於經過火燒，沒有了玉的溫潤透明的光澤，已同朽爛枯石一樣，毫無靈氣。

阿叩法

阿叩法即醋屑法，主要用來偽造「桔皮紋」巧沁。將玉器用鐵屑拌勻加熱，然後用熱醋淬浸，然後放在潮濕的地裡，十幾天後再埋入地下。數月後取出，玉器表面會出現桔皮紋，紋中鏽如鐵紅色並且有土斑，如同古玉。因這是乾隆時期由無錫一個名叫阿叩的人創製，故稱為「阿叩法」或「叩鏽法」。

油炸法

「油炸法」是偽製牛毛紋沁的方法之一。《古玉辨》中說：「若用油炸，皮多裂紋，似牛毛，又似水紋。但體已酥，不能久存。外露浮光，愈盤愈黯，久即成蠟，肉色精光已去，有形無神，故名之為『油炸檜』。」

鏽工法

鏽工法主要用來偽製蟲蛀爛斑。清代徐秦基《玉譜類編》中說：「有名鏽工，則用烏梅水與硝礦、鐵屑和玉同煮，更兼久侵，則成爛斑，宛如水銹作蟲蛀孔，顏色並能深透……鏽工於盤醒後，其色深黃，歷久不退。熱水泡後，真出土者顏色泛白，如係鏽工，則色轉黑而光亮。」

現代造沁方法

酸化造沁

用氫氟酸、硝酸或硫酸浸泡，偽造螞蟻腳、蟲蛀等巧沁和灰皮。在酸液中加入朱砂或高錳酸鉀，用來偽造黃沁、紅沁；酸液中添加硫化汞，偽造黑沁。為了逼真，可在不需酸蝕的地方塗抹上蠟，以偽造「玉窗」。

鹼化造沁

鹼化造沁又稱「高壓造沁」。將硫化汞和三氯化鐵塗在玉件需要著色的地方，然後將氫氧化鈉、碳酸鈉、矽酸鈉按比例混合，調拌成油脂後將玉件封裹，再放入封閉的高壓鍋內，加到160℃－200℃、80—120個大氣壓，約100個小時後取出。

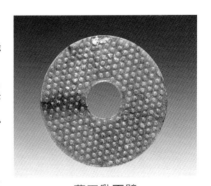

舊玉乳丁璧

明代，外徑14.5公分。現藏於臺北故宮博物院。

青玉，有赭斑與白斑，局部有褐色沁斑。璧面淺浮雕乳丁紋，雙面同紋。

再用二氧化碳熱風吹乾，最後用硫酸還原，表面就出現了石灰沁和玻璃光。

新老結合法

新老結合法就是在傳統的做舊方法中加入現代的科技內容。

傳統做舊手法有燻、烤、燒、炸、蝕等，在這些方法中應用現代材料學的知識，加進了杏乾、梅乾、紅糖、薑黃、血竭、蓖麻油、鞋油、瀝青和各種酸、鹼、鹽等有機染料和輔料，就能製造出令人眼花繚亂的各種「沁色」。

新玉的鑑定

在鑑定和田玉新玉時，要注意其材質究竟是不是和田玉。如今假冒和田玉的情況很多，有用青海玉、瑪鈉斯玉、俄羅斯玉、岫岩玉、西峽玉、獨山玉及石英岩類玉石石類玉石、玻璃等材料假冒和田玉的情況，一定要慎重。

新玉鑑定五要素

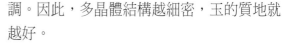

和田玉器收藏界有一個誤區，即「重古不重今」，這是錯誤的。品質高的和田玉器，即使是新玉，也有很高的收藏價值和觀賞價值。如何鑑定新玉呢？

第一要看質地：新和田玉器沒有歷史價值，但其材質的好壞至關重要。若是未加工的原料，內部結晶體的粗細會直接影響到經過琢磨後的光滑程度、透明度及色調。因此，多晶體結構越細密，玉的質地就越好。

墨玉原石

第二要看顏色：顏色是評估和田玉品質最重要的因素，顏色達到「赤如雞冠，黃如蒸栗，白如截脂，墨如純漆」的為上品。

第三是透明度：透明度是與質地相輔相成的物理現象，質地越細，透明度就越高。不過，和田玉的本質是微透明，具有油脂光澤，給人以滋潤柔和之感，呈微透明的即所謂的「水頭好」，琢成的玉件顯得有生氣。

第四是看刀工：對新和田玉器的鑑定，與舊玉一樣，刀工也至關重要，這是評價玉器的核心內容之一，其重要性有時要超過

「色」，刀工越是精細，所下功夫也越深，越費時費力，價值自然也越高。

第五看裂紋：玉上的裂紋可能是在開採或加工期間造成，有了裂紋後，無論其顏色、質地和透明度如何好，都會影響到它的價值。有時裂紋在其表面並不明顯，但在陽光下仔細觀察就可以看到。尤其是被漂白褪色或被染色的玉，裂紋皆為常見現象。

黃玉原石

和田玉的工藝等級

和田玉石的工藝等級標準，首先按和田玉的產狀和顏色分出品種，再按玉的色澤、質地、綹、雜質、重量等劃分等級。新疆工藝美術工業公司所提供的和田玉玉石工藝等級標準見下表。

白子玉

特級	羊脂白玉，質地細潤，無綹，無雜質，塊重6公斤以上。
一級	色潔白，質地細潤，無碎綹，無雜質，塊重3公斤以上。
二級	色白，質地較細潤，無碎綹，無雜質，塊重1公斤以上。
三級	較白，質地較細潤，稍有碎綹，無雜質，塊重3公斤以上。
等外	凡顏色、質地、塊度未達到以上標準的。

白玉、青白玉山料

特級	色潔白或粉青，質地細潤，無綹，無雜質，塊重10公斤以上。
一級	色白或粉青，，質地細潤，無碎綹，無雜質，塊重5公斤以上。
二級	色青白或泛白，質地細潤，無碎綹，無雜質，塊重5公斤以上。
三級	色青白或泛白，質地細潤，稍有綹，無雜質，塊重5公斤以上。
等外	色白或青白，有綹，有雜質，塊重3公斤以上。

青玉子料或山料

一級	色澤青綠，質地細潤，無綹，無雜質，塊度在10公斤以上。
二級	色青，質地細潤，無綹，無雜質，塊度在5公斤以上。
三級	青，質地細潤，稍有綹，有雜質，塊度在5公斤以上。

假冒和田玉的辨別

和田玉與青海玉的辨別

20世紀90年代，在青海省格爾木市西南的高原丘陵地區發現了一種新的軟

玉，這就是青海玉，當時還有崑崙玉、格爾木玉、青海翠玉（翠綠色品種）等名稱。其產出地段屬崑崙山脈東緣入青海省部分，西距新疆若羌境約300公里，與且末、若羌等地產出的和田玉在地質構造背景上有著密切的關係。因其價格低廉，品種豐富，其中某些品種與和田玉極其相似，很多投資者把青海玉當和田玉投資，犯了很多錯誤。

青海玉主要以山料為主，有少量山流水，沒有子料。就其成分來說，也是由陽起石——透閃石組成，但其內部組織的排列結構與和田玉不同。和田玉內部的排列呈纖維交織狀，也就是所說的毛氈狀，而青海玉內部呈柱狀和葉狀的排列，因此在韌度上不如和田玉，容易碎裂。

青海玉的色澤豐富，主要有白玉、青白玉、青玉，其中的翠綠色、煙灰色、灰紫色品種在傳統和田玉品種中都是罕見或未見的。

青海玉白玉是其中產量最多的品種，業內通常稱之為「青海白」，一般呈灰色——蠟白色，半透明狀，透明度明顯超過和田白玉，俗稱「冰白玉」，質地細潤均勻，但凝重質感不足，做薄後尤為輕飄。有少量達到羊脂白玉品質。其主要特徵為很多的玉料中含有水線，這在和田玉中是極為罕見的，其顏色可分為奶白玉、透水白玉、梨花白、米湯白等品種。

青海青白玉的顏色一般為淺灰綠——青灰色、淺黃灰色等，半透明，顏色淡雅清爽，質地細膩均勻，接近和田青白玉，水頭足，均勻性好，常被形象地稱為透白青、淡青白、鴨蛋青等。但透明度明顯大於和田青白玉。

青海青玉的顏色通常為青灰——深灰綠色，色調較悶暗，半透明，質地常優於和田青玉，水頭足。與和田青玉相比，有的青海青玉的色澤中灰紫色帶煙灰色、煙灰色中略帶灰色調，半透明，質地細膩滋潤，被稱為煙青玉，也有人將其稱為藕荷玉、烏青玉、紫羅蘭玉等，這種顏色在傳統的和田玉品種中非常罕見，是青海玉中的一個獨特品種，多用來製作俏色玉器。

青海青玉中還有一個獨特的品種——翠青玉，其色嬌嫩豔綠，宛如翡翠，與青玉、碧玉的綠色有明顯的不同，是和田玉中所沒有的品種，常用來製作俏色玉器。

總之，青海玉絢麗多彩，品種豐富，但總的特徵是透明度過高，顯得膚淺，與玉文化中的溫、肥、厚等特徵不相符合。

和田碧玉與瑪納斯碧玉的辨別

瑪納斯碧玉是中國玉料中的珍貴品種之一。究其礦物成分來說，與和田碧玉基本相同，主要成分是陽起石，含有透閃石。其產地位於新疆天山北坡的瑪納斯縣清水河、塔西河上游和瑪納斯河上游一帶。究竟從何時開始使用，已無法考證。

據《三州輯略》記載：「瑪納斯城百餘里，名清水泉（今清水河），又西百餘裡名後溝，又西百餘里名大溝，皆產綠玉。乾隆五十四年（1789）封閉綠玉廠，禁止開採。」由此可見。在清代早期和中期它就已經成為宮廷玉器的主要原料，後來

青海料玉觀音　　　　　　　　　　　　　瑪納斯碧玉

礦點被封閉。

20世紀70年代，早期的瑪納斯碧玉礦點被重新發現，現在年產碧玉數十噸，產量較大。

瑪納斯碧玉通常被歸納到和田碧玉中，不過與和田碧玉不完全相同。其質地細膩，塊度較大，顏色有綠色、灰綠色、黑綠色幾種，礦體內常有黑點分佈，並多有白點伴隨，內部結構也不如和田玉緻密。和田碧玉內部通常只有黑點而沒有白點。和田碧玉產量不大，一般呈灰綠、深綠色，質地油潤細膩、外觀感覺凝重，而瑪納斯碧玉略顯輕浮。

和田玉與俄羅斯玉的辨別

俄羅斯玉產於俄羅斯遠東貝加爾湖地區，其主要礦物成分與和田玉相同，屬於軟玉，品質很高，幾乎與和田不相上下。主要品種有白玉和黃玉，產量很大。

俄羅斯白玉的硬度與和田白玉的相同，表面有蠟狀光澤，不過所含的石英成分偏高，與和田玉相比質地顯得粗澀，性粳，脆性高，透明性強，長時間雨淋日曬容易起膈、開裂和變色。若與和田白玉放在一起，和田白玉顯得滋潤，體如凝脂，油性極強，俄羅斯白玉顯得僵，「死白」，缺乏油性；和田白玉敲擊時聲音清脆，俄羅斯白玉敲擊時顯得沉悶；和田白玉山料看起來泛青，俄羅斯白玉山料看起來泛紅；和田白玉內部雲絮狀紋理結構緻密，精光內蘊，俄羅斯白玉內部充滿了明顯的團塊雲絮狀紋理，夾雜冰點蟹爪紋，密度相對較小。

和田白玉韌性大，易於雕琢，打磨面潤澤乾淨，業內稱之為「和田玉打磨面」；俄羅斯白玉脆性高，機器雕琢時易起性，易崩裂，打磨面充滿平板凹陷的麻皮坑，業內稱之為「俄羅斯玉打磨面」。

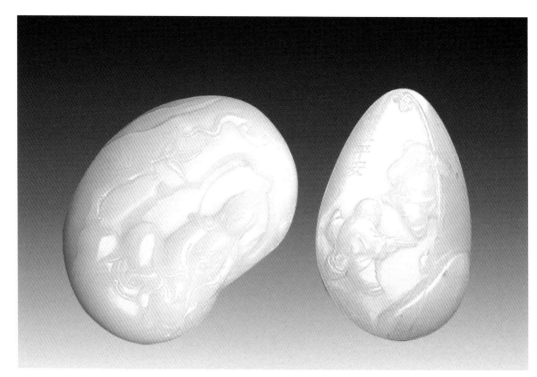

俄羅斯玉料掛件

俄羅斯玉不僅有山料，而且有子料、山流水。和田子玉砂眼麻皮坑原生皮表面佈滿宛如皮膚毛孔一樣的細小砂眼，色沁原生皮上通常有「蜘蛛紋」、「蜈蚣紋」等，還往往呈現深淺不一的「圈點」、「圈線」。

俄羅斯子玉毛口表皮，未見凹凸不平，打磨的成品有明暗相間的平底麻皮坑產生。所呈黃褐色、深褐色不均勻，部分糖皮表現為許多黑褐色的斑點，融入乳白色、棕褐色中形成薄層外包裹體，也有滲透到裡層的，形成不規則的「糖包玉」、「玉夾糖」，業內稱此為「串糖」現象。

和田玉與岫岩玉的辨別

岫岩玉也稱「岫玉」，中國傳統「四大名玉」之一，因主要產於遼寧省岫岩縣而得名。其比重為2.5～2.8，硬度為4.8～5.5，硬度不如和田玉，這是鑑定時的主要著眼點。主要成分為蛇紋石，因而又被稱為「蛇紋石玉」。另有透閃石玉、蛇紋石玉和透閃石玉混合體兩種。有一定透明度，呈玻璃光澤至油脂光澤，所以有人常常把它做舊用來冒充老的和田玉。

岫岩玉雖然開發很早，但其品質不如和田玉，其地位後來被和田玉所代替。不過，因其蘊藏量巨大，分佈較廣，至今仍是利用最為廣泛的材質之一。其質地細膩，水頭足，呈半透明和不透明狀，蠟狀至油脂光澤。色澤以青綠色為主，另有紅、黃、青、藍、白、紫等多種顏色，白色的不是很多，且顏色也不夠純正，內部多有棉絮狀物，滋潤程度不如和田玉。

和田玉與西峽玉的辨別

西峽玉產於河南省西峽縣，開採於20世紀70年代，其成分主要為蛇紋石，另有少量磁鐵礦、透閃石、陽起石及方解石。其質地細膩，內部結構緻密，摩氏硬度為5～6，微透明至半透明，乳白色，具有油脂光澤或玻璃光澤。

現在，市場上經常出現用西峽玉冒充和田玉的情況。其實，西峽玉與和田玉有很大的區別。

首先，和田玉的硬度要比西峽玉高。和田玉能刻畫玻璃，而西峽玉的硬度幾乎和玻璃一樣；和田玉的質地細膩，內部可見小雲片狀、雲霧狀結構的玉花，而西峽

岫岩玉掛件

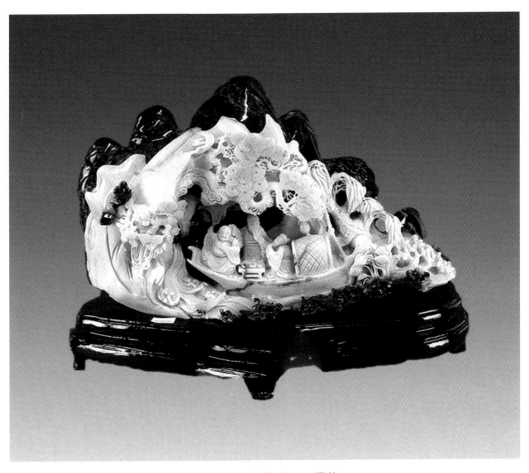

獨山玉夜遊赤壁山子擺件

玉沒有可見的塊狀、團狀棉絮；就顏色來說，和田白玉滋潤而有油性，西峽玉蒼白，夾雜的其他顏色比較鮮豔；就透明度而言，雖然都不是完全透明，但在做透光檢測時，和田玉給人感覺比較明亮，而西峽玉顯得很沉悶。

西峽玉表面雖然很細膩，但用10～20倍的放大鏡觀察，就會發現有細小凹陷的麻點，而和田玉既有凹陷又有凸起，有時還可看到手工打磨遺留下來的順著某一方向的紋路。

和田玉與獨山玉的辨別

獨山玉因產在中國河南南陽市郊獨山而得名，也叫「南陽玉」，也簡稱為「獨玉」，中國傳統「四大名玉」之一。其成分主要是黝簾石化斜長岩，屬多色玉石類，比重為2.73～3.18，硬度為6.0～6.5。

獨山玉質地堅硬、細膩、純淨，色彩複雜，大多是由2～3種不同的顏色組成的多色玉系，呈玻璃或蠟狀光澤，拋光性能好，透明或微透明。最常見的顏色包括白、綠、紫、黃、紅、黑色等。

白獨山呈乳白色，主要由斜長石、黝簾石、少量綠簾石、透輝石和絹雲母組成，常用來冒充和田白玉，但其不像和田白玉那樣滋潤，呈玻璃光澤，有的甚至半透明，整體上看上去白中發烏，但仔細看時又找不到「烏」在什麼地方。發暗的白

東陵玉

玉又叫烏白玉。

此外，獨山玉還有綠獨山、紫獨山、黃獨山、紅獨山、青獨山、墨獨山等，與和田玉相差較大。

和田玉與石英岩類玉石的辨別

石英岩類玉石主要有水石、東陵石、京白玉等，經常被用來冒充和田白玉。其成分主要為石英—二氧化矽，其硬度為7，大於和田玉，能劃傷和田玉。密度很大，結構緻密，有很強的玻璃光澤，這與和田玉有很大差別。

市場上有用水石來冒充和田玉的情況。水石主要成分是石英岩，其硬度較高，但脆性強，易斷裂。

漢白玉雕塑

就顏色來說，雖然是白色，但顯得蒼白，不像和田玉那種滋潤的羊脂顏色，且沒光澤，看上去顯得乾澀。內部結構是顆粒狀，與和田玉內部的緻密的纖維狀結構不同。

東陵玉學名叫砂金石，亦稱海洋石或東陵石，最早產於印度，故又名「印度玉」。市場上經常出現用東陵玉冒充和田玉的情況。其顏色很多，主要有綠色東陵玉、藍色東陵玉、紅色東陵玉和紫色東陵玉，綠色東陵玉往往用來冒充翡翠。新疆出產一種白色東陵玉，可以用來冒充和田白玉，但其內部呈較粗的粒狀結構，所含的片狀礦物相對較大，且大致定向排列，光澤強，比重略輕。

京白玉是一種質地細膩的白色石英岩，因最早發現於北京西郊而得名。其顏色潔白，質地細膩，微透明，與和田玉接近，但滋潤程度不如和田玉。其表面為玻璃狀光澤，手摸感覺涼滑細膩，和田玉為油脂狀或壓油脂狀、半玻璃狀光澤，手摸感覺溫潤。

再則，京白玉硬度高，斷口處為玻碴狀，和田玉為蠟脂狀。

和田玉與方解石類玉石的辨別

方解石類玉石的主要成分是碳酸鈣，晶體形狀多種多樣，它們的集合體可以是一簇簇的晶體，也可以是粒狀、塊狀、纖維狀、鐘乳狀、土狀等等。敲擊方解石可以得到很多方形碎塊，故名方解石。

方解石類玉石的代表就是漢白玉，其顏色呈白色，有蠟狀光澤。內部結構不夠緻密，呈現出水線狀、條紋狀。有的結晶顆粒較粗，肉眼都能區分出結晶顆粒之間的細小接縫。其硬度較小，遠遠不如和田玉的硬度，普通小刀即能刻動。

　　阿富汗白玉是方解石類玉石的一種，玉質優美，神似和田白玉，結晶顆粒細小而均勻，顏色潔白，拋光後上油顯得細膩而潤澤。由於阿富汗白玉玉質細膩而光澤油潤，肉眼看不到玉花，經常被用來冒充羊脂白玉。辨別的方法很簡單，只要用手指甲使勁刮一下，如果能刮下一點白色的皮，就不是和田白玉。

和田玉與玻璃的辨別

　　玻璃在古代被稱為「料」。用玻璃來假冒和田玉的歷史不長，大約從清末到民國時期才開始出現。現在，隨著玻璃製作工藝的完善，假冒和田玉器幾乎達到了以假亂真的地步。不過，玻璃畢竟與和田玉有區別。

　　和田玉的硬度大於玻璃，和田玉可以劃玻璃，而自身無損傷；和田玉有韌性，不容易破裂，而玻璃性脆，容易破裂，經不起強烈的高速旋刻，因此，一般在玻璃上加工不出高浮雕和圓雕；就顏色來看，玻璃的顏色均勻，而和田玉內部，有玉花，有纖維狀、蘿蔔絲狀的自然結晶，顏色稍有變化；玻璃內部多有氣泡，而和田玉內部沒有；顯微鏡下，玻璃製品的毛孔比和田玉粗得多，斷口呈亮碴貝殼狀，和田玉則呈暗碴參差狀；敲擊時，和田玉聲音清脆，玻璃製品聲音沉悶。

　　此外，把玻璃料貼在臉上感覺敏感的部位，其涼的程度低於玉。

藏家論道
——和田玉投資指南

「黃金有價玉無價」，我國古玉作為人類重要的文化遺產，已成為認知古代藝術的一種美好途徑。從20世紀80年代起，我國內地的古玩收藏活動從復蘇到繁榮，走過了一個曲折而又輝煌的歷程，和田玉因特有的藝術品質而受到了海內外越來越多人的關注。無論是因懷舊而收藏，還是因保值而投資，越來越多的人都涉足到和田玉收藏領域，也促使人們對我國和田玉有了更為清晰的認識。在閒情逸致中，對精美絕倫的和田玉進行細細地欣賞，彷彿會讓精神穿越時空，為人生帶來美妙的藝術享受。

隨著文物市場的不斷升溫，具有「仁義智勇潔」五德的和田玉，已成為一種非常保險的投資增值管道。然而，和田玉種類繁多，讓人在眼花繚亂之中，難以對投資的價值做出準確的判斷。因此，在投資和田玉時一定要慎重，最重要是學會辨別玉料真偽的技能。另外，在購買和田玉時，還要想到古玉收藏屬於文化消費，價格會受到很多不確定因素影響。

和田玉的投資前景

　　和田玉的稀有性決定著自身的價值，越是精美的、經典的、材質好的、年份長的玉器越珍貴。每一塊精美的玉器都有明顯的時代特徵，每一個精美的圖案也都有經典的故事。在投資者看來，和田玉作為天地之精華，寄託著人類對美好生活的衷心嚮往。

　　隨著時代的發展，會有越來越多的人加入古玉的投資行列，其升值的潛力極大，如果精心選擇，會有機會以較合適的價格收集到古玉精品。

材料稀有性

　　和田玉是大自然賜予人類的一大塊寶，謂之「真玉」。它遠比玉雕行業裡所使用的其他各種非真玉稀有得多。特別是和田羊脂白玉經過上千年的開採挖掘，現已很難尋覓，彌足珍貴，是和田玉中的極品。

　　眾所周知，自然資源是不可再生的。隨著市場需求量的擴大，開採力度的提高，和田羊脂白玉將會越來越稀少，越來越珍貴。

不可替代性

　　隨著科學技術的發展，人們對各類藝術品的仿製能力日新月異，無論是名人字畫、官窯瓷器，還是土陶泥俑、商周銅器等等，都有大量的高級仿製品，使一些資深的鑑定家都難分真假，更使藏家失財傷神，購到贗品的滋味無法言表。而和田玉固有的特性是其他假冒品所不具備的，只要用心去觀察，很容易區別。

　　掌握和田玉的鑑別技能和知識也是很容易的。最可信的是和田玉可用科學儀器鑑定，全國各地寶玉石監測站均可鑑定，所以不會像其他藝術品那樣常被假專家誤診，坑害收藏者。

蓮形水丞

　　清末至民國，高 5.3 公分。現藏於三藩市亞洲藝術博物館。

　　青玉質，玉色青灰。全器作多層蓮形，下附荷葉式盤，造型精美，極富裝飾性。

藝術觀賞性

每件好的藝術作品都傾注著設計製作人員的智慧和汗水。玉雕作品也是如此。它以豐富多彩的體裁、吉祥喜慶的寓意、神奇精巧的雕工、高貴典雅的氣質、博大的文化內涵反映了玉雕大師的天才與智慧。

每件作品都有很高的觀賞價值，耐人尋味。特別是一些寓意好的作品，直接代表著人們的思想願望與感情依託。觀賞把玩一件精美的玉器，就是一種精神享受。

良好的保存性

世間一切收藏品在長期保存收藏中都存在氧化、黴變、破碎、老化等一些很難克服的問題，一不小心就會使藏品的價值受到直接影響，甚至分文不值，很多藏友都為長期保管自己豐富的藏品苦惱不已。唯獨玉器收藏者高枕無憂，因為玉的化學穩定性極好。一件玉器可代代相傳，不氧化、不黴變、不腐爛。小件玉器可隨身佩戴，既可祛邪養身，又可把玩養性。

保值升值性

和田玉的保值、升值性是由多方面因素產生的，它有一定的穩定升值性。從原材料來看，隨著開採難度的增大，開採費用、成本也在不斷的增加，原材料價格逐年攀升。十年前一公斤一級山料價格為80～120元(人民幣)。目前一公斤一級山料價格為6000～8000元。十年前一公斤一級籽料價格為1000元。目前一公斤一級籽料價格為6～8萬元。這個增長速度足以使你心跳加速。從加工成本來看，十年前一個五級玉雕工月工資80元。目前一個五級玉雕工月工資3000元。工資增長了30多倍。可是生產工效不可能增長30倍，仍然是手工生產。從產量來看，一個美術家一生可以創作上千幅國畫。一個玉雕大師一生只能雕琢幾十件精品。其他生產成本也是逐年增高，所以和田玉的雕件售價幾乎是成倍增長。隨著貨幣的貶值，收藏和田玉能起到聚財儲蓄的功效。

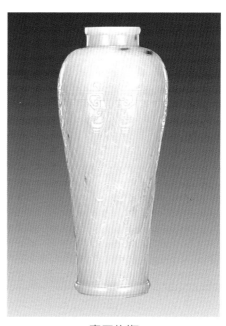

青玉梅瓶

清代，高30.7公分。香港蘇富比拍賣公司於2009年拍賣，成交價約6300萬元台幣。

圓口，短頸，豐肩，腹部漸斂，圈足。肩飾交叉倒如意紋，腹部飾倒蕉葉紋，間隔飾由莖枝、勾連雲紋圍繞的蓮花紋，近底處再飾一圈蕉葉紋。

和田玉收藏的方法

　　和田玉的鑑賞與收藏，需要較高的文化素養和學識。在投資和田玉時，要把握好玉質珍貴、工藝精緻、題材稀罕這些最重要的元素。只有對古玉文化的瞭解與認識的不斷加深，才會使投資得到最大的回報。

和田玉價格評估的方法

　　俗話說「黃金有價玉無價」，這「玉無價」主要是因為玉器價值由許多因素決定，如玉器質地、玉料種類、造型意境、雕琢工藝、時代遠近、稀罕程度等。顯然如何給玉器估價是件不容易的事。可是玉器買賣雙方總要定個價錢，買者認為合適就掏錢，賣者認為有利才出貨。

　　概括起來，評估玉器的難度在於以下幾方面：其一，常見玉石種類有很多，不僅一種玉料一個價，而且每種玉石的質地有好壞、顏色有深淺、塊度有大小，其價格也不相同；其二，玉器雕琢的好壞，選材及題材是否合宜，以及雕琢人的名氣都是決定玉器價格的因素；其三，要是玉器是精品，非常珍貴稀有，或是古玉，具有一定的歷史背景和文物價值，其價格評估就更困難了。

　　這裡簡單討論現代玉器的評估。

　　玉器價格評估對於玉器廠家或商家而言是必須的，對於玉器買家也是必須的。通常玉器廠家雕琢出一些玉器後，要組織一些專家和有關業務人員對生產的玉器一件一件的評估。

　　通常的方法就是成本法，這種方法是將玉器生產的各個環節的直接成本累計起來，主要是玉器廠家製作成本，包括原料費用、設計費用、加工費用、稅賦、人員工資、管理費用等等。然後加上合理的利潤，這樣玉器的價格就出來了。

　　要說明的是，玉器價格評估成本十分重要，但不是絕對的，有時在雕琢出來的一批玉器中，有的價格低於成本，有的價格卻高於成本很多，這是因為有的玉器雕琢出色，俏色應用絕妙，玉石質地很佳、題材受到人們的喜歡。有的玉器雕琢出來後由於玉石質地差、工藝不好、題材應用

玉雕水果

　　清代，高8公分。香港蘇富比拍賣公司於2010年拍賣，成交價約70萬元台幣。

　　青白玉，琢一桃一石榴，一隻青蛙趴於石榴之上，意趣盎然。

不合適等原因，使其價格降低，甚至低於成本價。

一批玉器雕琢出來，應該是有一定利潤的。玉器廠家生產出玉器，算出成本後加上合理的利潤就批發給商家，商家拿到玉器後根據市場行情，再行定價。這一價格包含進價成本、經營費用和利潤。如商家從廠家購進的玉器價格合適、玉器雕琢精美、玉器的題材在市場熱銷，那麼商家的價格將提高，利潤將增加，有時利潤可達到一二倍甚至更多。相反，玉器購進價格高了、玉器雕琢不好、市場不認可，商家就必須將價格降低，有時要虧本。

作為個人買家，計算玉器價格可能就沒有這樣精細了，個人往往先根據自己的需求購買玉器，然後計畫自己要花多少錢，最後才考慮其價格合算不合算。

當然任何購買者都希望購買玉器不會上當，這就需要購買者掌握一些基本知識。雕琢玉器的原材料很多，價格差別也很大，要弄明白所購的玉器是什麼玉石種類，質地如何，這非常重要。

比如購買的玉器是翡翠，還是瑪瑙？翡翠是天然的，還是改色的？

購買一般的玉器往往可以比較，多走幾家玉器商家進行比較參考，從中可以選擇出雕琢精細、價格合適的玉器。

玉器收藏者購買高價值的玉器時，除要求掌握玉石的基本知識外，還要瞭解玉器的

玉蟹

清代，長10.2公分。紐約蘇富比拍賣公司於2009年拍賣，成交價約215萬元台幣。

白玉，玉色泛黃，有褐色沁斑。琢成蟹荷造型，以鏤雕琢出蟹腳及荷葉。

翡翠觀音像

清末至民國，高41.5公分。米蘭蘇富比拍賣公司於2010年拍賣，成交價約1550萬元台幣。

翠綠色，有褚斑。琢成觀音立像，髮髻高束，一隻小鳥立於其上，低眉閉眼，面容慈祥，胸前佩飾瓔珞，著寬袖長衣，手執聖花，赤足。身後跟隨一隻神獸。

稀有程度、實用性、觀賞性、工藝性、流通性和社會需求等，以及影響一件玉器價值的其他因素，包括社會的、經濟的和政治的因素，從而才可以利用比較法，更準確地把握各種玉器的價值，使得玉器收藏不貶值。

比如一些著名的拍賣行拍賣的玉器的價格就是一種參考，玉器收藏者可以將自己想購買的玉器的價格與之比較，但要找到彼此的可比因素，也就是說玉器的種類、質地、大小、顏色要儘量相似，這樣比較才準確。否則對比將沒有意義。

另外，玉雕大師的作品的價格也很特殊，他們雕琢的玉器作品不能用常見的成本方法來確定，就像書畫大師們的藝術作品一樣，要根據其名氣、時代、作品的優秀程度等因素來定價，往往價位非常高。

古玉的價格就更難確定了，首先要確定古玉的真偽，然後要瞭解古玉的年代、玉質顏色、雕琢工藝、保存狀態、歷史背景、稀罕程度、藝術價值等等，然後與市場上相近玉器的價格進行對比，如拍賣過的此類古玉的價格，主要是瞭解人們願意接受的價格。

珍貴玉器和古玉採用市場對比是非常重要的一種方法，需要強調的是彼此要有可比性，否則將失去意義。

美玉收藏，材質為重

古代玉器收藏家均把玉質的優劣放在第一位。那麼何為「優質玉」？何為「劣質玉」？對這個問題的回答在古代收藏家之間也並非完全一致。在漢晉時期曾經有過關於重玉質還是重玉色的討論。

「玉質」，儒家提出玉有「溫潤而澤，縝密以栗，叩之其聲，清越而長，其終

玉達摩過江山子

清代，長14.2公分，高9公分。現藏於臺北故宮博物院。

青玉，有褐色沁斑，山子橢圓形，以淺浮雕製作圖紋，正面雕山石波濤，達摩仙人立於波濤之上，一手持經書，一手將法杖扛上肩，杖上掛有一壺。

詘然。氣如白虹，精神見於山川」等特色，而別於其他石類。儒家提出「玉有德」的主要根據是玉質的諸多優越性，實為「石之美」的演繹，所謂「玉德」亦即玉的質地美。

關於玉色，儒家提出玉有「孚尹旁達」的特徵，這四個字不易理解，其本意為「玉之為物，孚尹於中而旁達於外，所以為信」。今釋為「君主有信，其言其政，可旁通達遠」。然《集韻》這部字書又詮為「玉采也」，「采」同「彩」，即玉這顏色，後學多從之。辯論的結果便落實在「首德次符」這一基本點上，德為質，符為彩，也就是說玩玉、賞玉、藏玉

的人都要首先重視玉德，即玉之質地的優劣，然後再看其色彩之美醜。這種古玉審美觀像一條紅線貫穿於我國古玉鑑賞收藏史的始終。

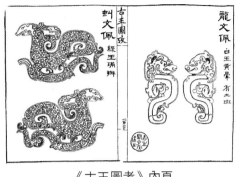

《古玉圖考》內頁

但是自宋代以來，尤其進入明清後，這種傳統的古玉審美觀事實上在實踐中發生了動搖，這就是明清兩代古玉收藏家幾乎無一例外地都非常看重古玉沁色之美，已達到置玉質於不顧的偏頗境地，這雖有悖於古玉審美傳統，但這又是一段有據可查的嚴酷歷史。

首先著書立說的便是嘉道時古玉收藏家、鑑賞家陳性，他愛玉成癖，因一生潦倒無著，不得不將「其母授父傳之八十一古玉」也送到質鋪。他的藏書專著《玉紀》今傳者似為殘本，但從中可以看出陳氏既總結了前人藏玉的觀點和經驗而又加以發揮。可以說此書為我國藏玉界重沁派的代表性著作，對晚清和民國時期古玉收藏家影響深遠，是不可低估的。

與之相對的是晚清金石學者吳大澂於光緒年間將其所見所藏之古玉以《周禮》等先秦古籍為指導，作了系統而深入的考證，將其成果集纂成《古玉圖考》公諸於世。此書不僅震撼了國內收藏界和學術界，還深深地影響了日本及歐美的漢學家的古玉觀，被學術界尊為圭臬。

這兩本專著可謂代表了我國古玉收藏界的兩種不同理論觀點和收藏活動及其考辨鑑證實踐。值得提出的是當今古玉收藏家幾乎顯而易見百分之百地、有意無意地仍在《玉紀》指引下繼續走著熱衷於蝕傷古玉收藏道路，只有少數人似在沿襲《古玉圖考》的傳統，以經典與「古玉」相結合的方法進行古玉辨證工作。

當代古玉收藏家是新生的社會群體，與古代收藏家不同，他們大多是在改革開放至今這30多年中成長起來的。在氾濫成災的大量關於古玉玩賞和鑑證的出版物的引導下，他們在古玩店、舊貨攤煞費心機收買了一批玉件，近十年又有人從拍賣行競拍搶收了不少的玉器，因此確已出現了收藏數百年的「高古玉」收藏家，而收藏「清玉」者甚少，另外還有書畫、陶瓷和玉雜收藏家也收買了一些古玉類古董。

他們之中大多喜歡雞骨白的「高古玉」或奇形怪狀的「紅山玉」，還有的收藏著滿身污垢的表面似「黑漆骨」、「水銀沁」、「水鏽」、「土古」或「屍古」般的所謂「古玉」。在與他們的攀談之中會發現這些收藏家大多缺乏玉料的基本知識，既不識「和田玉」，也不知「紅山玉」、「良渚玉」為何物。還有的人是在古玩攤上或收藏家之間獲得一些有關玉料的傳聞，而不去檢驗其可靠程度，便人云亦云，是非莫辯。

當然，我不敢說當代收藏家之中沒有人已具備了古今玉料的基本知識並已積累了一定的經驗，但是可以肯定的是，從當今玉器收藏家本人的主客觀條件來分析，

白玉蓋碗

清代，高8.9公分，口徑10.8公分。現藏於三藩市亞洲藝術博物館。

白玉質，略閃青白色，無雜質。通體光素無紋，器型規矩，琢磨圓潤，閃玻璃光澤。

青玉大猴背小猴

清末至民國，高4.6公分。現藏於三藩市亞洲藝術博物館。

青玉質，琢成一岩石，石上有蝠、靈芝等飾，利用俏色工藝將黑色沁斑琢成「大猴背小猴」，「背」與「輩」同音，「猴」與「侯」同音，借諧音寓意「輩輩封侯」。

他們是很難達到上述的理想境界的。所以，當代玉器收藏家面前的確有一個學習和熟悉古今玉料的課題。

由於發掘所獲的古玉均已收藏在國內博物館和考古部門，收藏家能夠獲得觀看的機會確實很難得，拿到手上摩挲獲得實感的機會則更少，因此這個學習過程將是漫長的。我建議收藏家要與博物館、考古所（隊）建立密切聯繫，爭取直觀正式觀察出土古玉，這是學習鑑定古玉玉料的關鍵。其次還要學習鑑定現今產出的和田玉和岫岩河磨玉。目前和田玉產出量有限，供不應求，商家往往以俄羅斯玉和青海玉冒充和田玉，這增加了學習鑑定和田玉的難度。其實，這一難關還是可以突破的，假如您能交上採玉人或深知底細的玉商，向他們請教，問題便可迎刃而解了。

當前對收藏家來說還必須從偏愛雞骨白、牛毛沁等病玉和名目繁多的沁色等不健康的審美觀中解脫出來，重新認識玉的質地和顏色。簡而言之，優質玉的條件是溫潤瑩澤、堅韌縝密、色彩純正（如羊脂白、青白等）、無瑕玷綹裂。反之，其質乾晦粗雜、色不純正、瑕玷綹裂較多者則不是優質玉，而是地地道道的劣質玉。凡是玉器表面呈現紅、黃、黑或白等顏色者均非優質玉，因為優質玉是不易染色的，只有帶雜質或石性的劣質玉方易染色，這是值得警惕的。

總之，古玉愛好者和收藏家在鑑賞收購活動中務必以玉質優劣為先決條件，其次再視其顏色純雜而定取捨。一件優質玉其質色往往是統一的，如羊脂白玉並非僅指其白度而言，其質地應似羊脂那般肥膩瑩澤，其白度恰似白中微微泛青的羊脂那種特有的白。這種統一的觀點就是古人對玉質所要求的，要達到「全」的至高水準。「全」玉是供帝王所用之玉，用今天的語言來說也就是質優色美的玉。

當然，玉器還具有一定的器飾及其賴以完成的工藝，這些也是收藏家決定取捨

的必要條件，也是不可忽視的。

和田玉投資四原則

新古兼顧

　　中國歷來是一個崇尚古文化的國度，古玉承載著整個中華文明史，不僅有豐富的歷史內涵，而且每個時代都有其獨特的烙印，具有很高的歷史價值和文物價值，多少年來一直受到人們的喜愛和追捧，宋徽宗、乾隆帝更是其中的代表人物。出於好古、崇古的原因，宋徽宗在位時不僅掀起了復古的風潮，更使仿古之風濫觴。清乾隆帝比起宋徽宗則有過之而無不及，將好古之風推向了高潮。

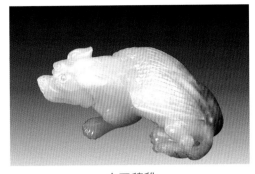

白玉貔貅
清末至民國，高 5.08 公分，長 7.4
公分。現藏於三藩市亞洲藝術博物館。
白玉質，有色皮，琢一貔貅，有翅。

　　中原地區從商代開始大量使用和田玉器，經過數千年的文化沉澱，雖然給後世留下了不可勝數的和田玉器，但古代和田玉器存世量畢竟有限，而且多數已被眾多的博物館和成千上萬的古玉收藏者納入囊中。加上古代和田玉器獨有的不可再生性，古代和田玉器只能越來越少，價格暴漲也在情理之中。在利益的驅使下，大量仿古玉充斥市場，甚至可以說到了贗品氾濫的程度。

　　古代和田玉器越來越少，而和田玉原材料又因其獨特的稀有性，使得人們逐漸摒棄了厚古薄今的觀念，將收藏的目光轉向了新玉。況且，無論是古玉還是新玉，其獨特的魅力都能令人為其傾倒。再加上大量新的琢玉工具和新的琢玉技藝的運用以及琢玉大師的不懈努力，當代和田玉器的精美程度有的地方與古代和田玉器相比毫不遜色，當代精品和田玉器同古玉珍品一樣，具有很高的收藏價值。

料工兼顧

　　自古以來，和田玉料品質一直受到人們的重視。玉器品質的好壞，玉材是選擇的首要條件。需要指出的是，雖然美玉難得，精湛的工藝同樣難得。

　　近二十年來，隨著收藏熱的興起，和田玉的原料價格不斷翻番。不過，品質低的玉石的情況仍沒有多大變化，質地、色澤、密度、綹裂、玷污等術語被越來越多人所熟悉，玉材的品質越來越引起人們的重視，人們的眼界也越來越高。

　　「玉不琢不成器」，工藝是玉器由料變為器的技術條件，精湛的雕琢技藝是一件精品和田玉器的必備條件，精品和田玉器的價值是在原料價值的基礎上附加了藝術價值，體現了製作者的文化學識、藝術修養、雕琢功力，使人們在品味、鑑賞、把玩中得到享受，特別是玉雕大師們的傑作，更是神形兼備，讓人愛不釋手。工藝精湛的和田玉器，無論經過多少年，其藝術價值和收藏價值都不會降低，只會變得

青玉如意形髮簪

清代，長13.5公分。倫敦蘇富比拍賣公司於2009年拍賣，成交價約15萬元台幣。

鏤雕獅紋玉帶板

元代，高4公分。香港蘇富比拍賣公司於2010年拍賣，成交價約15萬元台幣。

越來越珍貴。

表裡兼顧

玉皮通常存在子玉上，是因玉材本身受到侵蝕而形成的，有大紅皮、棗紅皮、橘黃皮、薑黃皮等等，和玉材本身顏色並不相同，甚至可以說是多餘物。但因玉皮可以用來俏色雕刻，成品別有情趣，使人癡迷於其美妙的皮色和巧妙的搭配，所以有皮子的玉料近年來成為人們追捧的對象。

不過，玉皮並不是子玉的唯一特徵。皮子固然美麗，但其玉材本質更加重要。重皮不重質，重表不重裡，這是本末倒置。再完美的玉皮，如果玉材本身的品質低劣，宛如沒有靈魂的美女，根本不具備投資和收藏性，一切都無從談起。當然，如果一塊好的和田玉再配上好的皮子，便是錦上添花，畫龍點睛，增加了它的稀有性，也就增加了它的價值。所以，挑選玉器，質與皮、表與裡，二者缺一不可。

再則，現在造假的水準很高，很多子玉是用劣質玉材經球磨而成，然後經過人工染色或火燒製成玉皮。如果只看玉皮，就難免會上當了。蘇州玉器行的人背後戲稱這些專買皮的人為「空子」，大概是說他們尚沒有入門吧。

大小兼顧

和田玉是浩繁玉石品種中的佼佼者。近幾年，隨著和田玉收藏隊伍的逐漸龐大，資源相對減少，使得和田玉身價一年比一年高，遠遠把黃金拋在了後面，現在每公斤品質高的和田玉的價格超過了30萬人民幣。

在利益的驅使下，各種各樣的假冒和田玉不斷湧現，造假手法也越來越高，購買者極易上當。如果是剛剛踏入收藏和田玉的門

檻，最好從便宜點的小件入手，如髮簪、掛件、佩飾等。因和田玉製品的大小和價格成正比，越小越便宜，這樣即使買到了假貨，損失也不是很大。隨著收藏品的逐漸增多，在收藏過程中多看、多學、多思，多積累鑑定經驗，循序漸進，等具備一定水準後，再收藏大點的物品，就不會吃那麼多虧了。反之，就難免遭受損失。

再則，近年來小件的和田玉器受到越來越多白領階層的喜愛，其價格在不斷上漲。積少成多，也未必不是好的投資手段。況且，小的單件和田玉器可能價格不高，但如果能夠集成系列，形成具有特色文化內涵的主題，其藝術附加值會明顯增加，市場行情也會大幅上升。

和田玉市場之現狀

古玉投資是近幾年來新興的一種投資方式，回報率較高。但在投資古玉時，不要一味地總是想著升值，也要做好承擔風險的心理準備。

古玉市場怪事多

古代和田玉器因其深厚的文化積澱和獨特的歷史內涵而受到人們的關注，數百年來一直是仿製和造假的對象，《西湖老人繁勝錄》、《古玉圖考》、《天工開物》、《古玉辨》等古籍對此廣有載錄，民國時期趙汝珍在《古玩指南》中對作偽的方法有詳盡的記載。而時至今日，古玉作偽的水準更是達到了以假亂真的地步，新手法層出不窮。目前，市場上主要出現了如下情況：

碧玉璧

清代，外徑23.2公分。現藏於臺北故宮博物院。
碧玉質，玉色深綠。兩面紋飾淺浮雕穀紋，外緣則飾幾何獸面紋。

瑪納斯碧玉雕刻品

瑪納斯碧玉與和田碧玉相比，綠色相對較嫩，塊體較大，以山產為主。

第一種情況是用高檔玉料仿古玉器。高檔和田玉料本身就價值不菲，一般不用來造假。若用來仿製古代和田玉器，即使有較高鑑賞水準的人往往也會當做古代和田玉器。這些仿古和田玉器，行內通常稱之為「高仿」。由於高檔和田玉料密度高，油性好，經過人工刻意盤玩，容易出現包漿。如果再精心做過沁色，那是很可能叫行家走眼的。如今一些地方的小型拍賣會上的拍品，常有新器假冒古代和田玉器的情況出現，但玉料好，工也佳，拍賣底價定得巧：不高不低，介於古和田玉器和新和田玉器的價格之間。如果拍賣公司不標注為古代和田玉器，那麼可以看作是新的工藝品；如果拍賣公司標注為古和田玉器，那就應看作是高仿品。

還有一種情況是其他低檔玉料仿製成古代和田玉器，這種情況前面已經說過。這類低級仿品雖然價格低，一般只賣幾十元到數百元人民幣，但面廣量大，容易誤導愛好者。

當今的古玩市場上，還有一種非常奇怪的現象，就是新玉比老玉價錢高，這往往存在於小件低端市場。所謂古玩市場中低檔小件古和田玉器，如小帽花、帶鉤、扁方等，一般只賣幾十至幾百元人民幣一件，而近年來連這類東西都有仿作，價格反而比古和田玉器貴。這是因為玉匠的工價上漲，工錢一般不止這個數。

不過，這種怪現象的前提，你在市場上買古和田玉，一定要拿得到行內價，也就是所謂內部價。其實，人們可以利用目前這種狀況，收購一些小件古和田玉器，將來是一定會漲價的。

新玉市場陷阱多

近幾年來，和田新玉的價格也飆升起來，市場異常紅火。通常來說，收藏新玉主要講究玉料的品質和雕工的優劣。不過，因和田玉價格昂貴，出現了用青海玉、俄羅斯玉、獨山玉、石英岩類玉石、方解石類玉石和玻璃等假冒和田玉的情況，而和田玉本身品質不同，價格也有很大差距。雕工的好壞也影響到和田玉器的價值。

因此，如今的新玉市場有諸多陷阱，涉足此領域一定要小心翼翼。

新玉市場上，和田白玉的價格很高，許多人認為白玉越白價格越高。這本不錯，但和田白玉器的價值除了色度之外，還必須綜合考察其潤性、硬度、韌度等。同為和田子料，在色度相差不遠的前提下，其餘幾項就顯得尤為重要。玉器加工完成後，價值的高低還取決於琢製工藝和有無綹裂等毛病。

軟玉除和田玉外，還有俄羅斯玉、青海玉、加拿大碧玉、瑪納斯碧玉等，它們的成分和物理性質與和田玉非常接近，往往用來假冒和田玉，給鑑定者增添了很大難度，選擇時一定要注意。不過，上等的俄羅斯白玉、加拿大碧玉，其品質並不比和田玉差，值得收藏。

琢玉圖

有人選擇和田子玉玉料時只看重皮色，這種做法是錯誤的。幾年前，主要用俄羅斯白玉透過滾磨後烤皮、熗色冒充和田子料，這樣的作偽畢竟破綻太多，還容易識別。現在常見用和田山料甚至山流水做皮，而且皮做得薄，雕琢時又經過磨砂和剔除，留皮巧雕，那顏色就很自然，不好分辨了。又由於人們對皮子的嗜好，甚至有的人就乾脆「玩皮」了，近年蘇州等地的作偽高手們，就利用一種玉質較差而包滿糙皮的料子滾磨後，再以化學手段催紅增色，使原本一般的糙料成為一顆顆「大紅皮」子料，淺淺雕琢後，成品顯得自然，極具欺騙性。

「玉不琢不成器」，雕琢不得法，反而糟蹋玉料。收藏新和田玉器時，雕工也至關重要。傳統著名的雕琢工藝有北京工、蘇州工、揚州工，現在則又有上海工、湖州工、徐州工、河南工、岫岩工等講究。不同地方的雕工，其價格也不一樣，人們普遍認同傳統的蘇州工、北京工、揚州工，加工價格自然高；河南工、岫岩工、新疆工等，加工價格就低些。例如，上海雕工由於加工能力不太高，但由於工藝較穩定和加工管道較正規等原因，其工價較高；揚州的加工量沒有蘇州大，市場也沒有蘇州活躍，雖然也有外地匠人前來發展，可傳統的揚州師傅仍是主流。

相對而言，蘇州的玉器加工業最發達，各種技術的交流融合也最頻繁。其玉雕工藝歷史悠久，明代宋應星在《天工開物》中盛讚過蘇州玉工：「良玉雖集京師，工妙則推蘇郡。」可見，蘇州的玉雕在明代即以其「精良細靈巧」名聞全國，當時蘇州著名的雕玉藝人陸子剛被稱為「鬼斧神工」，仿古之作，竟可亂真。專諸巷玉雕，名聞遐邇。不過，現在的蘇州玉雕行雖然如日中天，但難免有魚龍混雜的情

況。這裡既有從小在蘇州學藝的傳統流派，又有自帶一身河南工或新疆工來蘇州的外來匠人，他們每天的產品被觀前街文化商城或文廟的各家店鋪選去發賣，林林總總，精蕪雜呈，因此在蘇州買的玉器並非都可以稱蘇州工，玉器價格也難判斷。

和田玉投資的方法

歷代和田玉器既有對傳統的繼承，又有豐富多彩的創新，在價格上也迥然不同。

和田玉投資的主要途徑

玩玉的人，最關心的自然是價格問題。玉器價格有兩個特點：

一是行內價與拍賣價懸殊。以江南一帶為例，一件可以拍賣上萬元的玉器，一般在行內交易大概不會超過4000元人民幣。因此行內選貨，然後送拍是有很大利潤空間的。

二是南北差價懸殊。明清以來，玉器的製作銷售和消費中心主要在蘇州、揚州一帶，和田玉的交易量很大，市場價格自然低；北方，尤其是中原玉器的價格就顯得高，因此常見北方的玉器商人來南方進貨「狠出價」。

不過，這裡說的是大致的玉器交易情形。具體來說，還要講究市場投資的途徑。

若是進行和田玉投資，最好是透過正規的管道。古玩城信譽高的玉石經銷商、正規的玉石經營大商場，通常品質有保證，不容易買到假貨。不過，由這種管道購買的和田玉器價格比較高。

從拍賣公司由競價方式購買，是和田玉投資的發展方向。拍賣主要是在拍賣人（拍賣公司）、委託人（藝術家、收藏者或他們的代理人）、競買者這三者之間進行，價高者得。透過這種方式投資的好處是拍賣活動秉承公開、公正、公平的原則，價格公開，為投資者提供了廣泛的、多元化的拍品。經過拍賣公司專家的精心挑選和權威機構的嚴格鑑定，保證了投資產品的品質。再則，拍賣成交價格最能體現拍品的實際價值，且保證其價格的長期真實性。拍賣價格可以作為衡量珠寶玉石價格的尺規。不過，要選擇實力雄厚、資歷較深的大型拍賣公司舉行的拍賣活動，如蘇富比、佳士得、嘉德、瀚海、華辰、保利、博觀等。

還有一種方法是透過代理人或經紀人購買，但對代理人和經紀人的綜合素質、人品要求較高，有一定風險。

不過，目前最多的購買方式是從玉石生產經營者或其他玉石所有者那裡私下收

購。這種私下收購，可以省下許多流通費用，如運輸費、保管費、仲介傭金等等，也減少了中間環節對潛在利潤的層層扣除，投資者出的錢相對較低，獲利的機會較大，利潤回報較高。

不過，這種投資管道的不足之處是，對私下收購的投資者而言，極有可能花高價買了贋品，上當受騙，因此要求購買者要有一定的鑑定知識。

從珠寶玉石展賣會上購買，也是一種不錯的投資方式。不過，這要求投資者既要有一定的鑑賞能力，還要選擇信譽好的商家，還要注意不要被推銷員誇大的話語所忽悠。

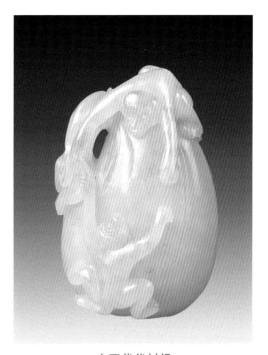

白玉代代封候

現代，高5.7公分。上海東方國際商品拍賣有限公司於2005年拍賣，成交價1100元人民幣。

和田玉──瘋狂的石頭

隨著經濟的發展和人民生活水準的提高，人們對首飾的消費正成為繼住房、汽車之後的又一個消費熱點。近20年的時間，中國的珠寶首飾業得到前所未有的發展，從產值1個億發展到近1000億元人民幣。其中，和田玉和翡翠的表現最為搶眼。

和田玉價格的變化是一個不斷攀升的過程。1980年，一級和田玉山料每公斤是80元人民幣，子料每公斤是100元；1990年，山料攀升至每公斤300～350元，子料每公斤達1500～2000元；2002年，一級和田玉子料的價格每公斤在2萬元以上；2005年，一級和田白玉子料的價格達到10萬元以上，有的甚至達到每公斤上百萬元；2006年，一級和田玉子料價格高達50萬元，價格翻了兩番還多；2007年，一級和田白玉子料達到100萬元。這一年的北京拍賣會上，一塊重量為1.1公斤的極品羊脂白玉原石，更是拍出了1100萬元人民幣的天價。難怪和田玉被人們稱為「瘋狂的石頭」了。

2008年北京奧運會之後，人們對和田玉的投資開始趨於理性，價格的攀升曲線得到了一個難得的緩衝區間，這種和田玉價格向價值回歸速度放緩的趨勢，既非常有利於投資者的入市，又有利於和田玉市場健康穩定長遠的發展，和田玉已經步入以品質劃分重新估值的階段，品質較差的和田玉將逐漸淡出，品質高的和田玉價格在珠寶市場持續上揚。2009年，高品質和田玉的價格並沒有停止上漲的腳步。據瞭解，現在精品和田玉的價格比黃金貴40倍。

和田玉價格看漲不外乎兩個原因，一是現在人們生活水準提高了，物質生活滿

白玉雙螭龍平安牌

　　現代，高5.5公分，寬3.3公分。上海國際商品拍賣有限公司於2008年拍賣，成交價2.2萬元人民幣。

嘉德拍賣現場

足了，精神生活當然也不能缺乏，於是就開始了對美的追求，而和田玉恰恰迎合了這樣一種心理。另一個原因是人們怕真正上好的和田玉越來越少，物以稀為貴。不過，儘管高檔和田玉越來越少，近幾年還是不斷有新的發現。

地質專家推測，目前已經開發的和田玉資源尚不及玉石蘊藏量的萬分之一，只是由於尋找和開採的難度太大，玉石才依然十分稀有。

不過，需要指明的是，和田玉不像翡翠，它並沒被珠寶界認可，不可以像翡翠那樣作為硬通貨而流通無阻。經觀察發現，境外藝術品拍賣會上難以見到現代和田玉作品與和田玉原石，只有古代的和田玉器才會出現在國際性拍賣市場中，其中多為清代宮廷的和田玉器物；在境外的珠寶展上，翡翠、紅寶石、藍寶石等多見，和田玉極少出現。

據瞭解，收藏和投資和田玉的買家多來自中國、日本、韓國等受儒家文化影響的國家，這是因為古和田玉器蘊含著中國古玉文化、中國清代宮廷用品這兩個光環帶來的歷史價值和文物價值。

和田玉投資的原則

投資和田玉和投資珠寶一樣，首先要遵從精品原則。無論大件還是小件，精品和田玉器才有升值空間，只有好的玉料加上好的雕工才能稱得上完美的作品。精品和田玉器即使短期內沒有升值，也可以用來保值，通常不會貶值。而那些玉料和藝

和田玉子料

術價值一般的作品雖然也會升值，但升值空間很小。

「黃金有價玉無價」，和田玉投資的資本彈性空間很大，數千元至數萬元都有可能盈利。當然，這在很大程度上需要憑藉購買者的眼力和經驗。同為和田玉，因為分山料、半山料、子料而價格不等，而各種寶玉石檢測機構只檢測石料的成分和物理特性，就是只告訴你它是和田玉，其他就要憑自己的知識和經驗判斷。

投資和田玉的另一個關鍵是，必須購買到真品。再則，還必須「精」。以「精」為標準選擇投資品的原則是，在相同或相似的價位下，應盡量從其中挑選出最優秀的作品。這樣，藝術品才具有較大的獲利可能。

投資和田玉，若能得到稀有之物，那可算是天賜良機了。和其他藝術品一樣，那些具有創新意義、首開先河的和田玉藝術品極有投資價值，珍稀作品極有獲厚利的可能。

還需要指出的是，近幾十年來和田玉的價格雖然暴漲，但仍屬於長線投資，長線投資能夠獲得更大的回報。比如在世界珠寶界，現在翡翠的價格要高過和田玉，這是因為西方人選用配飾追求的是璀璨奪目，張揚而亮麗的翡翠的價格體現的是其作為珠寶的價值，而內斂含蓄的和田白玉並不符合他們的審美標準，故國際上的收藏者並未將和田玉這種材料歸入珠寶玉石類中。但是，隨著收藏者對傳統文化的重視和理解，和田玉的價值和價格也會進一步體現。因此，和田玉要走向國際市場，近幾年雖難以達到，但將來一定可以實現。

大展好書　好書大展
品嘗好書　冠群可期

大展好書　好書大展
品嘗好書　冠群可期